教育部人文社会科学研究博士点基金项目
"马克思主义哲学与后现代主义比较研究"
主持人：赵家祥

# 阅读、书写和历史意识
## 对马克思的多重表述

YUEDU SHUXIE HE LISHI YISHI
DUI MAKESI DE DUOCHONG BIAOSHU

张立波 著

北京大学出版社
PEKING UNIVERSIYT PRESS

图书在版编目(CIP)数据

阅读、书写和历史意识:对马克思的多重表述/张立波著.—北京:北京大学出版社,2008.3
（北京大学马克思主义哲学研究青年学者文丛）
ISBN 978-7-301-13389-7

Ⅰ.阅… Ⅱ.张… Ⅲ.马克思主义哲学-研究 Ⅳ.B0-0

中国版本图书馆 CIP 数据核字(2008)第 013827 号

书　　　名：阅读、书写和历史意识——对马克思的多重表述
著作责任者：张立波　著
责 任 编 辑：胡利国
标 准 书 号：ISBN 978-7-301-13389-7/B·0723
出 版 发 行：北京大学出版社
地　　　址：北京市海淀区成府路 205 号　100871
网　　　址：http://www.pup.cn　电子邮箱:ss@pup.pku.edu.cn
电　　　话：邮购部 62752015　发行部 62750672　出版部 62754962
　　　　　　编辑部 62765016
印 刷 者：北京汇林印务有限公司
经 销 者：新华书店
　　　　　　650mm×980mm　16 开本　14.25 印张　216 千字
　　　　　　2008 年 3 月第 1 版　2008 年 3 月第 1 次印刷
定　　　价：29.00 元

未经许可,不得以任何方式复制或抄袭本书之部分或全部内容。
版权所有,侵权必究
举报电话:010-62752024　电子邮箱:fd@pup.pku.edu.cn

# 目录

导 言 /1

## 第一章　阅读马克思的三种方式 /1
一、朴素式阅读 /9
二、征候式阅读 /11
三、互文式阅读 /17

## 第二章　书写马克思的三种方式 /23
一、政治性书写 /35
二、教程性书写 /39
三、修辞性书写 /44

## 第三章　普遍史、进步和历史的终结 /53
一、哲学的极限 /54
二、现代性的反思 /58
三、并非线性的进步 /64
四、终结的可能和不可能 /70
五、后殖民的思索与迷惑 /84
  1. 从《东方学》到《文化和帝国主义》/84
  2. 后殖民主义和马克思主义 /91

## 第四章　西方马克思主义的思想踪迹 /98
一、从方法到视域 /99
二、从科学到叙事 /109

# 目录

三、从批判到讥讽/124
  1．主体的弥散/125
  2．资源的迷乱/130
  3．文化的迷思/135

**第五章　自由流动的未来/141**
一、哲学教科书模式的嬗变与重构/141
二、比较视域中的马克思主义哲学研究/153
  1．马克思主义哲学与中国哲学/153
  2．马克思主义哲学与现代西方哲学/159
  3．马克思主义哲学与社会理论/163
三、学科、学说和介入生活的方式/168
  1．作为一门学科/168
  2．作为一种学说/170
  3．作为一种介入生活的方式/173
四、学术性与现实性的游离与耦合/177
五、身体在实践话语中的位置/184
  1．理论资源/185
  2．身体与生产实践/190
  3．身体与消费实践/193
六、性别在唯物史观中的位置/196
七、SARS话语的符号学分析/202

**结束语/206**
**主要参考文献/213**
**后记/218**

# Contents

**Preface**/1

**Chapter 1  Three Ways of Reading Karl Marx**/1
1. Direct Reading/9
2. Symptomatic Reading/11
3. Intertextual Reading/17

**Chapter 2  Three Ways of Writing Karl Marx**/23
1. Political Writing/35
2. Curricular Writing/39
3. Rhetorical Writing/44

**chapter 3  Universal History, Progress and the End of History**/53
1. The Utmost of Philosophy/54
2. Critical Reflection on Modernity/58
3. Non-linear Progress/64
4. The Possible and Impossible of Endness/70
5. Puzzling over and Being Puzzled with Post-colonization/84
   (1) From *Orientalism* to *Culture and Imperialism*/84
   (2) Marxism and Postcolonialism/91

## Contents

**Chapter 4  The Trace of Thought about Western Marxism**/98

1. From Methodology to Perspective/99
2. From Science to Narrative/109
3. From Criticism to Irony/124
   (1) Decentralizing Subjectivity/125
   (2) Confused Resources/130
   (3) Cultural Myth/135

**Chapter 5  Towards the Free-flowing Future**/141

1. Evolution and Rebuilding of Philosophy Textbook Style/141
2. The Research of Marxist Philosophy in Comparative View/153
   (1) Chinese Philosophy and Marxist Philosophy/153
   (2) Western Philosophy and Marxist Philosophy/159
   (3) Social Theories and Marxist Philosophy/163
3. Discipline, Doctrine and the Mode of Intervention to the Life/168
   (1) As a Kind of Discipline/168
   (2) As a Sort of Doctrine/170
   (3) As a Mode of Intervention to the Life/173
4. Dissociating and Coupling of the Academic and Reality/177
5. The Orientation of Body in Practice Discourse/184
   (1) Theory Resources/185
   (2) Production Practice and Body/190
   (3) Consumer Practice and Body/193

6 The Orientation of Gender in Historical Materialism/196

7 Semiological Analyzing of SARS Discourse/202

**Concluding Remarks**/206

**Bibliography**/213

**Postscript**/218

# 导　言

自20世纪90年代以来,马克思的思想在中国愈来愈呈现出多重面相:生存论的,生活世界观的,后现代主义的……这多重表述的呈现,无疑和国际学术交往的增多有着直接关系,受到国外马克思研究的影响;另一方面,相对于70年代末以来"正本清源"、"恢复本真面目"的努力而言,更多的是出于一种自觉不自觉的发挥和引导。

在《后现代境遇中的马克思》一书中,我做了三方面的探索:一是马克思在后现代境遇中何以存身,是否可以简单地把他打发掉?二是马克思是否可以打扮成一个后现代主义者?三是马克思何以应对后现代主义的挑战?我不打算把马克思处理成和后现代直接对抗的关系。当然,马克思和后现代也不是简单的血亲关系。有目共睹的是,在后现代境遇中,马克思的多重表述具有合法性、可能性的根基。我很赞赏多重面相的呈现这一蔚为大观的理论景象。在本书中,我希望从语言学和叙事学的角度,为多重表述提供一些学理上的支持。

在阅读马克思的道路上,后来者往往指责先行者有意无意地误读了马克思,曲解了马克思。例如,西方马克思主义者批评第二国际误读了马克思,甚至认为恩格斯也曲解了马克思,继而又指责苏联马克思主义是一种历史的误会;中国马克思主义研究者起初批评西方马克思主义对马克思的有意歪曲,最近二十余年来又不断展开对"斯大林模式"的批评。为什么会有这么多的误读和曲解?通常的答案不外乎三种:存心不良;理论水平有限;时代局限。这些答案当然都有一定道理,但说服力非常有限:何以断言"存心不良"?理论水平总是有限的,任何时代都是有局限的。第一章试图从阅读的方式入手,把思考推向深入。

在1953年的最初著述中,为了有别于萨特的存在概念,巴特使用了书写这一概念。这部著述就是如今众所周知的《书写的零度》,其宗旨是展现具有马克思主义倾向的法国当代文学史。用书写替换存在,究竟意味着什么的开始?第二章试图从书写的视角出发,探讨马克思主义书写中存在的一系列问题,表明形式革新的重要性不亚于内容的置换。

世界历史、进步和历史的终结是现代思想的重要议题。从康德、黑格尔到马克思,对这个议题都有深入的思考。20世纪80年代末,随着苏联解体、东欧剧变,"历史终结论"再次喧嚣一时,特别是福山《历史的终结》引发一系列的争论。第三章从对于马克思的哲学和现代性思想的思考入手,对福山的学说提出批评,对后殖民主义的理论意义做出解说。

在对于马克思的阐释和发挥方面,西方马克思主义做了一系列的工作。从伯恩斯坦到卢卡奇,再到萨特和阿尔都塞,以致拉克劳和墨菲,出现了形形色色的流派。从其对于马克思学说的运用来看,表现出从方法到视域的游移;从其对马克思理论的判断来看,表现出从科学到叙事的游移;从其发挥的现实功能来看,表现出从批判到讥讽的游移。第四章揭示了这些游移的来龙去脉。

众所周知,毛泽东一直致力于马克思主义中国化的工作。1978年后,马克思主义思想界的重要工作就是建构当代中国的马克思主义。在这个过程中,哲学原理教科书发生了一系列的嬗变,研究的视域不断扩展,一些基本理论问题的研究不断深入,促生了一些新的理论生长点。第五章着重探讨了这方面的内容。

对马克思的多重表述的呈现,不全然是文字的或思想的游戏,也不全然是争夺话语权和理论制高点的动机使然。泛泛而谈,这是文本和历史的力量所促成的"自然"结果。马克思的思想的多重表述,并不必然导致其生命力的丧失;相反,马克思思想研究内部的商谈,当有助于其活力的不断发挥。关键在于,我们能否透过这些各不相同乃至相去甚远的表述,与今天的世界和现实生活保持实践的关联。

# 第一章
# 阅读马克思的三种方式

在现代语境中,所谓阅读,也就是考察作者、作品以及作者、作品与世界的关系。这是因为,在现代语境中,作者对于自己作品的地位是毋庸置疑的:作者是自己作品意义的决定者,而作品又决定了读者的理解视域。既然作品的意义是由作者决定的,要理解一个作品,明智的做法自然就是考察作者的生平和他所处的社会境遇,以及作者写作的意图、动机和提出的见解。虽然也会谈到读者,但所涉及的只是作品对读者的教育作用,而对读者自身功能的研究微乎其微。这样,在既有的作品面前,读者处于一种被动的感知的位置,他的存在,似乎只是为了等待影响和教化。

20世纪60年代以来,作品(work)开始被置换为文本(text)。依据巴特的观点,"作品是具体的,占用了一部分的书籍空间(例如,在图书馆中),而文本是一个方法论的领域……这种对立让我们回想到拉康在'现实'和'真实'之间作出的区分:一个是明摆着的,另一个则是被证明的。"[1]随着作品被置换为文本,阅读所关涉的"主体(作者)/客体(作品)"被置换为"实践(写作)/(互文性)领域"。后者貌似二元对立的形式下,没有任何具体的对立。比较而言,作品是一个具体的客体,文本则是一个始终开放的领域中的游戏,并必须在这个领域中得到解释。换言之,作品是已经完成了的东西,而文本则始终处于生成之中。因

---

[1] Roland Barthes, "*From work to text*", In Josue Hariri ed., *Textual Strategies: Perspectives in Poststructuralist Criticsim*. Ithaca: Cornell University Press, 1979, p.74.

此,从文本的渊源、作者的声音或文本的语境来寻求文本的意思和解释,是不可取的。

随着作品被置换为文本,作者的地位就岌岌可危了。福柯在《什么是作者》中考察了作者的谱系,提出我们习惯于说作者是著作的天才创造者,在他那里蕴藏着无比丰富的经验,并拥有一个不可穷尽的意指世界,而事实正好相反:作者不是灌注一部作品意指的无限源泉,作者并不优先于作品;在我们的文化中,作者是人们进行限制、排除和选择的某种有效性原则①。福柯认为,作者概念是一种意识形态的产物,它表征的是人们惧怕意义膨胀的意识形态形象。现在面对文本,我们不应再追问"谁在真正说话",而应思考:这些话语以何种形式存在?它曾在哪里使用过?它怎样才能流通?谁能将它据为己有?在它内部什么地方可接纳一个可能的主体?谁能承担主体的这些变化不定的功能?

在福柯看来,19世纪出现了一类可称作"话语的创始人"的作者,他们不只是他们自己著作的作者,而且创造出其他文本的可能性与规则。马克思就属于这样的"话语的创始人",他不只是《共产党宣言》或《资本论》的作者,还奠定了话语无穷无尽的可能性。具体地说,马克思既使某些类同成为可能,也使某些差别成为可能;不但造成了以后的文本能够采用的相似性因素,也为一些差异打开了闸门,为引进一些异质性因素开辟了空间。因此,不能依据现代的作者概念来理解作为话语创始人的马克思。福柯还提出,一种话语的创始与其后生成的转换是不同构的,扩展一种话语的类型并不是给予它一种在开始时并不具备的普遍性,而是打通某些潜在的应用道路。在此转换过程中,人们并没有宣告这些创始人著作中的某些命题是错误的,所谓的"错误"或者被视为创始人著作中无关紧要的陈述,或者被视为是"史前的"因素。总之,一种话语实践的创始并不参与其以后的变化。只有这样,我们才能理解这些话语领域里"返回始源"的不可避免的必然性。

人文科学中的作者之死和社会中的立法者之衰落是并驾齐驱的。

---

① 参见福柯:《什么是作者》,载王岳川等编:《后现代主义文化与美学》,北京大学出版社1992年版,第304页。

现代作者在社会中承担的是"立法者"角色,这一角色具有优先接近真理、理性和科学知识的特权,对争执不下的各种意见纠纷做出仲裁,并最终决定哪些意见是正确的和应当遵守的。而在后现代语境中,阐释者取代了立法者。阐释者不提出普遍的真理主张,也不提供任何强制性指令,他只是勾画出各种选择,并以一个平等的身份参与各种公开的争论;他调停社团内部的争论,并对拥有不同真理观念的其他社团解释和说明这些论述;他时刻提防沟通过程中的意义扭曲,但并不认为其中哪一个解释具有绝对的优越性[1]。

随着读者地位的提升,读者批评脱颖而出,它特别强调读者在批评活动中的重要作用,把读者的接受和反应作为批评的主要内容,着重探索读者与作者、文本的相互关系和相互影响。而且,相比较此前批评模式致力于真实与虚假的分界,读者批评更多地关注阅读的趣味。读者批评最初仅局限于文学批评领域,随着后现代主义的弥漫播撒,抛弃作者、重置读者的做法,成为人文社会科学领域中比较普遍的现象。

任何一部文本,都是为阅读而写作的,这样,在文本的写作过程中,读者始终是"在场"的。伊瑟尔提出了隐含的读者(implied reader)这一概念。所谓隐含的读者,不是指实际进行阅读的读者,而是文本的一种特殊构造,是文本结构的组成部分,它提示了透视文本意义的若干角度。埃尔文·沃尔夫提出了有意向的读者(intended reader),意在重新建构作者心目中所具有的读者概念。在他看来,常常不是现实读者的趣味,而是在作者想象中构成的读者意念限定了文本的形式和主题思想。普莱提出了虚构的读者(virtual reader)这一读者类型,它一方面是作者对读者构想的外溢,另一方面是阅读指示的楷模,是为真实读者(real reader)提供的标准读者。也许,最重要的是重视真实读者亦即实际阅读文本并做出反应的读者。真实读者不是单数,而是复数;真实读者的处境也是各不相同的。罗兰·巴特区分了四种阅读类型。在第一种阅读类型中,读者把文本描述的世界看做是真实的,并感受一种幻觉,经

---

[1] 参见鲍曼:《立法者与阐释者——论现代性、后现代性与知识分子》,上海人民出版社2000年版,第5—7页。

常通过认同某个特定人物。热情的青少年读者往往属于这种类型；他们失去了对周围世界的所有感觉,全身心愉快地融在故事当中,从而失去了一个想象的世界。第二种阅读需要大量的智力活动,或者不断重复某种过程,例如分析和综合,探询所阅读东西的主题,或者不断寻找文本中象征的意义,以及弄懂寓言的意思,这两个过程的目的都要求对所讨论文本有一个全面的理解。巴特提到的第三种阅读适合于侦探故事,阅读的满足感在于弄明白所有的细节和线索是怎样被放在一起构成故事的主要结构。第四种阅读的愉悦与第二和第三种的完全相反,它的注意力不是放在整个文本上,而是放在文本的碎片上,如句子甚至词组。巴特称之为盲目崇拜式的阅读,因为它选出文本的几个小部分并认为它们包含了作品的精华或者作者的世界观[1]。除此之外,还有一种阅读,旨在从文本中包含的有关作者的生活或时代的信息中获得愉悦。能获得这种愉悦的,似乎主要是那些对特定时期已经有所了解的人。

我们相信,意义并不内在于文本,而是在文本和读者的相互作用亦即阅读过程中产生的,文本制约着读者,读者也可以建构文本,所以,接受过程不是对作品简单的复制和还原,而是一种积极的、建设性的反作用。这种创造性特别体现在读者对空白的发现上。在读者批评看来,即使是追求完整统一的传统文本,也不可避免地出现省略、遗漏甚至神秘,读者应有意识地去发现文本中的空白,充分体味文本中那些沉默的因素,分析空白在文本结构和技巧中的作用,用想象和理智去参与文本的创作。在此意义上,空白是阅读中不可或缺的积极动力,它促使读者不断增补和调整,充分发挥文本的不确定性和开放性。

事实上,在马克思那里可以看到一些相似的见解。在1857年写作的《〈政治经济学批判〉导言》中,马克思指出:"在社会中,产品一经完成,生产者对产品的关系就是一种外在的关系,产品回到主体,取决于主体对其他个人的关系。"[2] 马克思还强调:"消费完成生产行为,只是

---

[1] 参见史笛文·邦尼卡斯尔:《寻找权威》,吉林大学出版社2003年版,第152—153页。
[2] 《马克思恩格斯选集》第2卷,人民出版社1995年版,第12页。

由于消费使产品最后完成其为产品,只是由于消费把它消灭……消费不仅是使产品成为产品的终结行为,而且也是使生产者成为生产者的终结行为。"① 马克思的这些表述,很容易让人联想到艾柯的话:"为了不致给通往文本的道路制造麻烦,作者最好在他完成写作时立刻死亡。"② 然而,问题的关键在于,马克思是否颠覆了现代的主体概念③。如果我们承认这种颠覆,那么,发挥出一种马克思主义的读者批评理论,就是完全可能的。当然,马克思主义的读者批评理论不会坚持"作者的死亡",而是在读者、文本、作者和时代之间斡旋。

就对于马克思的理解而言,恩格斯在马克思墓前的演讲塑造了经典的马克思画像。自20世纪20年代以来,卢卡奇等西方马克思主义者开始重读马克思;70年代末以来,国内也开始重读马克思。对马克思的阅读何以成为问题?为什么需要重读马克思?对这些前提性的问题,大家的思考是相当有限的,答案也是相对简单的。注意力都集中在发现本真的马克思上。在这种解读中,读者和马克思文本的关系,是一种被动接受的关系:文本静止地待在那里,等候着读者的走近;读者则力图摆脱自己的各种主观愿望,期望原原本本地把握马克思。在这个过程中,如果说读者也曾试图发挥主体的作用,那也只是为了更好地接受文本发出的各种指令。对于阅读—接受过程本身,则几乎是完全忽视了。也正是由于这种忽视,我们无法在不同的阅读结论之间进行调停和对话。

因此,不能把马克思的作品孤立起来,将它绝对化成一种没有时间的物,绝对化成一种供人观赏的静止不动的纪念碑;而马克思文本的时间性的发挥,有赖于读者的时间性。基于这种认识,在解读马克思的文本时,就需要具体考察马克思的文本的"隐含的读者"、"有意向的读者"或者"虚构的读者":是工人、资本家,还是自己的同志?是本土的居民,还是外国人?是现时代的人,还是未来的人们?我们也需要思考"真实

---

① 《马克思恩格斯选集》第2卷,人民出版社1995年版,第11页。
② Eco, *Postscript to the Name of the Rose*. Orlando, Fla.: Harcourt, Brace and Jovanovich, 1983, p.7.
③ 参见张汝伦:《主体的颠覆:从黑格尔到马克思》,载《学术月刊》2001年第4期。

读者":在不同时期,现实地阅读马克思文本的读者是哪些人?他们的反应如何?工人、革命者、同盟、敌人各自的反应何以形成?例如,《共产党宣言》是受共产主义者同盟领导人的委托而写的,其目的是为了整合组织,因而不难推断,这个文本不能不考虑当时的现实,不能不考虑全体盟员的认识水平和觉悟程度,不能不针对当时统治阶级和各国资产阶级对共产主义的具体态度。这种面面俱到的考虑,以及党纲的写法,都限制了马克思和恩格斯对一系列具体问题的论证。换言之,这个文本必然有各种缄默不语的地方。事实上,马克思的确采取了各种写作策略,以适应包括编辑在内的"有意向的读者"的旨趣。在恩格斯替马克思为美国的一家报纸撰稿时,马克思特别提醒:"要写得俏皮而不拘束。这些先生们在外国栏中是非常大胆的。"①另外还应考虑到,马克思撰写的新闻作品在问世时,可能经过了编辑的加工处理,以合乎他们的要求。所以,只有具体辨识马克思不同文本的"隐含读者"、"有意向的读者"和"具体读者"及其反应,才能比较客观地看待马克思文本的意义,看待马克思文本在历史流变中的不同效果。

特别需要考虑的是,恩格斯作为马克思文本的第一读者,在相当程度上确立了马克思文本的"接受指令"。依据卡弗的考证,马克思似乎没有对自己和恩格斯关系的性质有太多描述,只是在一个新闻记者写到"Marx and Engels says"时,他抱怨说,这把他们两个人视作一个人了②。另外,在《反杜林论》第一版序言中,恩格斯仅仅说"在德国的友人"再三请求他写这本书,而在1885年(——这时马克思已经去世)的序言中,恩格斯提出,这本书所阐述的世界观绝大部分是由马克思确立和阐发的,只有极小的部分是属于他的。他还说,在付印之前,他曾把全部原稿念给马克思听,而且经济学那一编的第十章就是由马克思写的。卡弗追问道:"为什么要读给马克思听?(马克思自己能读!)即使他是大声朗读,马克思在听吗?奇怪的是,恩格斯没有谈到马克思自己

---

① 《马克思恩格斯全集》第27卷,人民出版社1972年版,第332页。
② 参见 Terrell Carver, *The Postmodern Marx*. Manchester: Manchester University Press, 1998, p. 165.

对《反杜林论》说了些什么。"①卡弗认为,虽然马克思1880年为恩格斯《社会主义从空想到科学的发展》法文版写的前言向读者推荐《反杜林论》,但也只是肯定它的"政治"内容,这就是说,马克思对《反杜林论》的认可是有限的。

马克思逝世后,恩格斯为马克思的诸多作品写了导言或序言,在恩格斯的叙述中,马克思成为"年长的合作者",他则是"年少的合作者",一旦马克思离去了,共同的任务就交给他了。恩格斯以"一致同意"和"工作分工"等缘由,确立了自己作为"标准读者"或者说"理想读者"的地位,并绘制出标准的马克思"肖像"。在一些人看来,忠实的后人们所做的工作,只能是进一步充实和完善这幅肖像。恩格斯提供的马克思肖像是唯一合法的肖像吗?如果承认读者是复数而非单数,承认读者不是无时间性的抽象存在,那么,我们就应当承认,在恩格斯的解读之外,势必还有其他的合法的阐释和理解。各种不同的阐释之间是否具有或者说可以达成一种基本的共识?如果承认读者和文本之间不是单向的被动接受关系,而是互动的关系,即:读者受文本的召唤,按照自己的主观条件去实现文本的潜能,使文本成为他自己的文本;与此同时,他也按照文本规定的范围和方式改造自己,从而扩大了自己的可能性,那么,我们就比较容易理解,为什么把马克思的文本视作单纯的学术作品来读,也会产生各种各样的歧异,甚至得出截然对立的结论,发挥出不同的理论思路。由此我们需要着重思考的,就不再是认知的"真实性",而是这样的问题:在阅读马克思的过程中,读者自身的历史文化经验发挥了怎样的作用?马克思的文本又如何影响了读者及其所处的社会和时代?

如果把读者大致划分为消费者类型的读者、批评者类型的读者、作者类型的读者②,那么,我们大致可以说,苏联模式的马克思主义哲学教科书培养出的是消费者类型的读者,西方马克思主义者和中国马克

---

① Ibid.,p.170.
② 参见朔贝尔:《文学的历史性是文学史的难题》,载瑙曼等著:《作品、文学史与读者》,文化艺术出版社1997年版。

思主义者属于批评者类型的读者,而马克思自己,当然是属于作者类型的读者了。消费者类型的读者把马克思的文本视作自明性的绝对真理,随时用它来证明自己观点和路线的正确;作为批评者类型的读者,西方马克思主义者总是带着一副理论的面具来阅读马克思,其结果自然是生成黑格尔主义的马克思主义、弗洛伊德主义的马克思主义之类的东西;中国马克思主义者则是从中国本土的文化传统和社会现实出发,创造性地阅读、运用和发挥马克思的思想,从而形成了中国化的马克思主义。而马克思作为作者类型的读者,在思想发展的过程中,也在不断回顾和反思自己的道路。

以往的马克思主义史,不过是作者和作品的历史,即生平加作品的编年排列。如果首先关注的不再是"作品的意义是什么",而是"读者如何使得意义产生",如果承认没有绝对的、独立的文本,也没有不变的接受意识,文本存在于时间系列里视野的不断交替演化中,而且它只有被接受并产生影响才能流传下来,马克思主义史就应当被视作马克思文本和不同时代读者的"期待视野"交融的结果。期待视野决定了读者对所读文本的取舍标准,也决定了他对文本的基本态度和评价。而读者期待视野的历史性和开放性,也决定了文本价值会不断发生变化。因此,马克思主义史的撰写,必须参照马克思文本接受的历史性,考察不同的接受者和接受活动所处的特定的历史环境,梳理不同时代接受状况的变化。

新历史主义的代表人物格林伯雷自陈,他从事新历史主义批评的最初愿望是想要同死者对话。然而我们如何同过去对话,怎样透过时间的距离来理解死者所说过的话?我们试图理解过去某一事件在它发生的时代意味着什么,同时也要理解这件事对于我们今天具有什么意义。这两个阐释维度不是互不相干的,读者对历史的"再现",其实也就是为历史确定一个现在的位置,因而,"再现"历史的努力无法逃离现在价值观的支配。我们需要追问:再现的是谁的历史?"再现"历史的同时,读者必须表露自己的声音和价值观,也就在这里,读者试图参与和建构关于未来——而不只是关于过去——的对话。

读者批评启示我们,"马克思是谁"这个问题,和"我们是谁"这个问题是密切相关的,离开了对"我们是谁"这一问题的关切,对"马克思是谁"这一问题的解答,就成为马克思在《关于费尔巴哈的提纲》中所批判的"旧唯物主义"。随着对"我们是谁"这一问题的不断追问,"马克思是谁"这一问题也将不断获得新的答案。换言之,随着读者所处时代境遇的变迁,马克思的文本呈现出自身的"意义多重性",读者其实也只不过是这个过程的见证人而已。在这样的阅读中,马克思的文本不再是外在于我们,外在于当代生活的东西,相反,它就在我们的思想和生活之中,它就是我们的一种思想传统。对于既有的各种理解,我们不能简单地遗弃,相反,我们需要做的,正是详细描述各种具体的阅读和阐释过程,揭示各种不同的理解得以形成的历史缘由。

从读者批评的视角出发,可以把对马克思的阅读划分为三种方式。

## 一、朴素式阅读

所谓朴素式阅读,是指一种未经反思的、缺乏理论自觉的阅读方法。在严格的意义上,很难称其为一种方法。这里提出朴素式阅读这一术语,仅仅在于指称和描述一种阅读的方式,一种在阅读者本人那里无意识地运用和发挥的阅读方式。

朴素式阅读最明显的特点,就是不曾考虑过阅读本身,包括阅读者的知识储备和理论旨趣,所阅读文本的语言和风格,阅读的场景和节奏,等等。简言之,就是不曾考虑阅读本身还需要一种方法论原则;即使偶尔考虑到这一点,也不认为这种方法论原则有多大的必要。在朴素式阅读中,读者把阅读仅仅视作一个直观地看和读的过程,似乎面对马克思的文本,无需任何理论和现实的中介,就可以直接切入主题。

稍加推敲就可以发现,朴素式阅读具有这样几个"无意识"的前提:

——作者对文本意义的绝对所有权和控制权。在朴素式阅读中,读者赋予马克思崇高的地位,认为文本是马克思写就的,其意义也就是马克思写作时赋予的主观意图,此外的任何增补都是一种修正和歪曲。

——文本意义的透明性。在朴素式阅读中,读者往往认为,马克思意欲表达的意思通过白纸黑字,清楚明了地摆在人们面前。只要有一定的哲学史、思想史积累,就可以准确无误地把握马克思的真实思想。

——文本意义的单一性。在朴素式阅读中,马克思的文本被视作一个思想的统一体,一个一以贯之的理论整体,一个从萌芽、早期到成熟的自在的理论发展过程。读者虽然也承认,在这个过程中,社会生活场景的变化当然会影响到马克思的思考,但他们最终还是认为,任何变化都不能使马克思偏离既定的思想航道。

——文本意义的超时空性。在朴素式阅读中,一方面,马克思的文本可以超越于时代的变迁,具有自在的理论意义;另一方面,读者也可以穿越时代的屏障,直接抵达马克思写作时的历史场景。

——回归文本原初意义的可能性和必要性。在朴素式阅读中,文本意义隶属于马克思,它具有透明性、单一性和超时空性,这样,所谓文本的意义,也就是作者的原初意图,亦即马克思赋予它的意义。理想的阅读就是回复马克思本意的阅读。阅读的目的就在于不多不少地把握马克思的原初思想,使自己和马克思合二为一。由此,只有一种阅读是诚实的,只有一个读者是诚实的。

从表面上看,朴素式阅读坚持客观主义的、还原论的阅读宗旨,认为阅读就是回到马克思的本意或者说原初意图,阅读的目的就是回复这一本意,因而对马克思保持绝对的敬意。但深究下去,不难发现,其中蕴含着读者对自己的充分信任。与其说读者迷信马克思,不如说读者自我迷信。在这种迷信中,读者占据了马克思的位置。关键是谁垄断这唯一的、大写的读者的位置。例如,斯大林垄断了这个位置,斯大林就成为解读马克思的绝对权威。

问题还在于,在朴素式阅读中,马克思文本的意义完全是"显形"的。马克思谈到现实的、具体的人,谈到他的研究是从现实的、具体的人出发,读者就很自然地认为,这表明马克思和旧唯物主义、唯心主义划清了界限。读者忽视了现实的、具体的这些术语都是哲学术语,黑格尔也谈到过现实的、具体的人。

在朴素式阅读中,读者出于自己的需要,惯于随意摘引。例如,把马克思不同时期关于人的论述收集到一起,就攒成一篇系统连贯的论文,似乎马克思不同时期关于人的论述是一以贯之、持之以恒,不断达到成熟状态的,是一种线性的发展过程,期间不曾发生过什么大的变化。对马克思的思想进程是连续不断趋于成熟的,还是发生过大的质变的,是渐进的还是突变的,是必然的还是偶然的这一问题,朴素式阅读即使承认马克思的思想发生过重大变化,也是从合目的性、合规律性的角度看待这一变化的。

朴素式阅读是一种惰性的阅读方法。它把意义的生产权完全归于马克思,读者的任务只是回复马克思的原初意图,而不产生任何新的意义;而且,它只认可某一种阅读和某一个读者,这样,很容易窒息文本丰富的意义含量。如果说在朴素式阅读中读者也往往是立足现实,从现实出发,关注现实,那么,这种关注只不过是体现在阅读之前和阅读之后,即:之所以阅读马克思的文本,是相信马克思早已思考了读者意欲思考的问题,并有了明确的思路和方法;在阅读过马克思的文本之后,读者相信自己已经找到了满意的答案。在朴素式阅读中,人们对误读的理解是非常简单的:完全是由于近视、远视或斜视的缘故。把阅读完全归结为主体的视觉行为,显然是一种唯心主义的阅读方式。

新历史主义对旧历史主义的批评,也适用于朴素式阅读:"试图把思想家放回他自己的时代或把他的文本置放在过去,往往是一种过分简单化的历史理解的抽象分类。语境化的修辞常常鼓励狭隘的资料阅读,在这种阅读里,文本只不过是时间的符号或体现某种现象的直接表述。不加分析的阅读和阐释方法成为绕过文本的迂回路线,变成根本不认真阅读文本的借口。"[1]新历史主义试图探索"文本周围的社会存在和文本中的社会存在",从而既反对对历史进行实证主义的阅读,也反对把文本看成是孤立现象的形式主义方法。

## 二、征候式阅读

征候式阅读这个术语来源于阿尔都塞。阿尔都塞提出:"我们只是

---

[1] Dominick Lacapra, *Rethinking Intellectual History*. Ithaca:Cornell University,1983,p.147.

从马克思开始,至少是在理论上,才对读和写的含义产生怀疑。"① 或许,我们可以说,在马克思主义研究史上,只是从阿尔都塞开始,如何阅读马克思才成为一个重要问题,一个基础性的、前提性的问题,理论的和哲学的问题。

朴素式阅读属于一种经验主义。阿尔都塞在批判经验主义的阅读方式时指出,这种方式假设从字面上阅读著作的表层意思足以揭示作者的本意,它没有认识到,著作作为一种复合结构,是由许多层次的潜在意义构成的。只关注著作表层意思的经验主义读者看不到著作的潜在含义。问题还在于,它有时倾向于把复杂的著作简化为一种"本质"。经验主义阅读的动因在于创造出知识对象,以便适应读者的经验。因此,如果认为著作具有一种本质含意,著作中的矛盾和疏漏便会被忽视或弃置②。阿尔都塞指出,这种方式的这两个方面都是不合逻辑的,是非科学的。它们认识不到读者与著作之间的互动。读者不是,也不可能是著作表层意思的被动接受者。赋予著作以一种本质,并把它说成是著作本意的科学表达,这也是不正确的。不妨说,阅读包含着从读者的观点来质询所读著作的活动。这种活动要求进行一系列阅读,以便使读者超越最初的表层阅读,检讨和阐释著作的深层含义。阿尔都塞对马克思《资本论》的阅读,就是这样一种活动。

阿尔都塞认为,马克思阅读前人的著作有两种方式:一种是外在的、超越的阅读方法,一种是紧密结合著作的思想内容,追踪的、内在的阅读方法,从其著作内部,矛盾自然地呈现出来。青年马克思主要是采用前一种阅读方式,对他来说,认识事物的本质,认识人类历史及其经济、政治、美学和宗教产物的本质,无非就是透过事物的"具体"存在读出"抽象"的本质。例如,写作"巴黎手稿"时的马克思一下子就透过人的本质的异化直接读出了人的本质。而在成熟时期的马克思那里,异质的相互对立的阅读方法是同时存在的。马克思对斯密和李嘉图的阅

---

① 阿尔都塞等:《读〈资本论〉》,中央编译出版社2001年版,第5页。
② 参见尼克·奈特:《毛泽东研究领域中的经验主义和论述方法》,载萧延中等编:《"传说"的传说》,中国工人出版社1997年版。

读就采取了两种不同的方法,或者说,表现出两种不同的阅读原则。

在第一种阅读中,马克思是通过他自己的论述来阅读他的先驱者(例如斯密)的著作的。在这种阅读过程中,斯密的作为通过马克思的作为来看待,并且以马克思的作为为尺度。这种阅读的结果无非是一致性和不一致性的记录,是对斯密的发现和空白、功绩和缺陷的总结。马克思往往用斯密的不注意,确切地说,就是斯密的视力不灵敏、精神不机敏这样的心理学原因来解释这些空缺:斯密没有看到在他面前已经清楚地呈现出来的东西,他没有把握已经在身边的东西。在这种阅读过程中,认识对象是明明白白地摆在面前的客观存在,疏忽与对象无关,而与看本身相关,关键是读者的目光是否敏锐。这种阅读方法看不到在同一个作者身上看和忽视的并存所提出的问题,即看和忽视相互联系的问题。

在第二种阅读中,为了看到这种看不到的东西,为了看到这些"忽视",为了在完整的文章中证明这些空缺,所需要的不是敏锐细致的目光,而是另一种新的目光,即马克思借以说明理论总问题转换的"场所变换"对看的行为进行思考的产物。这种场所的变换,不能归结为关于改变看的视角的精神决定论,事实上,场所的变换开始了一个不是由主体的看引起,而是主体在其所处场所进行反思的过程。在这种变换中,主体所起的作用是由过程的机制赋予的,主体必须——部分地说是不知不觉地——置身于新的场所,才能够把目光转向以前没有看到的东西上。在这个意义上,如果说马克思能够看见斯密所看不到的东西,就是因为他已经置身于新的场所,这个场所是旧的总问题在生产出新的回答时,同样不知不觉地生产出来的。

阿尔都塞把马克思的第二种阅读方法称作"征候式阅读",其内涵是"在同一运动中,把所读的文章本身中被掩盖的东西揭示出来,并且使之与另一篇文章发生联系,而这另一篇文章作为必然的不出现存在于前一篇文章之中"[①]。也就是说,征候式阅读以两个文本的存在为前提,第二个文本是第一个文本的尺度,并从其"失误"中表现出来。阿尔

---

[①] 阿尔都塞等:《读〈资本论〉》,中央编译出版社2001年版,第21页。

都塞把征候式阅读运用于对马克思文本的阅读,提出在马克思的文本中,虽然也存在没有相应问题的回答的地方,但只要稍许耐心,就可以在该文本的另一个地方或其他文本中找到相应的问题。在《保卫马克思》中,阿尔都塞提出:马克思所促成的理论革命不在于回答的改变而是在于问题的改变;马克思在历史理论中进行的革命在于"要素"的改变,这种改变使他从意识形态的场所转到了科学的场所。果然,在读《资本论》的"工具篇"时,阿尔都塞惊奇地发现,马克思为了表示理论问题体系的变化,已经使用了"场所的变化"这一术语。阿尔都塞还提出,如果在马克思的文本中存在着一个无从发现其相应问题的重要回答,那么这是因为马克思所处时代的局限,使得他没有掌握一个使他能够思考他带来的结果的概念。

征候式阅读是一个循环往复的过程,即:阅读马克思的文本,需要运用马克思主义哲学的方法,而马克思主义哲学的方法,又是在阅读马克思文本的过程中得以形成和完善的。这无疑是一个循环:从理论总问题出发,向一个对象提出其本质的问题,而总问题在考察其对象的同时,自己也受到对象的检验。这个循环之所以可能,只是因为马克思的哲学存在于马克思主义的著作之中。因此,这里探讨的是本来意义上的生产,它不仅意味着把隐藏的东西表现出来,更重要的,意味着改变业已存在的东西。"这种生产在其双重意义上使生产过程具有循环的必然形式。它是一种认识的生产。"[①] 认识的对象不同于"始终独立地存在于头脑之外"的现实对象,它是思维的产物,是思维在自身中把自身作为思维具体、思维整体生产出来的;而正是思维具体、思维整体产生了对现实对象的认识。

征候式阅读是一种唯物主义的阅读方法。在征候式阅读中,视觉模式失去了对认识的特权,所谓看是问题结构在看,而不是主体在看;能够看到什么,看不到什么,不是由主体的视觉决定的,而是由问题结构决定的;主体只是这种结构功能的承担者。可以看得到的东西是在一定场所和范围内,即在某一理论总问题的一定结构内的一切对象和

---

[①] 阿尔都塞等:《读〈资本论〉》,中央编译出版社2001年版,第29页。

问题。这样,看就不再是具有"看"的能力,以及在注意力集中的情况下运用这种能力的个别主体的行为。看就是看的结构条件的行为,就是理论总问题所内在的对它的对象和问题的反思。在这种情况下,看不过是把对象和问题同它们的存在条件连结起来的内在必然性的反思,而对象和问题的存在条件又同它们的产生条件联系在一起。严格地说,不再是主体的眼睛去看理论总问题所决定的领域中存在的东西,而是这个领域本身在它所决定的对象或问题中自己看自己。由此,阿尔都塞认为,征候式阅读是一种唯物主义的阅读方法。这种唯物主义是偶然的唯物主义,阿尔都塞在《一个唯物主义哲学家的画像》中比喻说:跳上一辆列车,却既不知它从何而来,也不知它开向何方。德里达则认为他所倡导的"解构"也是一种征候式阅读。

　　征候式阅读是一种革命性的阅读方法。它提示读者,从哲学角度阅读马克思是一种"有罪的"阅读,不过它并不想通过坦白来赦免自己的罪过,相反,它要求这种罪过,把它当作"有道理的罪过",并且还要证明它的必然性,以此来捍卫它。因此这是一种特殊的阅读,它向一切有罪的阅读就它的无罪提出了一个简单的问题:什么是阅读?正是这个问题撕掉了它无罪的面纱,而特殊的阅读也通过提出这个问题证明自身是合理的阅读。阿尔都塞对《资本论》的解读表明,如果说不存在无罪的阅读,只是因为每一种阅读就其教益和规则而言只是反映了真正负有罪责的阅读;认识的概念使阅读成为本来意义上的阅读,因为认识的概念是阅读对象的基础。

　　在征候式阅读中,马克思的文本不是一经打开就可以直接理解的东西,其意义也不是直接呈现在读者面前。所谓一打开马克思的著作就能马上领会什么,理解什么,完全是一种幻想。"打开书马上就能理解"这样的阅读方法,等同于阅读《圣经》的宗教态度。在征候式阅读中,不仅要注意马克思试图说些什么,而且要留意马克思一不留神表白了些什么,另外,还要注意马克思没有说什么①。在一定程度上,征候式阅读可以修复马克思文本中有空缺的表述,并根据马克思做出的回答生产出相应的问题。阿尔都塞强调:"科学的生命不在于它所知道的东西,而在于它所不知道的东西。"② 一门科学所不知道的东西,也就是它表述中的沉默,某些概念的空缺,某些论证的空白。一门科学表面上可能很充实,但只要悉心倾听,就会听到从它那里发出的空洞的声音;而一门科学的发展就在于能够听到它所发出的空洞的声音。在此意义上,阅读马克思的文本,既要维护其作为科学所具有的内在的统一性,又要关注其在历史性进程中所呈现的缺失和空白;后者与其说是有待否认和遮蔽的缺陷,不如说是马克思主义历史生命的表现。征候式阅读作为一种生产,其宗旨就是在回复马克思理论结构的前提下,推进马克思的理论思考。

阿尔都塞的阅读方式是对经验主义的重大突破,尤其是承认读者的作用,但他过于依赖唯理主义认识论,因而同经验主义一样,难以避免循环推理的内在矛盾。就唯理主义而言,理性是衡量知识主张的特殊标准,特殊的概念被抬高为判断特定阅读是否科学的标准。除非诉诸理性自身,否则理性就不可能有客观本质的评判标准③。另外,阿尔都塞倾向于把著作看做是接近列维-斯特劳斯传统的结构,亦即"具有确切特性的客体。这种客体必须通过分析加以识别,……依据这些特性来界定……这种客体一旦创造出来,就具有水晶体一样的坚固

---

① 德勒兹在谈到哲学史时说,哲学史不是一个特别反省的科目。它更像绘画中的肖像艺术。这是一些思想的肖像,一些概念的肖像。同绘画一样,必须像,但是要通过不相像的手段,通过不相同的阶段。应该产生相似关系,而非复制手段(只满足于复述哲学家所说的内容)。哲学家提出新的概念,加以阐述,但是他们并没有说出或完全说出这些概念所回答的问题。哲学史不应该重复一个哲学家所说的,而应该说出一个哲学家有必要省略的东西,说出他没有说出却存在于他的言语之中的东西。参见德勒兹:《哲学与权力的谈判》,商务印书馆2000年版,第154—155页。

② 阿尔都塞等:《读〈资本论〉》,中央编译出版社 2001 年版,第 23 页。

③ 参见 Barry Hindess & Paul Hirst, *Mode of Production and Social Formation*. London: Macmillan,1977。

④ Eco, *The Role of the Reader: Explorations in the Semiotics of Texts*. Bloomington: Indiana University Press,1979,p.4.

性"④。因此,著作的结构观会削弱阿尔都塞关于读者作用的观点,承认和理解著作中存在有待发现的特性是读者义不容辞的责任,若想建立识别和界定著作"确切特性"的机制,就只能退回到认识论领域。这种认识的逻辑依然是强调所谓"客观地考察著作"。

## 三、互文式阅读

Intertextuality,一般译作"互文性",又译作"文本间性"。这一术语是法国后结构主义批评家克莉思蒂娃20世纪60年代末发明的。所谓互文,包含这样的意思,即将"历史(社会)插入到文本之中,以及将文本插入到历史当中"①。"将历史插入到文本当中",是说文本吸收了过去的文本,并且是从过去的文本中建立起来的。"将文本插入到历史当中",是说文本回应、重新强调和重新加工过的文本,并通过这样的工作致力于创造历史,致力于更加广泛的变化过程,也致力于预测和构成以后的文本。概括起来,互文式旨在强调,任何一个单独的文本都是不自足的,其意义是在与其他文本相互参照、相互指涉的过程中产生的,由此,任何文本都是一种互文,在一个文本中,不同程度地以各种能够辨认的形式存在着其他的文本,诸如先前的文本和周围文化的文本。在极端的意义上,甚至可以说,任何文本都是过去的引文的重新组织。对马克思文本的互文式阅读包括:文本的对照阅读,哲学文本的文学式阅读;在既有的处境中阐释文本,在对文本的阐释中阐明现实,等等。这样,马克思的文本就不是"完全自主的"、"完成了"的东西,而是始终处于"现在进行时"之中。

互文式阅读重视文本的异质性,强调各种各样的、往往是矛盾的要素和线索——它们构成一个文本的分析模式。各种文本的异质性程度有很大的不同,这决定于它们的互文性关系是复杂的还是简单的。在异质性要素的整合方面,各种文本也是有区别的。因此,就异质性在文

---

① Kristeva, J. *Word, Dialogue and novel*. In T. Moied., *The Kristeva Reader*, Oxford: Basil Blackwell, 1986, p.39.

本表面上的明显程度而言,区别也是存在的。"在相当程度上,互文性是文本的模糊性的源泉。"① 如果一个文本的表层可以由各种其他的文本——它们进入到它的结构之中——从多重角度予以决定,那么,相对于那个文本的互文性网络来说,该文本表层的要素就可能不会被清楚地确定位置,它们的意义也可能是模糊的;不同的意义可能并存,确定"某种"意义因而就是一件不可能的事情。

立足于互文式阅读,马克思的文本得以在哲学、政治经济学和科学社会主义之间融会贯通。长期以来,马克思主义被划分为哲学、政治经济学和科学社会主义三个领域,人们致力于把马克思的文本指认为其中某一领域,或者主要从某一领域出发来把握马克思文本的现实效应。其实,马克思的同一个文本——例如《1844年经济学—哲学手稿》、《共产党宣言》、《德意志意识形态》、《资本论》等,往往既是哲学文本,也是政治经济学文本,同时又是科学社会主义文本,由此,它既可以(并且应当)作为哲学文本来解读,也可以(并且应当)作为政治经济学文本来解读,还可以(并且应当)作为科学社会主义文本来解读。正是在种种不同的解读之中,正是在互文式的解读之中,马克思文本的意义才能相得益彰,得到全面、充分的阐发。而把马克思的文本固执于某一类来解读,往往可能导致把马克思某些抽象的哲理思辨视作具体的实证分析,同时又把某些具体的实证分析视作抽象的哲理思辨,从而造成误读。事实上,我们在理解和运用马克思主义方面所发生的失误,有相当一部分原因即在于此。

立足于互文式阅读,我们很容易认识到,现代西方哲学各流派和马克思主义哲学是同一时代的产物,而在同一时代背景下产生的各种哲学流派,一般地说,面临着共同或相似的问题,虽从不同角度提出不同答案而互相对立,但同时又是互相联系、互相影响着的,决不能把它们截然割裂开来。② 换言之,马克思与同时代的西方哲学家是对话的而

---

① 诺曼·费尔克拉夫:《话语与社会变迁》,华夏出版社2003年版,第96页。
② 参见赵修义、童世骏:《马克思恩格斯同时代的西方哲学》,华东师范大学出版社1994年版,第III页。

非对立的关系。事实上,存在总是比较中的存在,阅读也总是比较中的阅读,即使是朴素式阅读,也是在一定的比较视域中进行的,只不过读者对此缺乏自觉罢了。例如,对卢卡奇的批评意见是,他是从黑格尔主义的视角出发阐释马克思的,恰当的做法是透过马克思主义的视角来阐释马克思。其实,传统意义上的马克思主义,也只不过是恩格斯对马克思的阐释而已。

的确,在我们开始阅读马克思的文本之前,已经有许多前辈从事过这项工作了,已经提出种种理解框架了,由于这些框架,马克思的文本被涂上了一层层浓厚的油彩。朴素式阅读试图径直穿越这些框架,简单地消解这些框架,回到"原始"的马克思。而互文式阅读则把这些框架本身视作需要认真对待的东西。在互文式阅读中,先前的阅读作为一种"增殖",一种"结果",已经附着于马克思文本之中,后来的阅读很难轻易地把它剔除,而且,本来也不可能简单地剔除。所需要做的是立足于马克思文本和这些"阅读"的中间地带,处理它们间的叠加、游移、偏离,而且,不再把偏离简单地视作"偏离",而是视作"征候"、"符号"和"表征",视作"困惑"和"焦虑",加以仔细审视。

在互文式阅读中,哲学文本和文学文本之间的界限不再是那么泾渭分明,相反,我们可以尝试把哲学文本作为文学文本加以解读。哲学文本常常被看做是一种写实的文体,它追求真理和确定性,使用理性的、纯逻辑的语言,是对自然或社会现实的本质及规律的真实反映。既然是写实,就力求杜绝修辞,避免与象征发生关联,以确保哲学理论的真理性。问题是,任何理论都是在语言中得以表述的,而语言不只是表述的工具和理论的物质载体,并不是说先有一种理论然后再通过一种合适的语言形式把它表述出来,相反,理论地据有世界的过程,也就是语言地据有世界的过程。当代的研究强调,每一种语言都有其修辞性和逻辑性,如果说逻辑性使读者得以依据明确表明的连接把言词串联起来,那么修辞则必须在言词之间及言词周围的静默中活动,试探着怎样才能发挥作用,其效力究竟有多大。修辞可能是对逻辑的修饰,也可能无意识地促成偏离。

在马克思的著作中,演说、讨论、交谈、通信等都被视作传播和宣传,其基本的职能是规劝,为此,他的著述中融会了欧洲历史上诸多文艺作品的典型和名句。关于精神交往和物质交往,语言和文字,传播者、传播媒介和传播对象,报刊和舆论等,马克思都有一系列重要的论述。可以毫不夸张地说,在把修辞视作一种修饰,一种语言技巧的意义上,马克思是一个毋庸忽视的修辞学家。从修辞学的视角看马克思的文本,很自然地,我们会充分关注马克思文本中的语气、节奏,以及马克思采用的文体。例如,马克思关于自由贸易的演说和关于雇佣劳动与资本的演说,至今读来仍有强烈的现场鼓动气息,而《共产党宣言》中的段落简短,论证明确,充满了碑文般精炼的语句和惊世骇俗的气势。"生产的不断变革,一切社会状况不停的动荡,永远的不安定和变动,这就是资产阶级时代不同于过去一切时代的地方。一切固定的僵化的关系以及与之相适应的素被尊崇的观念和见解都被消除了,一切新形成的关系等不到固定下来就陈旧了。一切等级的和固定的东西都烟消云散了,一切神圣的东西都被亵渎了。"① 假若说《共产党宣言》第一章是一部资产阶级的"英雄史诗",第二章就是无产者和革命党人的"散文诗"。在"英雄史诗"和"散文诗"的淋漓尽致中,《共产党宣言》获得了极大的象征性,洋溢着排山倒海、不可抗拒的力度和魅力。如果我们承认马克思的学说既晓之以理,又动之以情,马克思思想的魅力在于"理"和"情"的统一,那么,在阅读马克思文本时,就不仅要关注其逻辑的自恰性,还要分析其修辞的力度。

马克思对语言的产生、语言和思维的关系、语言的分化和融合、现代文明语言的形成都有相当的研究,而且,与他追求一种纯净透明的现实生活相应,他渴望纯净透明的思想和语言。在马克思看来,所谓"显而易见"、"自然而然"的思想观念都是在特定的社会中被生产出来的,马克思批评意识形态,就是指责它"无意识地"遮蔽了现实生活,违背了思想和语言的透明性。现在看来,把修辞视作虚饰和浮夸是不确切的,把语言的不透明性完全归于意识形态的作用也是不合时宜的。而且,语言的透明性是一个错觉,修辞作为语言固有的特性,是一切文本所无

---

① 《马克思恩格斯选集》第1卷,人民出版社1995年版,第275页。

法避免和控制的。哲学文本一向自觉地远离修辞,追求纯粹的逻辑推演和透明度,但最终难以摆脱修辞的纠缠。事实上,马克思的著述中存在着大量的比喻和借代,他对于意识形态的定义就借助于视觉隐喻:"如果在全部意识形态中,人们和他们的关系就像在照相机中一样是倒立呈像的,那么这种现象也是从人们生活的历史过程中产生的,正如物体在视网膜上的倒影是直接从人们生活的生理过程中产生的一样。"① 作为马克思思想重心的基础和上层建筑也属于空间隐喻。马克思的《路易·波拿巴的雾月十八日》关于幽灵,关于"19世纪的革命不能从过去,而只能从未来汲取自己的诗情",关于"从前是辞藻胜于内容,现在是内容胜于辞藻"等论述,揭示了能指与所指、内容与形式之间的分裂,这种分裂既意味着语言的脱节,也表征了时代的脱节。

马克思的文本本身固有的修辞性促成了丰富的、繁杂的语义空间,使得马克思的每个文本中都存在着"多性能"话语,它们常常指向不同的方向,忽视了其中的任何一个都可能造成误解。互文性阅读作为一种充满灵性的阅读,其宗旨正是促使马克思的文本更富于弹性,具有更大的理论空间,而不是把马克思固定于某一时段的某一位置。由于历史情势不同,读者的旨趣不同,侧重点不同,同样是阅读马克思,所读出的东西可能相去甚远,对马克思的一些重要概念存在不同认识,更不用在一些基本命题上的分歧了。社会生活本身就是一个文本,立足于不同的时代场景阅读马克思,也就是从事时代场景和马克思之间的互文式阅读,不同时代场景中的阅读存在差异是正常的,同一时代场景中的不同阅读存在差异也是自然的,正是由于这些差异,马克思的文本才不断呈现出新的景观。一个文本的意义如果被定格于某一方位,没有进一步探讨的必要,就只能作为一种"僵尸"而存在了。

互文式阅读指向文本的生产能力,指向文本如何改变从前的文本,如何重建现存的文类和话语,以便创造出新的习俗。在互文性阅读中,阅读的任务不是简单的理解,而是解释;不是停留于对马克思概念和思想的一般性把握,特别是不再简单地用(读者自己所理解的)马克思的

---

① 《马克思恩格斯选集》第1卷,人民出版社1995年版,第275页。

概念术语来把握马克思,而是提出一些新的概念框架,这些新的概念框架可以追溯到马克思,却又不仅仅是马克思的,而是针对当代的社会生活提出的。阅读不仅仅是再现马克思的文本结构,更主要的,是致力于一种重构。简单地说,就是把马克思的文本作为一种"原料",一种思想的"因素",重新组合与排列,以生成新的文本。例如,卢卡奇的"阶级意识",葛兰西的"领导权",霍克海默的"批判理论",阿多诺的"否定辩证法",哈贝马斯的"交往行动"等等,都是在时代发展中提出的新的概念框架。其有效性不在于在多大意义上符合马克思的"原初意图",而在于是否有助于人们体认当下的社会生活。在此意义上,马克思的文本与其说是一种理论实体,不如说是一种思想的象征;与其说是一套确定无疑,只需将之付诸实践的学说,不如说是一种促使人们不断反思和批评的策略。

如果说朴素式阅读过多地关注马克思所处的时代场景及心理状况,关注马克思使用的语汇,而对马克思文本的内在结构缺乏细致分析,征候式阅读在克服这一缺陷的同时,固执于文本结构的"科学性",可能窒息马克思思想的多重性,那么,互文式阅读则是不断拓展、不断演绎的。如果说朴素式阅读是一种惰性的阅读方式,征候式阅读是一种生产性的阅读方式,那么,互文性阅读则是一种充满乐趣的阅读方式。如果说朴素式阅读旨在原原本本地回到过去,征候式阅读旨在回复作者的文本结构,那么,互文式阅读则旨在面向未来,它在科学与修辞、写实与象征之间自由跳跃,使熟悉的东西陌生化,简单的东西复杂化,在习以为常的文本中读出新的东西,不断生发出新的意义①。

---

① 德勒兹在《致一位严厉批评家的信》中说,有两种读书的方式。其一是将书视为一个反映内里的匣子,人们寻找其所指,而如果有人更反常或更堕落,他便去寻找其能指。人们将随后的书视为前面匣子里或包容前面匣子的一个匣子,人们将评论、解释、要求解释,人们将撰写关于书的书,如此这般,永不休止。另一种读书的方式是将书视为一个非能指的小机器,问题只是:"这小机器灵不灵?运转得如何?"如果不灵,运转得不好,那就另换一本书。这第二种读书方式将书与外界紧紧联系在一起,书是一部复杂得多的外界机器中的一个齿轮。参见德勒兹:《哲学与权力的谈判》,商务印书馆2003年版,第8—9页。

# 第二章
# 书写马克思的三种方式

在1953年的最初著述中,为了有别于萨特的存在概念,巴特使用了书写(ecricture)① 这一概念。这部著述就是如今众所周知的《书写的零度》,其宗旨是展现具有马克思主义倾向的法国当代文学史。用书写替换存在时,究竟意味着什么的开始?巴特从未说过"存在"因"书写"而宣告终结。没有什么被终结。然而,我们决不能忽视他借助书写这一新词而发轫的新思想的脉络以及因此而萌发的新气象。②

在该书中,罗兰·巴特简要追踪了"资产阶级书写"从开始形成到最终分裂的演变过程。人们往往把巴特所说的这一阶段称作"法国古典主义"。在巴特看来,古典主义时期是资产阶级的上升时期,直到1650年,法国文学还只是停留在"语言"阶段,没有意识到"书写"问题。因此,古典书写与其说是一种语言,不如说它就是语言本身,即透明性、无沉积的流通性以及一种普遍精神和一种无厚质、无职责的装饰性记号在观念上的汇聚。18世纪末,这种语言的透明性开始遇到麻烦。到19世纪中期,人们终于看出,古典书写其实就是一种风格,一种在特定时间特定地点发展起来的特定的、经过深思熟虑而采纳的写作方式。这种风格的实践者在这一时期,反复灌输这种风格不可避免的观念,认为这种写作方式是唯一正确、合理的,作为对现实的一种质朴的反映,它

---

① 本章在写作和书写之间作了区分。涉及巴特和德里达的地方,一般使用书写这个概念。与之相应,巴特著作中译本中的"写作"一词,都改为"书写"。
② 参见铃村和成:《巴特——文本的愉悦》,河北教育出版社2001年版,第10页。

适用于任何时间和地点,因而它与其说是风格,不如说是写作本身的性质。巴特把这一过程看做是资产阶级剥夺他人财产的独特行为,是垄断意识形态的庞大计划的组成部分,根据这个计划,资产阶级生活的所有方面都悄悄地披上自然、正义、普适的外衣。但是,资产阶级的写作不是天真无邪的,它并不简单地反映现实。事实上,它以自己的形象塑造现实,传播资产阶级的生活方式和价值观。当那种生活方式崩溃时,就如19世纪中叶出现的那种情况,那种支持它并同时也被它支持的风格也会崩溃,而作家们或者去寻找不同的风格,或者在首次认识到这种风格确属一种风格后,设法将它完全摒弃。

因此,把古典书写看做是普遍适用的,而不是由经济和政治条件所决定的外在特征的观点,是十足的虚伪。在巴特看来,重要的问题是语言的物质性,文学的外延就是语言。语言结构是一种"自然",是一种行为的场所,一种可能性的确定和期待,它起着一种否定性作用,即作为可能性的最初限制,而风格则是一种必然性,它使作家的性情同其语言结合了起来。巴特在语言结构中发现了历史的熟悉性,在风格中则发现了别人经历的熟悉性。他指出,在语言结构和风格之间存在着另一个表示"形式性现实"的地盘,这就是书写,它具有语言的物质性、社会历史性与身心方面的特性,但它是超越语言和心理的,是各种有关因素交互作用的场域,呈现出各种形式的特征。作家除了历史道德的选择外,还有写作形式和方式的选择。巴特因此说:"语言结构与风格都是盲目的力量,书写则是一种历史性的协同行为;语言结构与风格都是对象,书写则是一种功能。书写是存在于创造性和社会之间的那种关系;书写是被其社会性目标所转变了的文学语言,它是束缚于人的意图中的形式,从而也是与历史的重大危机联系在一起的形式。"[1] 但是巴特也强调,书写形式的选择不是随心所欲的,而是由经济与历史中各种客观因素决定的:一种书写的选择及其责任表示着一种自由,但是这种自由在不同的历史时期并不具有相同的限制。作家并未被赋予在一种非时间性的文学形式储存库中去进行选择的自由。一位作家的各种可能

---

[1] 巴特:《写作的零度》,台北时报文化出版公司1993年版,第23页。

的书写是在历史和传统的压力下被确立的:因此存在着一种书写的历史。

在巴特看来,"纯洁"的书写不存在也不可能存在;"书写决不是交流的工具,它也不是一条只有语言的意图性在其上来来去去的敞开大道"①。同样,也绝没有和意识形态无关的诸如"精确"、"明晰"这样的超历史、具有普遍意义的风格模式或条件。"实际上,明晰性是一种纯修辞学的性质,它并不是适用于一切时代和所有地方的一种语言的通性,而是某种话语的理想的附属物。"② 巴特补充说,这种话语受一种永久的说服性意图支配,它放弃了各种不稳定的东西,致力于维护一种连续状态。它的每一个部分都是选择,也就是说彻底消除了语言的一切可能性。在巴特看来,政治权力、精神独断论以及古典语言的统一性,都是同一历史运动的各种象征。直言之,这类古典书写显然是一种阶级的写作。它暴露了资产阶级最后的历史野心:急于把人类的全部经验都纳入自己对世界的特定看法之中,并把这标榜为"自然的"和"标准的",拒不承认它无法归类的东西。十年之后的论战中,巴特再度揭露,长久以来法国社会都认为"明晰"并不是单指口头交际的一种特性,而是指一种与众不同的言语,一种与法语有亲属关系的神圣语言。它产生于上层阶级欲将他们的书写特点替代普遍性的语言时,并使人相信法语的逻辑就是绝对的逻辑③。当代语言学的科学研究表明,法语的逻辑性与别的语言并没有什么太大的差别,这样,法语"神圣性"的神话也就被打破了。

对自然性的幻觉的揭露,可以说是巴特所有著述的主题。在《神话学》、《服饰系统》、《S/Z》中,巴特一再讨论"解神话"或者说"文化解神秘化"的问题,表现出马克思主义的特征。依据巴特的观点,世界给予神话的是一个历史性的事实,而神话所回报的是这个现实的自然意象;神话有给予历史意图一种自然正当化的任务,并且使偶然性显得不朽;神

---

① 巴特:《写作的零度》,时报文化出版公司1993年版,第26页。
② 同上书,第46页。
③ 参见巴特:《批评与真实》,上海人民出版社1999年版,第29页

话的根本原则是将历史转化为自然,神话的特色是把意义转化为形式。神话是一种言谈,一种意指作用的方式,而不是一个物体、一个观念或一种想法,不是从事物的"本质"中演化而成的,因此"只有零度才能拒斥神话。"① 显然,在巴特对马克思的符号学转换中存在着一种对立,即所谓世界进入语言的相关方式与作为神话之特征的本质展示之间的对立。这一对立产生了换喻与隐喻之间的划分,而结构主义与后结构主义思想都依赖于这一划分。但巴特同时也使用了经济基础这一概念,即"世界所提供的东西"以及把它伪装起来的神秘化的结构,即人工的自然形象。再者,巴特最初作为"反自然的拥护者"和"假自然"作斗争,后来他发现这种斗争过于戏剧性和表演化,以至于和自然性的斗争也被裹上了自然性的外衣,于是就和这种斗争拉开了距离,走向"中性"之物。巴特明确指出,不存在自然;自然性与其说是物质自然的一种属性,不如说是一种社会多数炫耀自己的借口:自然性是一种合法性②。所谓自然的声音不过是一种维护现状的声音罢了。

中性的书写就是零度的书写。巴特说:"零度的书写根本上是一种直陈式写作,或者说,非语式的写作……这种中性的新写作存在于各种呼声和判决的汪洋大海之中而又毫不介入,它正好是后者的'不在'所构成。但是这种'不在'是完全的,它不包含任何隐秘处或任何隐秘。于是我们可以说,这是一种毫不动心的书写,或者说是一种纯洁的书写。"③ 巴特认为,这样一种理想的"不在"风格首先出现在加缪的《局外人》中,其中语言的社会性或神话性被消除了,而代之以一种中性的或惰性的形式状态。因此思想仍保持它的全部职责,而并不在一种不属于它的历史中承担附带的形式的约束。但巴特自己也意识到写作的领地所标榜的中性、纯洁性的可疑,因为说到底它像其他的风格一样,也只是一种风格而已。后来在"自述"中,巴特对"中性"做出了更为明确的阐释:中性不是主动与被动的平均状态;它可以说是一种往返,一

---

① 巴特:《神话——大众文化诠释》,上海人民出版社1999年版,第192页。
② 参见《罗兰·巴特自述》,百花文艺出版社2002年版,第106、109页。
③ 巴特:《写作的零度》,时报文化出版公司1993年版,第57页。

种非道德的震动。简言之,它是与二律背反相反的东西。作为价值,中性和力量相一致,社会实践借助于这种力量清除那些学究式的二律背反。在如此阐释时,巴特再度回想到在《论拉辛》中援引的马克思的论述:"二律背反,如主观主义和客观主义,唯心主义和唯物主义,主动性与被动性,只有在社会存在之中才失去其二律背反的特点。"①

巴特的零度书写,是针对萨特《什么是文学》中的介入概念提出的。应当说,巴特误解了萨特。萨特不曾说过文学应当介入,没有说对于文学,介入是义务,是法规,是使命②。对萨特来说,文学是用文字写成的东西,这必然导致文学的介入。也就是说,在作品中写下某种东西,就会让这个东西"失真",具有另一种类型的存在,具有一种新的维度。在这个意义上,介入的概念不是强调作家社会责任的政治概念,而是哲学概念,所谓介入首先意味着意识到话语的力量。因此,萨特所说的介入,不是要征调文人从军,而是提醒他们每个人都知道,或者都应当知道的东西:每一个用文字意指事物的行为都会融入客观精神,而且在意指的同时,作家会使文字和事物具有一种新的维度;作家说的每句话都会有助于"披露"世界,这总是已经意味着"改变"世界。巴特以为萨特说文学应当为政治事业和政治斗争服务,因而强调语言是一种相对自足的体系,文学文本不是意识形态的传输工具,不是政治承诺的符号,也不是社会价值的表达和交流手段,它是不透明的,而非自然的。零度书写正是以其文体的中立性通过关注自身而得以确立起来。

书写也就是组织世界,也就是思考(学习一种语言,就是学习如何用这种语言思考)。要求一个并不想重新思考的人去重新书写,是不可能的。资产阶级社会长期把言语当作工具或装饰,巴特则把言语视为符号或真实。他认为,文本的意义越丰富,文本也就写得越出色,各种意义之间没有对错之分。从意义的角度出发,巴特彻底转换了批评家的职责,他所关注的不是作品本身,而是生产体系;不是意指本身,而是

---

① 参见《罗兰·巴特自述》,百花文艺出版社 2002 年版,第 108 页。这里的翻译和《1844 年经济学—哲学手稿》(人民出版社 1979 年版)中的翻译有所不同。

② 参见列维:《萨特的世纪》,商务印书馆 2005 年版,第 96—101 页。

意指过程,亦即文本如何生发意义的问题。在巴特看来,意义的变化并非由于人们的习俗的相对视角不同引起的,它并不指示社会的错误倾向,而是展示作品的开放性;作品同时包含多种意义,这是结构本身使然,并不是因为读者阅读能力的不足,因此它是象征性的:象征并不等于形象,它就是意义的多元性本身。无论社会是如何考虑或决定,作品都会超越社会,靠着某种多少有点偶然性和历史性的意义轮流:因为一个作品的"永恒"并不是由于它把唯一的意义加诸于各种不同的人身上,而是因为它为唯一的人提供了不同的意义。人经历了多元的时间,但永远说着同一的象征性语言。① 总之,作品提示多元的意义,由人去随意支配。

　　索绪尔以来的语言学区分了能指、所指和意指作用,巴特据此认为,文学自身包含着一个与它根本相异的记号系统,因而文学成了语言上的寄生物。神话和时装也是如此。这就不难理解巴特为什么特别强调不及物性。不及物性可能来源于萨特,但巴特的这种不及物性遍及整个文学,而不只限于诗歌:文学行为是完全不及物的行为,对作家来说,书写乃是一个不及物的动词。正是这种不及物性形成了作家/写家之间的对立②。写家的书写是不可传递的,他们专注于手段本身,或者说是语言本身,而不是过多地考虑目的和意义。他们全神贯注的是词语本身,而不是世界。

　　对于词语,巴特始终保持着特殊的敏感。在"自述"中,他探讨了不纯正的词汇、重要词语的柔弱性、词语与颜色、词语与时髦、词语与价值、神力词语、过渡词、中间性词语……他强调要"对词语下工夫"。他批评说,在客观性的幌子下,词失去所指的价值,只剩下商品价值;它只有交际作用,犹如一般商品的交易,而没有提示作用。地理学家巴诺说:"巴布亚人的语言很贫乏,每一个部落都有自己的语言,但它的语汇不断地在削减,因为凡是有人死去,他们便减去几个词作为守丧的标记。"巴特讥讽说,在这点上,法国学界可能胜过巴布亚人,因为我们虔

---

① 参见巴特:《批评与真实》,上海人民出版社1999年版,第50页。
② 参见托多洛夫:《批评的批评》,三联书店2002年版,第69页。

敬地保存已故作家的语言，同时也拒绝思想界的新词、新义，在此，守丧的特征不是让一些已有的词死去，而是不让新词诞生①。

巴特强调，书写在本质上具有对话的特点。文本的开放性的确可以看做是语义的开放性，但是它更明显地表现为一种凝结在对话上的开放性。在《论拉辛》一书中，巴特谈到了读者和作者之间的基本对话、反交流和作为"意向制图学"的文学，书写是一种设问性活动，作者不可能给予最后回答，他所做的部分解答又引起新的提问，并为其他问题创造新的形式和意义。此外，只有这个过程才能使文本的意义不致于萎缩，成为一堆死文字。

语文学为了确定叙述的字面意义，毫不兼顾次要意义，与之相反，语言学并非为了减少语言的模糊性，而是为了理解它，或者说，是为了建立这种模糊性，使这种模糊性有章可循。走在语言学的道路上，巴特致力于反对本质主义。本质主义认为，每个人都具有某种永恒不变的绝对本质，这种本质不仅规定了人们的言谈举止，也规定了我们墨守成规的生活。简言之，本质主义就是一种决定论哲学。针对这种哲学，巴特和萨特一样，强调存在的流变状态乃至无政府状态，而且把本质主义视作维持资产阶级统治的意识形态。进而，巴特比萨特走得更远，他只承认多样性和非连续性，并越来越表现出对多样性和离心力的偏爱，对单一性和凝聚力的拒斥②。最后，他甚至说，与人们所期待的情况相反，他所赞扬和寻求的，并不是意义的多样性亦即多义性，而是含混性、双重性。在巴特的作品中，文学的这一特性形成了可读性/可写性、作品/文本之间的对立，而且总是后者更受推崇。文本是复数。这不仅意味着文本具有多种意义，还表示它完成意义的复数本身：一个不能减少的复数。

在《S/Z》中，巴特区分了"可读的作品"和"可写的文本"。前者是一种相对封闭的文本，易于阅读，对读者没有什么要求，吸引的是消极的、接受式的、被规训了的读者；后者则要求读者自觉地阅读它，参与并意

---

① 参见巴特：《批评与真实》，上海人民出版社1999年版，第21页。
② 参见斯特罗克：《结构主义以来》，辽宁大学出版社1998年版，第47页。

识到写作和阅读的相互关系,因而就给予读者以共同著述的乐趣,并从中创造出意义。在前者中,从能指到所指的路程是清晰的,是众所周知的、确定的和必须如此的;在后者中,能指自由发挥作用,不鼓励也不要求自动提及所指。前者使一种关于现实的公认的看法和一种价值观的确定格式永远存在下去,它是僵死的东西,因而把读者降为资产阶级世界的合适而软弱的无力的象征,被动的消费者;后者则要求我们观察语言本身的性质,而非通过它观察预先规定的"真实世界",这样,随着我们逐步阅读下去,文本就促使我们和作者一起参与创造我们现时的世界这项充满危险而又令人振奋的活动。

阅读巴特的文本,我们不能不相信他言之有物,却又往往不知所云。巴特文本的结论总是开放的,其文本主题模糊、圆滑,如墨透纸背,留下了灵动的余白。他断片式的记述颇有中性书写的风格。难以把握,漂泊不定,这是巴特一生写作的特点。他是不像哲学家的哲学家,不像文艺评论家的文艺评论家,不像作家的作家,不像文人的文人[①]。他在科学、批评和阅读之间做了区分,希望建立文学的科学或者书写的科学。文学科学的模式,显然是属于语言学类型的,它感兴趣的并非作品的存在与否,而是作品在今天或未来会被如何理解,其可理解性将是它的"客观性"的源泉。文学的科学不能告诉人们作品的确切意义。科学是探索意义的,批评则是产生意义的,它在科学与阅读之间占有一个中介位置,一方面,它给予阅读的纯言语一种语言;另一方面,它又给予形成作品、探索科学的神秘语言一种言语。由阅读到批评是欲望的转移,欲求的不是作品,而是它自身的语言,这也是把作品转移到书写的欲求上来,作品也由此脱颖而出。巴特批评的最大魅力,也就在于作者与读者在文本这一舞台上的角色转换。

在巴特之后,关于书写的符号学最吸引人的论点之一是由德里达提出的。德里达的工作一开始就受到文学经验的吸引,他对这些问题颇感兴趣:书写是什么?更确切地说,书写是如何变成文学写作的?书写中发生了什么才导致了文学?当然,德里达所说的文学,是一个具有

---

① 参见铃村和成:《巴特——文本的愉悦》,河北教育出版社2001年版,第6页。

某种欧洲历史的概念。文学一直是一种书写形式,而且,在德里达看来,在马拉美、阿尔托、巴塔耶等的文学作品中,常常有比某些哲学作品更具有哲学思想的东西,因此也就比这些哲学作品具有更多的解构力量。德里达坚持,书写就是解构,书写的过程就是延异的过程。在汇集了德里达从1962年到1967年间所写文本的《书写与差异》中,德里达同时导向差异极大的哲学与文学领域的某种方式,他在阅读不同的哲学与文学文本,也就是说福柯、阿尔托或巴塔耶等的文本的同时,开始展开某种新异的哲学阅读与解释策略。将如此不同的作者联系起来的东西,就是他们与书写的关系,德里达那时所重视的阅读角度也是从他当时所尝试的那种书写观念中形成的,这种观念在几乎同时问世的《论文字学》和《声音与现象》中得到展开。

自柏拉图以来,哲学家赋予言语直接沟通比书写沟通更高的地位。言语被视作首要的,而书写被视作次要的。根据这个传统,如果要了解书写文字的主要意思,最好直接与作者交谈,从口头上获得他的意思。在德里达看来,这表明了西方思想有语音中心的偏见,这种偏见绝非偶然,它表达了一种思想,一种在柏拉图的对话《斐多篇》中得到阐述的思想。德里达把这种偏见称作"语音"中心主义,并把它和逻各斯中心主义联系起来。在《书写与差异》中已有痕迹显示,德里达对拼音文字书写及整个语音书写系统的解构就伴随着对书的模式、书的历史模式,即某种以圣经或百科全书形式表现的可自我关闭的整体的怀疑。德里达将这种书的模式与另一种书写相对,后者他不习惯称之为"片断性的",它是一种不在自身上以书或者绝对知识的形式结集的书写。而书的绝对模式则是黑格尔《逻辑学》或《哲学史讲演录》,也就是某种以自身转动的卷轴形式结集的整体知识。

这里,德里达又处在一种矛盾之中:一方面,他说书已终结,另一方面,他又支持拯救书以抵抗威胁着记忆、威胁着书文化的某些新技术。与书写、出版及其载体不同的那些技术模式一向是德里达的兴趣所在。他以为有一种书的文化,它与拼音文字密切相联,与整个西方历史密切相联,他认为通过对其他文化的参照,借助某种交流技术的发展,所达到的正是一些不再需要"书"的书写、交流和传播模式。

德里达强调,书写不只是知道那本大写的书并不存在,存在着的永远是众书们,在那里一个不是由绝对主体构想的世界远在成为统一的意义前就破碎了;书写也不只是知道用某个辩证的尽义务式的否定无法将未被写者与未被读者从无底深渊中拯救出来,被"已写得太多"压迫着的我们悲叹的正是大写的书的缺席①。写作是启动性的,它既危险又令人不安,它不知往哪儿去,没有任何智慧能使它避免疾速冲向它建构的意义,冲向它的未来。它的任性只能在这冲劲的松弛中获得,因此它没有保险。写作对作家来说乃是一种航行,这航行没有恩宠。在这个意义上,德里达强调,将作品仅仅理解成对先在于它的那个大写的观念的表达是一种偏见,即人们称作观念主义的传统批评的偏见。书写作为纯历史性纯传统性之源只不过是某种书写历史的终极目的,而其哲学将永远等待降临。书写不是一种原始意愿的后发性决定,相反,它重新唤醒了意志的意愿之意:自由,为了与掩藏在经验后的本质与纯粹历史性调和而与经验历史领域决裂。当然,正如同德里达既没有放弃对哲学的解构也没有放弃哲学,德里达写作了关于胡塞尔、海德格尔、黑格尔的相当传统的文本,与此同时,也写作了超出大学模式的试验性写作。在德里达那里,这两种书写模式是并存的。可以说,他是处在两种规范之间,在两种不同的空间之间抗争,既不放弃彼也不放弃此,从未否定大学的规范,也从未放弃某种以质疑大学模式的写作尝试。

在巴特"自述"中,书写者成了被书写者,转而自我回归的镜式结构表明,书写者与被书写者就像是镜中之人与他的影像那样面面相觑。同样,德里达强调,书写本身就是被写。事实上,在巴特那里,没有自我意识,没有我思,精神是通过不在场而在场的。② 所谓作家,只不过是某部作品真实或潜在的语言主体,他不再像过去那样隐藏在文本的背后,成为一种实体存在。在巴特的文本中,我们都能感觉,他指证自我空缺、自我消失以及自我虚构,继而转身隐去的场景,甚至可以说,他所

---

① 参见德里达:《书写与差异》,三联书店2001年版,第14—15页。
② 参见布莱:《批评意识》,百花洲文艺出版社1993年版,第244—249页。

有的文本都是他消亡的痕迹。在"自述"中,他的实在已荡然无存,所谓作家本人,只不过是一种"纸张的怪物"或"语言的结果"。同样,德里达也提出,书写意味着退隐,不是躲到帐篷里去写,而是从他的写作中撤出,是在远离自己的语言处搁浅,是从语言中挣脱或让自己的语言失控,让它独自地轻装前行。从书写的角度来看,作家既是大写的一切也是大写的虚无。巴特"中性"概念缠绕着性的含义,同样,构成德里达解构理论基础的"延异"、"痕迹"、"播散"等也具有性的含义。甚至可以说,在符号学、结构主义和后结构主义中,都贯穿着女性的主题。

  巴特和德里达书写思想的全部意义在于,把符号从过去认为它应该为现实服务的那种屈从的地位中解放出来。如此看来,书写是自成一类的;它属于它自己,而不是某种高级的显示的产物。总之,书写不是复制外在的现实,也不是归纳那种现实。既然给了它新的自由,我们不妨把它看做是"可以促成新的现实产生的东西"①。对巴特来说,书写是一个"解神秘化"的过程。对德里达来说,书写作为"就职演说",是一个"解中心化"的过程,它不断确证游戏和差异。事实上,"解神秘化"和"解中心"是整个后结构主义思潮的主旨。例如,对利奥塔来说,书写在反对宏大叙事方面有着同样重要的意义。书写的核心是不被现存的知识完全压抑,而是以其异常性、独特性来反抗它:表述那些已经知道怎样表述的东西不是书写,因为书写力图表述的是那些不知道怎样表述的内容,想象它是什么就应该能够表述成什么。利奥塔把自己的观点和阿多诺的"微观逻辑"概念联系起来,这个概念"抓住了事件的童年阶段,并表述那些没有被把握的内容"。在更一般的意义上,利奥塔力图"重塑与童年时代,即心智的可能性时代的连接"。因此,利奥塔界定了一项"关于教化思想的新任务,甚至到童年之外去寻找它的童年"②。在这个意义上,不必孜孜不倦地寻求进步,我们所需要做的,只不过是持续地开始。

---

① 参见霍克斯:《结构主义和符号学》,上海译文出版社1997年版,第154页。
② 参见瑞泽尔:《后现代社会理论》,华夏出版社2003年版,第185页。

由此，我们很自然联想到施特劳斯所谓"被遗忘的书写方式"①。他所说的被"遗忘"，也就是被"现代人"所遗忘。据说从柏拉图和色诺芬开始，古典政治哲人就懂得使用一种特别的写作方式，即在同一个文本中使用两种语言说话，传递两种不同的教导：一种是对社会有用的教导，"俗白教导"；另一种则是政治上有忌讳而不宜直言的"真正的教导"，"隐讳教导"。"俗白教导"是任何人都能轻易读懂的，"隐讳教导"则只有少数训练有素而且仔细阅读的人反复琢磨文本才能领会。之所以如此，就在于古典政治哲人深刻认识到哲学与政治的冲突，因为哲学是一种力图以真理取代意见的知性活动，但任何政治社会的存在却都离不开该社会的意见即主流道德和宗教信念，以及以这种主流道德和宗教为基础制定的法律；如果这些意见被哲学颠覆，就可能导致该政治社会的瓦解。由于哲学从根本上就是要追求真理以取代意见，而几乎任何政治社会的意见都不可能是真理，因此哲学对于政治必然是颠覆性的，由此，哲学的"真正教导"必须只限于少数人知道，以免危害政治社会。在施特劳斯看来，所谓"古今之争"的全部问题，实际就在于现代哲人拒绝了古典政治哲人对哲学与政治关系的深刻认识，他们坚定地相信，可以用哲学的知识取代政治社会的意见。如果古典政治哲人所谓"俗白"教导是某种"高贵的谎言"，那么，现代哲人则决心以"知性的真诚"来取代它，使真理大白于天下。由此，"俗白"写作这种古典政治哲学的写作方式被拒绝并最终被遗忘，以返回"常识世界"的"清明和温良"来克制"哲学走火入魔"的古典政治哲学终于衰亡，现代哲学和政治哲学也由此走上不断"走火入魔"的不归路。

在探讨了作为哲学议题的书写之后，我们回到马克思的书写上来。马克思的书写很多，对于马克思的书写更多。依据对语言的不同理解和运用、对批判的不同理解和操作，可以归纳出三种书写马克思的方式：政治性书写、教程性书写和修辞性书写。

---

① 参见甘阳：《政治哲人施特劳斯：古典保守主义政治哲学的复兴》，载列奥·施特劳斯：《自然权利与历史》，三联书店2003年版。

## 一、政治性书写

泛泛而谈,一切书写都是政治性的书写。这里主要讨论马克思之后的无产阶级革命领袖列宁、毛泽东等对马克思的书写。领袖人物的政治性书写,首先体现在重大的历史转折关头所做的抉择。马克思之所以能够在20世纪产生巨大的感召力和能量,正是由于这种强有力的政治性书写。在观看革命历史影片时,我们每每为领袖伟岸的身躯和强有力的召唤而感动。摆动的手势乃至躯体是至关重要的,肢体本身就是一种语言,姿态本身就是一种书写。按照语言哲学的说法,这属于一种"行动的语言"。

十月革命前,第二国际和德国社会民主党的领袖考茨基对俄国进行社会主义革命提出了许多激烈的反对意见。他认为俄国革命只有在同西欧革命同时发生的情况下,才可能具有社会主义性质。俄国最早的共产主义组织劳动解放社领袖普列汉诺夫和劳动解放社的主要成员之一查苏利奇等俄国很多社会主义者,也都坚持认为俄国无产阶级还比较弱小,俄国农民还没有应有的觉悟,马上进行社会主义革命为时过早,俄国必须经过资产阶级民主革命阶段,或是西方革命成功,对俄国进行先进生产力的补充,等待社会主义革命的条件成熟以后,才能进入社会主义革命阶段。当普列汉诺夫听到十月革命胜利的消息时,极力反对把俄国的革命定性为社会主义革命,认为十月革命违背了历史的客观发展规律,俄国还没有成熟到实行社会主义革命的程度,俄国无产阶级也没有成长和成熟为一个能够掌握政权的阶级[1]。

俄国十月革命的胜利,也使得西欧共产党人对马克思主义的传统理解产生了怀疑。葛兰西发表了题为《反对〈资本论〉的革命》的文章,提出十月革命表明"布尔什维克拒绝了马克思,他们的明确行动证明了

---

[1] 参见普列汉诺夫:《在祖国的一年(1917—1918年言论全集)》,三联书店1980年版,第462—466页。

历史唯物主义的规则并不像可能被想象的和已经被想象的那样僵硬"①。不过,葛兰西同时认为,十月革命虽然否定了《资本论》的某些具体结论,但却没有否定马克思主义,相反,却恢复了马克思主义的真精神:马克思主义的真正思想绝不是经济决定论,而是主张"历史的主要因素不是粗糙的经济因素而是人,社会的人,相互作用的人"。葛兰西的这种认识,显然属于"书生意气",没有认识到列宁作为伟大的理论家、实践家对于马克思主义的创造性的运用和发挥。

对列宁来说,在新的形势下,旧的统合方式已经不再有效,他被迫去重新"发明"马克思。只有那些不可救药的书呆子,才会单靠引证马克思关于另一历史时代的某一论述来解决当前发生的独特而复杂的问题。② "列宁主义的立场是要实现骤变,置身于形势的矛盾之中,抓住机会,即使形势'不成熟',也要加以干涉,其赌注是:正是这'过早的'干涉会根本改变各种力量的'客观'关系,在这种关系中,最初的形势是'不成熟'的——那会破坏有关情况告诉我们的形势'不成熟的'的那个标准。"③ 面对新的问题时,我们应时常想起列宁那一针见血的话:"关于这点,马克思和恩格斯没有说过一个字。"④ 借用齐泽克的论述,列宁的伟大在于,他对马克思的"重复"就是去区别马克思已做的和他所打开的可能性,去发现那个"在马克思之中又超越马克思的东西"。在这个意义上,重复马克思不是去重复马克思所做的,而是去重复马克思所没有能做的。

在现实的革命斗争中,列宁是一位卓越的演说家、论辩家。他发表过很多精妙绝伦的演讲与论辩,以深邃精湛的思想、严密锐利的逻辑、生动形象的比喻、丰富贴切的语汇充分展示了天才般的论辩魅力。在《唯物主义和经验批判主义》中,列宁大量运用各种修辞手法,如设问、反问、排比句式,表现了其论辩语言启发诱导、气势如虹的特点,拟人、

---

① 葛兰西:《实践哲学》,重庆出版社1990年版,第171页。
② 参见《列宁选集》第1卷,人民出版社1995年版,第162页。
③ 齐泽克:《有人说过集权主义吗?》,江苏人民出版社2005年版,第87页。
④ 参见齐泽克:《哈特和奈格里为21世纪重写了〈共产党宣言〉吗?》,载罗岗主编:《帝国、都市与现代性》,江苏人民出版社2006年版。

夸张、委婉、反复,增强了语言的形象性。这样的例子随处可见。在《唯物主义和经验批判主义》第一章第四节"在人类出现以前自然界是否存在"中,列宁这样形象地描绘阿芬那留斯、彼得楚尔特和维利这三位经验批判主义代表:"在我们面前出现了三位经验批判主义的算命先生,他们正满头大汗地竭力把自己的哲学和自然科学调和起来,把唯我论的一些漏洞弥补起来"。如此辛辣入骨的笔法,着实令对手无言以对。

在唯物主义与唯心主义两大思想阵营大论争的情况下,列宁善于运用对照手法来陈述利弊,决定取舍。在《唯物主义和经验批判主义》第二章第二节"认识论中的实践标准"一文中,列宁把马克思、恩格斯的实践标准与马赫的实践标准对照如下:"马克思……说:离开实践提出'人的思维是否具有对象的〈客观的〉真理性'的问题,乃是经院哲学。""恩格斯反驳不可知论者时说:'我们行动的成功证明我们的知觉是和知觉到的物的对象〈客观〉本性相符合的。'"列宁明确指出马克思、恩格斯把实践标准作为唯物主义认识论的基础,而马赫却认为"世界是否真的存在着或者它只是我们的像梦一样的错觉;……但是,就连最荒唐的梦也是一个事实,它同任何其他事实比较起来并不逊色"。两相对照,马赫思想的真实面目就暴露无遗了①。

在中国革命和建设实践中,毛泽东对马克思主义的创造性的运用和发挥,堪与列宁媲美。在毛泽东身上,农民的质朴率真、学者的渊博儒雅、政治家的胸襟胆识、诗人的激情浪漫自然地融合在一起,形成其个性突出的语言特征。毛泽东并没有学过语言哲学,却强烈地意识到了语言的重要性②。他善于运用语言艺术,运用老百姓喜闻乐见的语言、中国古典文学典故和民间故事,阐明马列主义的思想核心,由此赋予了马列主义以中国的民族形式、中国的风格和气派,使广大干部和群众把马列主义变成自己认识和改造世界的武器,推动历史的车轮滚滚

---

① 关于列宁论辩语言的魅力,参见 http://raycn.com/rmblunwen/2006/1-13/15535.html。
② 参见王勤:《毛泽东的语言理论和语言实践》,载《湘潭大学学报》1993 年第 4 期;李传书:《试论毛泽东按语的语言风格》,载《长沙电力学院学报》1995 年第 2 期;陆惠解:《毛泽东的语言观》,载《社会科学研究》1997 年第 6 期;王永盛、张伟:《毛泽东的语言艺术》,山东大学出版社 1991 年版;王永胜等主编:《毛泽东的语言艺术》,山东大学出版社 1996 年版。

向前。

毛泽东不仅身体力行,在大量论著里展示具体的语言理想和要求,而且决心改造语言,20世纪40年代在延安就发起了整顿文风的"反对党八股"① 运动,呼吁全党改进文风与语言,将文以载道的优良文化传统继承下去。在毛泽东看来,党八股这个形式不但不便于表现革命精神,而且非常容易使革命精神窒息。要使革命精神获得发展,就必须抛弃党八股,采取生动活泼新鲜有力的马克思列宁主义的文风。"这种文风,早已存在,但尚未充实,尚未得到普遍的发展。我们破坏了洋八股和党八股之后,新的文风就可以获得充实,获得普遍的发展,党的革命事业,也就可以向前推进了。"② 1957年4月10日同人民日报社负责人谈话时,毛泽东说:"马克思的文章较深,不好懂。斯大林的文章通俗,但斯大林的文章有教训人的味道,不平等,动辄'由此可见','这就是说',论述不够,说服力不强。从马克思到列宁,越来越通俗。今后写文章要通俗,使工农都能接受。"③

革命领袖的政治性书写有正面的榜样,也有反面的例证,如斯大林的政治性书写。柯拉科夫斯基批评说,斯大林主义是一种极权主义的表现,是行动中的马克思主义—列宁主义。在他看来,马克思主义关于能够实现人类社会的完全统一的"幻想"、无产阶级历史使命的"神话"、无产阶级专政理论和无产阶级政党学说,必然导致一种"极权主义运动的意识形态",在这个意义上,马克思列宁主义内在地包含着斯大林主义,斯大林主义是马克思列宁主义的必然归宿④。柯拉科夫斯基的这个批评未必妥当,但却提示我们,斯大林主义的书写模式是政治性书写

---

① 八股文是明、清两代科举考试制度所规定的一种形式死板的文体,每篇文章由破题、承题、起讲、入手、起股、中股、后股、束股八部分组成。这种文章,立论、发挥全以儒家"四书"为根据,内容空泛,形式死板,束缚人的思想。"党八股"自然没有这一大套规定,只是一个借用的讽刺语,指的是那些对于事物不加分析,只是胡乱搬用一些革命的名词和术语,以及空话连篇、不切实际的文章。
② 《毛泽东选集》第3卷,人民出版社1991年版,第840—841页。
③ 《毛泽东传(1949—1976)》,中央文献出版社2003年版,第667页。
④ 参见卢之超主编:《关于斯大林问题的再认识》,社会科学文献出版社1994年版,第204页。

的一个特例。在这种书写中,真理＝无产阶级意识＝马克思主义＝党的意识形态＝党的领导人的思想＝领袖的决定。

另外一种值得关注的"伪政治性"书写,就是"官话"。1982年出版的杜拉斯词典对它所下的定义是:"由苏联及东欧社会主义国家的媒体所使用的一种用语。"① 在官话中,动辄引用马克思,似乎一切政策举措都可以从马克思著作中找到依据,获得保障。从表面上看,马克思的身影和声音无所不在,其实,这种对于马克思的援引,抽离了原来的语境,置放在任何需要它的地方。它被恭敬地放在被瞻仰的地方,然而却成为塑像。在这种书写中,马克思的思想是以"在场"的方式"不在场"的,成为意识形态。这种书写禁止交流,禁止讨论,无须解码,它需要的只是不断重复。它规范刻板,但却畅通无阻,可以充当意识形态的工具,也可以充当论战的手段。

关于"官话",萧乾的小说《"上"人回家》有很好的刻画。小说中写道,"上"人先生是鼎鼎有名的语言艺术家,他说话不但熟练,词儿现成,而且一向四平八稳,面面俱到。他的语言有两个特点,其一是概括性——可就是听起来不怎么具体,有时候还难免有些空洞啰嗦;其二是民主性——他讲话素来不大问对象和场合。对于学习马克思列宁主义,他自认有一套独到的办法。他主张首先要掌握的是马克思列宁主义语言。至于马克思列宁主义语言究竟与生活里的语言有什么区别,以及他讲的是不是就是马克思列宁主义语言,这个问题他倒还没考虑过。总之,他满口离不开"原则上"、"基本上"。这些本来很有内容的字眼儿,到他嘴里就成了口头禅,无论碰到什么,他都"上"它一下。于是,好事之徒就赠了他一个绰号,称他做"上"人先生。

## 二、教程性书写

所谓教程性书写,泛泛而谈,也就是原理教科书的写作方式。众所周知,在共产党执政的社会主义国家中,马克思主义基本原理教科书特

---

① 参见阿莫西、皮埃罗:《俗套与套语》,天津人民出版社2003年版,第135页。

别是哲学原理教科书发挥了极其独特的思想教化作用。按照孙正聿先生的说法,哲学原理教科书在1949年至1978年三十年间的中国社会生活当中起到了四种作用:"第一是区分你是不是搞马克思主义哲学,第二是用教科书来规范哲学所有的二级学科,'哲学史就是唯物主义和唯心主义的斗争史',以此来框中国哲学史、外国哲学史、美学、宗教学、伦理学等等。第三,扩而大之,这本哲学教科书又变成了规范我们整个人文社会科学,乃至自然科学研究的一种范式。第四,用来规范我们国家整个的社会生活。"①

教程性书写是从恩格斯开始的。虽然恩格斯不曾有过写教科书的明确意图,他的《反杜林论》却为教程性书写提供了基本意象和叙述风格。他1876年5月底至1878年7月初写作《反杜林论》这部论战性的著作,目的是批判杜林的思想体系。为了回应杜林的挑战,恩格斯不得不"跟着杜林进入一个广阔的领域","不得不跟着杜林先生走"。《反杜林论》之所以分为三编,就是根据杜林思想体系的内容来设置的。杜林分别从哲学、政治经济学和社会主义理论三个方面对马克思主义进行攻击,恩格斯也就从这三个方面进行了反批判。恩格斯在《反杜林论》一版序言中交待说:"这本书的目的并不是以另一个体系去同杜林先生的'体系'相对立"②。遗憾的是,后来的研究者们似乎没有注意到恩格斯的这一交待,把《反杜林论》这部论战性的著作当成了建构马克思主义理论体系的著作。列宁1913年发表的《马克思主义的三个来源和三个组成部分》,显然受到了《反杜林论》的影响。此后,前苏联版及其影响下的几乎所有的马克思主义原理教科书都把马克思主义理论内容概括为三个组成部分,即哲学、政治经济学和科学社会主义。例如,在我国学术界影响较大的艾思奇主编的《辩证唯物主义历史唯物主义》开宗明义地指出:"在马克思主义的完整的学说中,包括三个组成部分:哲学、政治经济学、科学社会主义。"③

---

① 孙正聿:《我国人文社会科学研究的范式转换及其他——关于文科研究的几点体会》,载《学术界》2005年第2期。
② 《马克思恩格斯选集》第3卷,人民出版社1995年版,第344页。
③ 艾思奇主编:《辩证唯物主义历史唯物主义》,人民出版社1978年版,第1页。

把马克思主义基本原理概括为三个组成部分,因袭了《反杜林论》,从而也就是因袭了杜林的划分方式。20世纪80年代以来我们惯于批评的苏联模式哲学原理教科书体系,也是因袭了《反杜林论》"哲学编"。今天只要一讲马克思主义哲学,总是唯物论、辩证法、认识论、唯物史观四大板块结构,这个根深蒂固的模式就是源自恩格斯《反杜林论》的"哲学编",此编是恩格斯在哲学方面具有代表性的著作。恩格斯在"哲学编"里谈论的问题,归纳起来,也就是唯物论、辩证法、认识论、唯物史观这几大类。而从细目看,恩格斯在"哲学编"里也无非是讲了物质观、意识观、运动观、静止观、时空观、真理观、道德观、自由观、辩证法的规律观等内容。《反杜林论》里集中阐述的这些问题,在传统的教科书里可以说囊括无遗,那里语焉不详的问题,诸如实践观、价值观、人的本质观等,在传统教科书里也是踪迹全无。杜林"在笼子里谈哲学",即是在"黑格尔的范畴模式论的笼子里谈哲学"。恩格斯接受了杜林的挑战,"跟着走",自然也就有了现在的形式。

早在1965年,毛泽东就向我国广大哲学工作者发出"把哲学体系改造一下"[①]的号召,要求"不必抄斯大林"。然而40年过去了,突破这一教科书体系的努力很难说有多大成效。在我国高校马克思主义哲学公共课教学中,已使用过的教科书版本据说已有300多种,似乎都无法摆脱苏联教科书的范式和板块结构的阴影,所谓的革新往往只是排列组合不同而已。自20世纪80年代以来,批评者深刻地认识到,这些教科书陈陈相因,了无新意,其变革已到了刻不容缓的地步。在激进的批评者看来,哲学原理教科书的概念之混乱,表达之贫乏,思想之教条,内容之混杂,令人叹为观止;依据哲学原理教科书的理论框架去学哲学史,无异于按图索骥;依据它去思考哲学问题,往往是缘木求鱼,徒劳无功。教科书体系的命运之所以如此,当然不乏政治背景方面的原因,对此学术界已经有很多的探讨。在重构体系方面,也有很多的尝试,特别是从强调物质第一性,到现在强调实践原则的首要地位,重心发生了很大的偏转,遗憾的是,教科书的结构性稳定依然如故。如果说种种新的

---

① 《毛泽东读书笔记》,广东人民出版社1996年版,第934页。

体系让我们感觉到些许的激动,更多的是因为,不同语词表现出的活力和能量是不同的,实践这个词显然比物质表现出特别的主动性、灵活性和跳跃性。用实践置换物质,显然具有更多的生动和鲜活。然而,结构没有转换,词汇的单向度没有改变,实践显现出的自由就依然是相当有限的,甚至是虚幻的。

这就提示我们,在教程性书写的革新中,内容更新当然是重要的,但仅仅更新内容是不够的。苏联模式的教科书体系几十年来一直处于封闭、僵化和凝固状态,并长期被视为绝对真理式的公式和教条,不仅仅与其表述的内容有关,也和它的表述方式直接相关。如果不彻底更新教科书体系的书写方式,体系重构的目标就很难达到。在结构主义和叙事学获得充分发展的语境中,教科书体系的结构和叙事方式,值得我们认真对待。

教程性书写属于宣告式书写。在书写之前,真理已经被发现,已经在握,不再需要探索,只需宣告出来就可以了。宣告真理的是一个匿名的主体。匿名的然而又是大写的。它似乎在这个世界之外宣告,它的声音来自另外一个天空。宣告的姿态自豪而凝重,沉着而无畏。它咄咄逼人,但又努力不表现出盛气凌人的样子。它循循善诱,却又无意倾听读者的心声。

在教程性书写中,问题其实是不存在的,在提问之前,答案就已经给出了。这里的秘密在于,语汇是严格定义了的。唯心主义这个词本身就已经表明了其愚蠢,不可知论本身就已经表明了其无聊。面对语义明确的词汇,我们选择什么,拒绝什么,是那样的一目了然,任何犹豫都是不必要的。答案自然和问题一样简单明确。所有的语词都是透明的,自然的,甚至是那样亲近,就像日常用语一样。这样的词汇似乎指示着世界是透明的,一切都显得自然而然,面对这样的语汇,任何不解都显得愚蠢,任何质疑都显得滑稽。

理论姿态和叙事风格之间的关系是密切的。有什么样的理论姿态,就有什么样的叙事风格,而叙事风格又直接塑造了理论姿态。在教程性书写中,书写者和马克思处于一种特殊的关系中,书写者本身始终是谦恭的,他明白,他不是在表达个人的意见,而是在宣示时代的真理。

然而,在膨胀马克思的幌子下,达成的是绝对的自我膨胀。书写者似乎全知全能。教程性书写中,哲学不再是沉思,不再是智慧,而仅仅是一大堆条理明晰的知识,是百科全书,是词典。它透露了社会、世界和历史的全部秘密,或者说,它告诉我们,本来就没有什么秘密存在。

教程性书写是封闭的。从绪言到结束语,一切都显得顺理成章,不言自明。教程性书写中,时间是不存在的。一切都是透明的,一切都是完成了的,或者至少在思想中是完成了的。教程性书写惯于概括和归纳,例如,我们很熟悉这样的句子:希腊哲学、中国哲学和印度哲学虽然各有自己的发展脉络,但都普遍存在着唯物主义和唯心主义两种基本形态。二元对立、爱憎分明是教程性书写的普遍特点。

在教程性书写中,概念和历史似乎是同一个东西,抓住了概念就是抓住了历史和真理。在教程性书写中,很轻巧地就从马克思过渡到马克思主义,而马克思主义被视作超时间的绝对真理。尽管在每段理论后面总要不失时机地联系一下实际,随着科技的进步,也不断地更新一些数据与实例,但是理论本身早已成为教条。体现在定义上,就是对"是"的依附,对本质、真理和规律不加反思的依附。由此带来的问题是,世界似乎无比高大,实际上业已丧失了神秘感。

在教程性书写中,哲学成为科学,科学又成为什么了呢?教程性书写一再强调,马克思主义哲学是批判的、开放的和发展的学说,批判性是马克思主义哲学的基本精神,开放性是和马克思主义哲学的批判性分不开的,批判不仅要吐故,同时也意味着纳新。然而,对于哲学和科学的关系,对于科学和党性原则的关系,语焉不详,似乎这些都不是什么问题,其实则留下了诸多的缝隙。

按照孙正聿先生的划界,到20世纪90年代,马克思主义哲学界放弃了建构体系的努力,进入了后体系时代①。后体系时代,也就是后教科书、后教程性书写的时代,其用意在于释放被教程体系所束缚的思想。马克思主义是一个开放的学说,要随时代的发展而发展,要不断有新的范畴、新的研究范式补充进来,不应作茧自缚,把自己封闭在一个

---

① 参见孙正聿:《从体系意识到问题意识》,载《长白学刊》1994年第1期。

"严密的体系"中。以僵死的概念、范式剪裁丰富的生活,其结果必然是失败的。必须改变对于语词、语汇的态度。教程性书写的封闭性,首先就表现在对语词的态度上,诸如语词的单义性,对字词、思想的迷信和虚妄,等等。

现在可以看得比较清楚,教程性书写也是一种叙事方式,一种构造,其中不乏虚构和想象,但它完全否认了这一点。巴特对马克思主义写作的批评,准确地说,主要适用于教程性书写。"对这种写作来说,形式的封闭既非来自一种修辞的夸张,也非来自突出某种叙述方式,而是来自一种像技术词条一样专门的和可发挥功用的词条。在这里甚至连隐喻也是被严格编码的。"这种写作从根源上说,"表现为一种知识的语言,它的写作是单义性的,因为它注定要维持一种自然的内聚力。正是这种写作的词条身份使它能强加于自身一种说明的稳定性和一种方法的永恒性。"①

## 三、修辞性书写

阿多诺的朋友克拉考尔抱怨说,阅读阿多诺的著作有一种头晕目眩的感觉,阿多诺恼怒地回答:"真正的哲学是抵抗释义的思想典型。"② 的确,阅读阿多诺的文本,读者往往感觉晦涩难懂,这在相当程度上和他的文体自觉有关,这种文体甚至抵抗任何卓有成效的翻译。与政治性书写和教程性书写相对,可以将这种书写方式称作修辞性书写。

众所周知,法兰克福学派的作品普遍采取了一种彻底的否定性姿态。这种姿态在阿多诺的作品中获得了最为纯粹、完整的表述。在从美国返回德国不久,阿多诺出版了《最低限度的道德》,这样一本格言警句的书是极端个性化的作品,其片断的、格言的风格不是偶然的。就文体来说,它是阿多诺最成功的作品之一。正如该书副标题"来自破碎生

---

① 巴特:《写作的零度》,台北时报文化出版公司1992年版,第28页。
② 参见马丁·杰:《阿多诺》,中国社会科学出版社1992年版,第2页。

活的反思"所标识的,该书结合了琐事、文化断片和个人经验,通过零散的文体结构拆解了哲学著述的宏伟构筑。黑格尔宣称"真理是总体",阿多诺则宣告"总体是虚假的"。面对虚假总体难以抵挡的力量,阿多诺努力在个体性和特殊性的断片中寻求真理,这些个体性和特殊性抗拒被整合到整体之中的企图。他认为,真理只能通过尝试性的不完全的方式来表达,整体是虚假的,批判思想因而也就必须把握那些特殊性的方方面面。在《最低限度的道德》结束部分,阿多诺写道:"面对绝望,只有哲学能够保护尊严,它凝视着所有的事物,就像从拯救的立场来表达的那样,来消除人类的基本痛苦。在奥斯维辛之后,真理性的碎片仍然能够保护尊严,它凝视着所有的事物,就像从拯救的立场来表达的那样。"[1]

为了与宰制社会的系统化思想作斗争,阿多诺采取了谨慎的自我意识策略,这是造成他的风格迷惑人的主要原因。阿多诺坚持,表述对于哲学而言不是外在的,语言形式和通过语言表达出的思想具有同样的价值,在哲学中,发挥决定作用的不是命题、立场或单轨的思考过程,而是精心的组织。因此,讲述一种晦涩的语言是必要的,这是针对语言变质的世界的反策略。反抗社会就包括反抗其语言。《否定的辩证法》正是出于反体系、反逻辑的需要,有意保持论点的模糊,显得缺乏形式,保持一种散文体的结构。该书晦涩的文风和混乱的形式,正好体现了他对哲学体系的否定和破坏精神。阿多诺写道:"从一开始,辩证法的名称就意味着客体不会一点不落地完全进入客体的概念中,客体是同传统的充足理由律相矛盾的。"[2] 矛盾表明同一性是不真实的,即概念不能穷尽被表达的事物。矛盾就是非同一性。阿多诺的著述执意保持未完成性和断片性,就是为了让读者放弃对于容易理解之物的期待,充分体会生活世界的矛盾。

黑格尔逻辑学的范畴和概念运动的总体性就意味着体系,"这种哲

---

[1] Theodor W. Adorno, Minima Moralia: Reflections from Damaged Life. London: Verso, 1974, p. 247.

[2] 阿多诺:《否定的辩证法》,重庆出版社1993年版,第3页。

学的体系概念高耸在一种纯粹科学的系统学之上,这种系统学要求有秩序地组织和表达思想,要求各专业学科有一种一致的结构";体系作为"一个使任何东西概莫能外的总体的表现形式",使得思想绝对化了,对于"一切断然的哲学"来说,它们的"一个共同的命题是:哲学只能被当作一个体系来追求"①。批判理论的核心就是对封闭的哲学体系的厌恶,阿多诺自陈,他的《否定的辩证法》就回避一切美学论题而言,可以叫做一种"反体系"。其实,早在1931年,在题为《哲学的现实性》的教授资格就职演说中,阿多诺就提出了一个独创性的哲学解释方案。他认为,哲学应当把自己看做是一种解释,它应当从解释细微的特殊之物开始,而不是试图编织任何事物都无法逃脱的"抽象之网"。

　　阿多诺的理论表述中这种不可抑止的反体系冲动,与本雅明"星丛认识论"的影响密切相关。本雅明对语言和文体也很关注,他确信每个句子都存在着多重意义,形成某种特定的表述方式是至关重要的。他迷恋布莱希特的"间离",曾打算写一本完全由引文构成的著作,即通过把马克思的语录重新组合而成,就像电影蒙太奇捕获形象那样,使所有意义得到确切的保留,同时加以重新理解。所谓星丛,是一个具有流动性和内在对抗性的"力场",其中每一颗星都是一个契机或要素,它们互为中介,彼此关联。星丛之间彼此撞击和影响,其布局既可以横跨不同历史周期,也可以只是在同一个瞬时框架的内部。对于事物处身其中的星丛的意识也就是"对这个星丛的译解"②。"星丛"作为一个由多种不同的概念、模式、观念或其他材料组成的系列,意味着一种没有结构的结构,意味着在异质性的事物之间所充满的那种无法以调和或综合来终结的矛盾和张力,比如勋伯格打破十二音阶制的"无调音乐"。这种音乐中革命性的东西与阿多诺在中学时代就萌发的"瓦解的逻辑"有着内在的一致性,它们都旨在打碎传统的思想范畴,刺激读者进一步的反思。由于不愿意赋予力场或星丛中的一个因素优于另一个因素的特权地位,阿多诺的文本中往往呈现一种不用连接词的排比特征,借以

---

① 阿多诺:《否定的辩证法》,重庆出版社1993年版,第23—24页。
② 同上书,第160—161页。

拒绝将各种见解和意见以等级有序的方式排列起来。这样,阿多诺可以提供一种对流动现实形势的既构造又解构的否定的辩证法。在那里,理性的统一性将为每一个特殊瞬间之间的空隙所取代,每一个特殊瞬间都向无法预料的下一个特殊瞬间开放。这样一种政治秩序将远离某种"总体性"的统治,正如单子的随意分布或完全流动的差异性一样。

在对总体性和同一性的批判中,阿多诺重写了马克思的相关思想。他指出,历史的客观总体性正是在资本主义的市场交换中形成的,交换原则把人类劳动还原为社会平均劳动时间的抽象的一般概念,因而从根本上类似于同一性原则。"商品交换是这一原则的社会模式,没有这一原则就不会有任何交换。"① 正是通过交换,不同一的个性和成果成为可通约的和同一的。这一原则的扩展使整个世界成为同一的,成为总体的。换言之,通过交换价值的抽象等价中介,一切对象、一切人都被还原为没有质的差别的纯粹定量的等价物。在这个意义上,总体化是一种暴力过程:"奥斯维辛集中营证实纯粹同一性的哲学原理就是死亡","没有这一基本原则就不会有奥斯维辛集中营"②。种族灭绝是绝对的一体化,而真正地"获得了解放的人类决不会是一个总体"。

本雅明坦言,他的著作之所以晦涩,应归咎于德国缺乏一次布尔什维克革命③。这同样适用于阿多诺。他思考的是某种具有革命性的开放哲学,这种哲学拒绝由以下任何形势做出的保障,例如方法、定义式的确定、框架、最终根据、演绎式的完整性④。正是在这个过程中,他展开了对同一性原则的批判、对表意性语言的批判、对普遍性概念的批判。同一性的表象按照其纯粹的形式包含于思维本身,思维就意味着同一,思维想理解什么,概念性的秩序就会心满意足地将自己送上门来。在阿多诺看来,所谓个人意识的统一性、由同一性生出的逻辑普遍

---

① 阿多诺:《否定的辩证法》,重庆出版社1993年版,第143页。
② 同上书,第363页。
③ Walter Benjamin, The Correspondence of Walter Benjamin. Chicago: The University of Chicago Press, 1994, p.530.
④ 参见维尔默:《论现代和后现代的辩证法——遵循阿多诺的理性批判》,商务印书馆2003年版,第180页。

性、思想对象与自身的等同、主体与客体的和谐一致,都显然过于虚妄。他强调:否定的辩证法始终是对非同一性的意识,辩证法的结果是主张思想形式不再把它的对象变成不可改变的东西亦即始终如一的对象;思想是一种否定的行动,是抵制强加于它的东西的行动;对真正的哲学来说,与异质东西的联系实际上是它的主旋律,哲学的目标、它的开放和不加掩盖的方面像它的解释现象的自由(哲学将这种自由和被解除武装的问题结合一起)一样是反体系的。换言之,哲学真正感兴趣的东西是非概念性、个别性和特殊性,所有哲学的原罪就在于它千方百计地通过概念的手段去把握非概念的东西,而否定的辩证法竭力通过概念来超越概念。

在现代社会特别是资本主义社会中,语词被精确化、概念化了,而由精确的概念架构起的语言体系代表了现代社会的特征,成为建构现代社会技术合理性的有机组成。阿多诺强调:"改变概念性的这个方向,使它趋向于非同一性,是否定的辩证法的关键。"① 概念的觉醒是哲学的解毒剂。辩证思维努力把思想作为异质性的东西来掌握,就像思想本身是异质性的一样,"在思想中把客体就像它的内在矛盾一样再生产出来"。辩证思想挖掘客体在它错误的自我同一状态中所丧失了的东西,因而在绝对理念苍白的阵营中冒着把客体消灭掉的危险;阿多诺对这个问题的暂时性回答,是对不可表达性采取一种游击战术,这是一种用概念来框住对象,却又以某种理智的杂技在瞬间使概念化的同一性滑动起来的哲学风格。他的文本中的每一个句子都因此而被迫超负荷;每一个短语都成为辩证法的奇迹和杰作,在思想即将消失在它自身矛盾中的那一瞬间把它固定下来②。

和阿多诺一样,詹姆逊的著述也是精致的散文体。不同的是,詹姆逊修辞考究,文体华丽,有时显得矫揉造作。在《马克思主义与形式》一书的序言中,他承认自己的文体与学院教授清晰流畅、新闻报道式的风格不同。在谈到选择这种文体的原因时,他再度援引了阿多诺,指出在

---

① 阿多诺:《否定的辩证法》,重庆出版社1993年版,第11页。
② 参见伊格尔顿:《美学意识形态》,广西师范大学出版社1997年版,第340—341页。

阿多诺的作品中,语言的不透明性本身就是一种不妥协的行为,勃然杂陈的抽象措词和相互参见,目的就在于背弃周围廉价易懂读物的环境,告诫读者真正的思考必须付出艰辛的努力。这种文体的含混性,是超越个别经验现象及其意蕴所必需的。在詹姆逊看来,在晚期资本主义的商业天地中,严肃的作家必须运用语言的震惊效果,通过重新结构习以为常的事物,或诉诸心理的更深层面,再度唤醒对事物漠然置之的读者。阿多诺的文体,虽说是出于抵抗的意图,却也带来了愉悦。詹姆逊无法想象,凡是对现实的辩证性质稍有感受的人,有谁能对阿多诺语句中的纯形式愉悦无动于衷?对詹姆逊来说,辩证思想正是辩证语句的精心发挥。在他看来,新的革命需求与对商品化的欲望和快感具有辩证的统一性。快感是一个政治问题,左派是否具有清教徒的历史渊源,是否真正的革命精神注定要保持一种清教徒的姿态,这些都需要深入考察。"就快感而言,人们很容易承认它是唯物主义的"。[①] 至少,以令人难以理解的文体写作,就是一种小规模的激进行为;令人难以理解,也就是令人愉悦的。

詹姆逊之所以选择这样的文体,是出于抵抗和愉悦的双重考虑。读者在阅读詹姆逊的作品时,也不能不同时感受到抵抗和愉悦:一方面,詹姆逊的作品抗拒读者既有的阅读经验;另一方面,它又召唤和吸引读者的接近。赞扬者认为,詹姆逊创造了一种"MTV 马克思主义",即具有大众市场的、为大众所欣赏的马克思主义形态。批评者则认为,詹姆逊背叛了马克思主义。例如,凯尔纳等人承认詹姆逊把后现代主义扬弃为马克思主义的做法有助于他去分析新的社会与文化变迁,并在此基础上重新思考马克思主义,与此同时,他也清楚地指出,"这样做却往往牺牲了他的理论的一致性和中肯性。他的著作很好地说明了一种折中的多视角理论所具有的潜在危险:试图将大量的观点结合起来,但其中有些视角却互不相容,彼此处于一种紧张状态。"[②] 当然,对我

---

[①] 詹姆逊:《快感:文化与政治》,中国社会科学出版社 1998 年版,第 145 页。
[②] 凯尔纳、贝斯特:《后现代理论——批判性的质疑》,中央编译出版社 1999 年版,第 250—251 页。

们来说,不能因为詹姆逊理论内部具有这样那样的紧张状态,就简单地否定它的意义。相反,这种紧张状态提示我们,马克思主义的理论历程充满风险和张力。在《马克思主义与形式》一书的"序言"中,詹姆逊主张:"在今天的世界上,应该存在几种不同的马克思主义,这同马克思主义的精神,同思想反映其具体社会情况的原则完全一致,其中每一种马克思主义都满足了其自身社会、经济体系的特定需要和问题。"①

西方马克思主义到70年代特别是90年代之后,对马克思的修辞性书写有着各种各样的方式。德里达的解构主义就是其中之一。依据伊格尔顿的观点,"解构与阿多诺之间有着特别惊人的相似之处。早在解构流行之前,阿多诺就强调那些悄然穿过概念网的异质断片的作用,而抛弃一切同一性的哲学,认为阶级意识具有令人不快的'肯定性'而加以排斥,又否认意味的意图性。的确,当代解构中的主题几乎都在他的著作中得到了充分的发挥。"② 相似归相似,德里达毕竟不同于阿多诺。不同之处特别体现在德里达对马克思的态度上。

在1993年出版的《马克思的幽灵》中,德里达针对各种马克思主义"终结论"言论,毫不客气地指出,所谓"马克思主义死亡"的断言无非是一种"自相矛盾、破绽百出、违反理性的共识",对于这种"糟蹋人的共识,必须予以抵制"。读者很自然地把该书视作对马克思和马克思主义的一种维护。在阅读《马克思的幽灵》中,大家喜欢征引这些句子,诸如:"今天的人,即使是从未读过马克思著作或不知道马克思姓名的人,甚至那些反共产主义者或反马克思主义者,不论他们承认与否,都自觉或不自觉地是马克思遗产的继承人。"③ 那么,究竟要继承什么呢?依据德里达的观点,只有好的马克思主义才值得人们去继承。所谓的"好"的马克思主义精神,首先是批判和自我批判精神,一种随时准备进行自我批评的步骤。他随即又把马克思的批判精神与解构精神区别开来,强调后者不再单纯是一种批判,而且它向一切批判发问,甚至向一

---

① 詹姆逊:《马克思主义与形式》,百花洲文艺出版社1995年版,第9页。
② 伊格尔顿:《沃尔特·本雅明或走向革命批评》,译林出版社2005年版,第187页。
③ 参见张惠君:《法国马克思主义研究的新动向》,载《马克思主义与现实》1994年第3期。

切问题发问。那么,马克思的批判精神和解构到底是什么关系呢?德里达说了,一种激进的马克思主义的批判精神就是一种解构精神。这样,德里达通过解构主义的阅读和重写,收编了马克思主义的批判精神,使之成为一种解构主义的马克思主义。马克思主义只是一种假借而已。所谓德里达和马克思、解构主义和马克思主义的相遇,其实也就是德里达将自己的解构对象指向了马克思(主义)。

《共产党宣言》开篇写道:"一个幽灵,共产主义的幽灵,在欧洲游荡"。马克思所使用的幽灵概念与欧洲的传统文化背景有着密切关系。西方一些马克思主义学者经常借莎士比亚剧本《哈姆雷特》中的幽灵来表达思想,人们都知道马克思非常熟悉和喜欢莎士比亚剧本。德里达象征性地将马克思(主义)类比为过世的哈姆雷特的父亲,由此产生哀悼和继承的问题。"幽灵"在《共产党宣言》中毕竟是一个富有政治意味的词汇,代表的是共产主义对资本主义的批判与威胁。在共产主义运动处于低潮的今天,把昔日的马克思主义者召唤到解构主义的旗帜之下,接过"幽灵"一词就象征着继承马克思主义在西方的政治遗产。只不过,德里达所追寻的只是"一种没有马克思主义的马克思主义,就是说按他自己的条件舒服地占有了的马克思主义",他只想把马克思主义用作一种批判,一种异端,进行痛斥的便利工具,而不大愿意涉及它的肯定性内容[①]。因此,德里达转向马克思主义既是出于对晚期资本主义世界秩序的敌视,又表现出一种机会主义的倾向。对德里达来说,马克思最重要的价值在于使我们注意到正义的可能性;马克思主义是资本主义召唤出来的一个毁灭自身的幽灵,这个幽灵的形象在延搁着一个哀悼活动的提前到来。

领袖的政治性书写高度重视语言的工具性功能,明确提出"三性"(准确性、鲜明性、生动性)的语用要求。教程性书写对于语言和表述方式缺乏必要的重视。在修辞性书写中,马克思主义不再是一个自明真理的封闭系统,它径直向读者的反应发起挑战,顽强地抵制人们将其思想通俗化的愿望。毫无疑问,修辞性书写也存在着这样或那样的问题,

---

① 伊格尔顿:《历史中的政治、哲学、爱欲》,中国社会科学出版社1999年版,第124页。

但它对单向度思维的警觉是值得我们充分重视的。当代社会由于技术思维的习惯,语词和概念被同化了,而概念则被看做是事物的名称、存在和作用方式、性能、过程及其机制的表征。语言由此失去了丰富性,成为纯粹可操作的实用因素,为历史理性留下的空间就极其有限了。即使是马克思的追寻自由和公正的思想观念,一旦被转换成操作术语,其批判性力量也便被削弱了。

政治性书写和修辞性书写都提示我们,只有发展马克思主义才能坚持马克思主义。邓小平在说到对马克思主义的态度时,曾经用了两个很形象的词:一个叫"老祖宗",一个叫"说新话"[1]。我们既要坚持"老祖宗不能丢",遵循马克思主义的基本原理,又要说"老祖宗"没有说过的新话,根据新的实践,把"老祖宗"说的东西加以丰富、完善和发展。因此,在对马克思的书写中,始终需要记取马克思的教导:"辩证法对每一种既成的形式都是从不断的运动中,因而也是从它的暂时性方面去理解;辩证法不崇拜任何东西,按其本质来说,它是批判的和革命的。"[2] 只有把这一点真正运用于对马克思主义经典作家以及马克思主义思想本身的书写中,才能成为马克思的忠实信徒。

---

[1] 《邓小平选集》第3卷,人民出版社1993年版,第369页。
[2] 马克思:《资本论》第1卷,人民出版社1975年版,第24页。

# 第三章
## 普遍史、进步和历史的终结

1784年,康德撰写了《世界公民观点之下的普遍历史观念》;1794年,康德撰写了《万物的终结》;1797年,康德撰写了《重提这个问题:人类是在不断朝着改善前进吗》。在这些著述中,康德提出,如果把历史看做是一个连续的、尽管也许并非笔直向前的、朝着事物的更美好状态前进的进程,那么,历史就会是有意义的。我们有没有根据可以假设这样一种前进的历程是真实的呢?康德认为,只要我们把注意力从个体转移到整个人类的命运上来,就会看到,一切从个体的古典看来显得是杂乱无章的事物,当我们从整个物种的观点加以观察,就会成为秩序井然并可以理解的了。"把普遍的世界历史按照一场以人类物种的完美的公民结合状态为其宗旨的大自然计划来加以处理的这一哲学尝试,必须看作是可能的,并且甚至还是这一大自然的目标所需要的。"① 黑格尔接受了康德的这一观念:哲学的历史必须是关怀比个体更大的单元。同时,他又追随赫德尔,把这一单元等同于各个不同的国家或民族。黑格尔强调,哲学所带给历史思考的唯一思想,就是理性这一简单的概念,理性统治着世界,因而世界历史成为一个合乎理性的过程②。概括地说,构成康德和黑格尔历史哲学的中心线索的是历史的两重性,亦即历史的合目的性与历史的合规律性,目的王国与必然王国最后统一于普遍的理性。

---

① 康德:《历史理性批判文集》,商务印书馆1990年版,第18页。
② 参见黑格尔:《历史哲学》,上海书店出版社1999年版,第9页。

对马克思哲学和历史思想的任何讨论,无论多么简略,都必须从考虑他和黑格尔的关系开始。按照沃尔什的观点,黑格尔对马克思历史理论的影响特别表现在两个方面:第一是辩证法思想,第二是社会有机体学说。① 黑格尔把历史描绘为一幕朝着自由的实现而前进的辩证过程,马克思则把历史视作朝着一个在道德上是可实现的目标而前进着的辩证历程。当然,黑格尔认为世界历史在其时的西方文明中业已部分完成,马克思则把幸福状态置于不太遥远的未来。

1989年,福山发表了《历史的终结?》一文,普遍史、进步和历史的终结之类议题,再度引起思想界的众声喧哗。福山的基本论题是:20世纪已经结束,现在再来谈论一个连续的、朝着更多人有更大的自由民主制度这一方向不断发展的人类历史,是否还有必要?他的回答是完全有此必要。无论如何,历史并未终结,萨义德的后殖民主义再度揭开了历史的裂缝。

## 一、哲学的极限

随着后现代思潮的播撒,"故事"一词流行和普及开来,文学是故事,人类学、社会学是故事,甚至物理学、化学也是故事,哲学当然更不例外了。如果认同这种时尚,我们就可以说,所谓马克思的哲学,也就是马克思讲给我们的故事。

马克思的故事,是在欧洲思想文化传统中生成的,其情节直接传承了德国古典哲学,特别是黑格尔和费尔巴哈的故事。我们知道,黑格尔是一个讲故事的高手。在他的演绎中,自然、社会和人类精神一脉相承,犹如汪洋大海,滚滚滔滔。但仔细追踪起来,无非是一种思维,一种思路,历经磨难,最后抵达绝对的、唯一的真理。这种真理是任何人都不能不承认的,是超越时代、地域、种族、性别和一切差异的。这个故事,构成绝对的圆满,听众或许可以走进它,但却很难走出;构成绝对的高峰,读

---

① 参见沃尔什:《历史哲学——导论》,社会科学文献出版社1991年版,第162页。

者或许可以登上去,感觉"高处不胜寒",但却难以找到下山的路①。后来者摒弃黑格尔的故事,拒绝接着他的故事往下讲,原因之一就是,按照黑格尔的套路,人们无法讲出更新更有诱惑力的故事。后黑格尔的人们当然不满足于仅仅做一个听众,哲学故事不甘心就此打住。

马克思在博士论文中提出,黑格尔的哲学由于其完整性和普适性,使自身变得不现实,并与不断分化着的世界形成对立,因而它"能动性地表现得支离破碎,自相矛盾"。在这样一个时期,摆在面前的只有两种选择:或者软弱无力地模仿过去,或者进行一场真正的根本性的变革。这样一种状况,非常类似于亚里士多德之后的状况。后亚里士多德学派的哲学特征就是"自我意识的一切环节都得到充分表达"。马克思喜欢伊壁鸠鲁,主要就是基于两点:第一,尽管他承认所有的现象都具有客观实在性,但却同时希望保留意志自由,否认世界是被永恒不变的法则所控制的;第二,他强调"自由的个体自我意识",提示了一条超越"整体哲学"体系的出路:"这些个别的自我意识永远具有一个双刃的要求:其中一面针对着世界,另一面针对着哲学本身";"哲学体系同世界的关系就是一种反映的关系";"世界的哲学化同时也就是哲学的世界化,哲学的实现同时也就是它的丧失"②。

费尔巴哈作为后黑格尔时代的人物,也在讲述自己的故事。马克思对他的故事予以充分的重视,并提出批评:"哲学家们只是用不同的方式解释世界,问题在于改变世界。"对于这一经典表述,有各种各样的解释,但真正值得重视的,是反馈性模式(the feedback model of interaction with the world)和同步性模式(the simultaneity model of interaction with the world)。在反馈性模式中,为了行之有效,人们需要理论分析,但是人活动的根本目的是现实变革而非知识;而且,理论分析也需要依据实践经验不

---

① 例如,黑格尔全集的编辑者之一甘斯在一份讣告中写到:"哲学现在已经达到圆满的境界,人们认为它的发展只是根据它的题材按以往已经这样明确表示过的方式进行有创见的工作而已。"另一位编辑佛斯特尔把当时哲学的状况同亚历山大帝国相比:没有一个继承者能登上皇位,只好由各地的总督把各个行省拿来彼此瓜分。老年黑格尔派相信黑格尔的体系是最后一个哲学体系,他们的主要工作是写作哲学史。参见戴维·麦克莱伦:《青年黑格尔派与马克思》,商务印书馆1982年版,第2、7页。

② 《马克思恩格斯全集》第40卷,人民出版社1982年版,第258页。

断提炼和修改。在同步性模式中,人并非外在于世界、仅仅从理智上把握世界,对人与世界关系的正确理解也不可能由此获得;相反,人与世界的基础性关系是不断变革世界并为世界所变革的过程,对这一事实的正确理解也源于这一变革过程,与反馈性模式不同,这里的正确理解不是分析(理解)、实践活动、依据实践活动再理解的"三部曲",理解正是寄存于活动之中,不存在独立的理论立场,改造世界是解释世界的合法途径。相比较而言,反馈性模式关心如何达到目标,但不关心这个目标是自我中心的还是无私的,是个人的还是公共的,同步性模式则不是单单指向目标,而是聚焦于我们与世界的基础性关系。美国学者丹尼尔·布鲁德尼认为,《关于费尔巴哈的提纲》第八条中上述两种模式是可以共存的,第二条倾向于反馈性模式,第一条、第五条和第十条倾向于同步性模式。

费尔巴哈仅仅把理论的活动看做是真正人的活动,是因为他只是在个人支配自然以满足自我需要的意义上理解实践活动,这也就是市民社会的态度。他正确地看到当时针对自然的实践态度是成问题的,但他没有意识到这并非唯一的对待自然的态度,也不是真正的人的实践态度,他没有把握"革命的"、"实践批判的"活动的意义。由此不难理解,费尔巴哈反对抽象思维而喜欢直观,马克思则既反对抽象思维,也反对直观,认为二者都是成问题的:前者从不触及现实世界,后者则把自身视作仅仅为世界所触及;前者缺乏物质性,后者缺乏主动性。抽象思维和直观正是反馈性模式的特点。反馈性模式不考虑人与世界的关系,即使它含蓄地涉及这个问题,也只是把世界视作一种"物",它已经形成,静止地待在哪里,等待人去观摩和支配。反馈性模式仅仅把感性视作实践活动的场所,而马克思要求我们把感性视作实践的、人的感性的活动,这显然是反馈性模式所无法达到的。马克思反对抽象思维和直观的态度,要求实践的思维。

依据布鲁德尼的观点,《关于费尔巴哈的提纲》是单薄和含混的,如果必须给它一个定论,说它倾向于同步性模式可能比较合适。[①]也许只

---

① 参见 Daniel Brudney, *Marx's Attempt to Leave Philosophy*. Cambridge: Harvard University Press, 1998, pp. 236—240.

是布鲁德尼感觉含混罢了,但我们却不能不考虑这样一个问题:面对马克思的文本,我们为什么几乎不曾感觉含混和失语?我们惯于自圆其说,惯于把马克思"体系"化,而且无论历史情景发生什么样的变迁,都能游刃有余地把马克思"体系"化,然后心安理得地用它来解释生活的变迁。这与其说是一种理论上的自信,不如说是一种惰性十足的表现。

如果说哲学史是故事不断改头换面的历史,那么,就同一时代而言,这种改头换面是修饰重心的改变,而不同的时代之间,则是不断扩大外延,把既有故事包容进来的关系。也就是说,后来的故事不是简单地把以前的故事弃之不顾,而是讲一个更大的故事,可以解释以前故事的故事。应当承认,马克思最初的故事也只不过是从黑格尔的故事大全中抽取了一个材料,把它放大,而此后的故事,则越来越有包容性了①。这种包容性,一方面使得它获得了充分的解释力量,另一方面,也使得后人或褒或贬地把它视作有待解构的新的宏大叙事。

黑格尔的故事,归根到底,还是一个关于人类思维和精神演变的故事。虽然此过程中不乏"恶",但借助于三段论的演绎,最终的结局是大写的真、善、美。在马克思看来,未来的乌托邦与其是一种期冀中的世界,不如说是一种反观现实的视界。这种视界本身,始终是不断游移和调整的;没有唯一的真理,只有诸多的话语。这种话语是受到具体的时代、境遇和个人的处境限制的。任何一种理论话语,与其是对现实生活的反映,不如说是对现实生活的规划。现实总是"制造"出来的,本质总是被"赋予"的。在此意义上,马克思哲学的意义,不在于它发动了怎么样的本体论变革,而在于它引起了怎么样的世界变革;马克思主义的意义,不在于它是否能够解释世纪之交的种种变迁,而在于它在多大程度上引导了这种变迁。

马克思的故事是很复杂的,后来的人们为了便于复述它,把它弄得很简单。不管把复杂的故事简单化后有什么样的便利,其后果之一肯定是断章取义、各取所需。事实上,这样的断章取义已经太多太多。例

---

① 依据恩格斯的说法,他和马克思把黑格尔的体系抛在一边,而专门使用他的辩证法。参见《马克思恩格斯选集》第4卷,人民出版社1995年版,第242页。

如,马克思往往被视作"线性进步论者"。其实,在马克思的世界历史发展图景中,"他者"始终具有必要的地位,"他者"的叙事构成一种必要的补充,马克思并没有把所有民族国家的发展都纳入统一的轨道。虽然马克思对亚细亚生产方式的探讨值得商榷,但马克思对这一问题的明确意识本身就值得赞赏。又如,马克思往往被视作"经济决定论者"。事实上,马克思认为,社会历史发展中,贯穿着种种不同的线索。虽然他看重经济线索的重要性,但除了生产力和生产关系、经济基础和上层建筑之外,他还谈到了军事、暴力、迁徙等因素的巨大影响。这样,所谓的经济叙事本身就受到内在的消解。运用目前比较时髦的话语,甚至可以说,马克思在建构经济叙事的同时,又在不断消解它。

西方哲学史一直到黑格尔,一个故事接着一个故事,条理清楚,系统连贯。但黑格尔之后,尼采讲述了自己的故事,孔德等其他的人也讲述了各自的故事。很难说哪一个人的故事是唯一合法的后续故事。马克思讲述了一个故事,这个故事有很大的弹性空间,喜欢这个故事的人们,可以在其中自由地嬉戏;这个故事自觉地留有豁口,听完它后感觉不满足的人们,可以走出去,听听其他的故事。喜欢这个故事的人很多,他们在它的弹性空间和邻近地带,讲述了许多"家族相似"的故事,构成了马克思主义。正如伊格尔顿所说:"马克思主义一词的作用似乎是表示一系列的家族相似之处,而不是指某种不变的本质。"[①]

## 二、现代性的反思

依据哈贝马斯在《现代性的哲学话语》中的观点,对现代性的批判并非始于后现代主义,早在现代性发展过程中,其内部就出现了对现代性的反思和批评。这种反思和批评具有两种理路:一是以黑格尔为代表,既充分肯定以主体性为核心的现代性事业取得了伟大成就,又清醒地看到主体性原则的片面性导致了知识与信仰的分离、社会生活的分裂、精神自身的异化,但总体上说,黑格尔的反思仍未超越启蒙辩证法

---

① 伊格尔顿:《历史中的政治、哲学、爱欲》,中国社会科学出版社1999年版,第105页。

的理性框架;二是以尼采为代表,他抛弃了黑格尔的理性思维,采用非理性的古希腊神话来抨击现代性的工具理性,进而用非理性的"权力意志",借助于"人生的审美化"来否定理性的作用。沿用哈贝马斯的分类,马克思对现代性的批评态度,当属于以黑格尔为代表的理路。后来,法兰克福学派延续了马克思的批评,并由阿多诺形成了原始形态的后现代理论,而后参与促成了20世纪70年代以来的后现代主义。

马克思提供了有关资本主义现代化最早和最完整的描述之一。对马克思来说,资本主义是现代性的一种面相。他从来都没有无限制地肯定资本主义,相反,他始终是以一种辩证的态度来看待它。在《共产党宣言》中,他和恩格斯首先强调了资产阶级社会和以往社会的连续性,认为现代资产阶级本身是一个长期发展的产物,是生产方式和交换方式的一系列变革的产物。这样理解的资产阶级和资本主义,显然就是社会历史进程中的一个自然而然的环节。然而,对于这个自然而然的环节,马克思的情感是错综复杂的。他用大段大段的篇幅探讨资产阶级在历史上曾经发挥的"非常革命的"作用。只是对于这些"非常革命的"作用,我们必须从正面肯定和讥讽双重视角来理解。

马克思和恩格斯论证说,资产阶级已经通过世界市场开创了一种新的国际主义,以及"自然力的征服,机器的采用,化学在工业和农业中的应用,轮船的行驶,铁路的通行,电报的使用,整个整个大陆的开垦,河川的通航,仿佛用法术从地下呼唤出来的大量人口。"[①] 它做到这一切付出了巨大的代价:暴力、传统的破坏、压迫,把对一切事物的估价变成了冷酷的金钱和利润的算计。简言之,马克思所体验到的现代生活的基本事实就是,这种生活从根本上充满了矛盾:"一方面产生了以往人类历史上任何一个时代都不能想象的工业和科学的力量。而另一方面却显露出衰颓的征兆,这种衰颓远远超过罗马帝国末期那一切载诸史册的可怕情景。""我们看到,机器具有减少人类劳动和使劳动更有成效的神奇力量,然而却引起了饥饿和过渡的疲劳。财富的新源泉,由于某种奇怪的、不可思议的魔力而变成贫困的源泉。技术的胜利,似乎是

---

① 《马克思恩格斯选集》第1卷,人民出版社1995年版,第277页。

以道德的败坏为代价换来的。随着人类愈益控制自然,个人却似乎愈益成为别人的奴隶或自身的卑劣行为的奴隶。甚至科学的纯洁光辉仿佛也只能在愚昧无知的黑暗背景上闪耀。我们的一切发现和进步,似乎结果是使物质力量成为有智慧的生命,而人的生命则化为愚钝的物质力量。"①

作为黑格尔辩证法的信徒,马克思揭示出,现代性的辩证运动嘲弄性地转而反对其原初推动者资产阶级,将要推翻资产阶级的革命力量正是来自资产阶级本身的深层冲动和需要:资产阶级除非对生产工具,从而对生产关系,从而对全部社会关系不断地进行革命,否则就不能生存下去;生产的不断变革,一切社会状况不停的动荡,永远的不安定和变动,这就是资产阶级时代不同于过去一切时代的地方。

这样,马克思在对资本主义现代性做出肯定性指认的同时,也表示了极大的讥讽和隐忧:"一切固定的僵化的关系以及与之相适应的素被尊崇的观念和见解都被消除了,一切新形成的关系等不到固定下来就陈旧了。一切等级的和固定的东西都烟消云散了,一切神圣的东西都被亵渎了。"②

马克思这种肯定和讥讽的双重态度,在《资本论》中具有充分的体现:

1. 现代资产阶级是随着商品经济的确立而发展起来的,而商品经济意味着自然经济的解体和历史向世界历史的迈进。商品交换具有普适性,商品生活构成整个社会生活的基础和核心,利润最大化成为社会的首要目的。然而,马克思更为关注的是:"最初一看,商品好像是一种很简单很平凡的东西。对商品的分析表明,它却是一种很古怪的东西,充满形而上学的微妙和神学的怪诞。"③ 可以说,《资本论》是一种针对商品的形而上学的叙事。

2. 与交换价值成为生产的直接目的相应,货币作为一般等价物成

---

① 《马克思恩格斯选集》第1卷,人民出版社1995年版,第774、775页。
② 同上书,第275页。
③ 《马克思恩格斯全集》第23卷,人民出版社1972年版,第87页。

为统治一切的东西,它所关心的只不过是性质不同的商品如何能够公平交换。马克思注意到,由此,质的关系和现象被数量化了,一切商品都是暂时的货币,货币则是永久的商品。货币把一切东西都简化为其所具有的抽象形式,它在自己的运动过程中,也把自己化简为某种纯粹的量的东西。马克思批评说,货币本来是一切价值的代表;在实践中情况却颠倒过来,一切实在的产品和劳动竟成为货币的代表。这就是发生在现代社会经济关系中的颠倒:一种非现实(一种力量或性质的空缺)转变成为一种现实,同时又把一种现实(一种力量或性质的存在)转变成一种非现实;生产表现为人的目的,而财富则表现为生产的目的。

3. 在资本主义制度下,人隶属于机器,钟摆成了工人相对活动的精确的尺度,就像它是两个机车的速度的尺度一样。时间就是一切,人至多不过是时间的体现。马克思注意到,由于劳动过程的合理化,工人的人的性质和特点被掩盖和抹杀了,他的一切都必须按照可计算的原则来衡量,这样,个人从属于像命运一样存在于他们之外的社会生产,但社会生产并不从属于把这种生产当作共同财富来对待的个人。工人和自己的劳动过程、自己劳动的产品,最终也和自己"疏离"了。

4. 生产力的极大发展意味着对自然的控制和支配的纵深。马克思批评说,在资本主义制度下,自然界不过是人的对象,不过是有用物;它不再被认为是自为的力量;而对自然界的独立规律的理论知识本身不过表现为狡猾,其目的是使自然界服从于人的需要。而且,随着人类愈益控制自然,个人却似乎愈益成为别人的奴隶或自身卑劣行为的奴隶。

马克思深刻地揭示出,在现代资本主义生产方式中,始终运转着一种生产的逻辑,技术的逻辑,进而言之,也就是物的逻辑,以及人对于这种物的逻辑的依赖。马克思还清醒地认识到,借助于历史和逻辑的统一,这种逻辑甚至成为"历史"和"世界历史"本身。我们也应当看到,马克思提出的作为资本主义替代模式的社会主义,也是依据生产的逻辑推导出来的,当然,马克思在做出这种推导的时候,剔除了其中的异化因素。由此,政治经济学批判依然服膺于政治经济学的逻辑:一方面,马克思把这种逻辑视作"实在",致力于发现和描述这种逻辑,在这个意义上,马克思认为自己从事的是"真正实证的科学";另一方面,马克思又似乎在不断消解这种逻辑,一再强调其"似自然性"。马克思现代性思想中的这种内在张力,似可看做是文明现代性和审美现代性的纠结与冲突。如果单纯停留在科学的维度上,就可能强调社会历史的发展规律以及马克思主义对这种规律的发现与掌握;如果着重于对社会历史进程"似自然性"的消解,就会走向批判的社会理论。

应当承认,马克思的现代性理论也是一种思想的建构。在《德意志意识形态》中,马克思指出,德国的意识形态专家们从社会现实是由思想构成的这一观念出发,反对某些思想,倡导某些思想,他们认为人类因错误的思想而蒙受苦难,因正确的思想而获得解放。与他们相反,马克思坚持,社会研究必须立足于社会物质生活的生产和再生产上,而不能从哲学家的生活方式出发,来推导社会理论。马克思始终在积极从事思想的建构,并相信思想(理论)在解释和改造社会生活中的重要作用。在《1857—1858年经济学手稿》中,马克思指出,如果说资产阶级经济的范畴适用于一切其他社会形式这种说法是对的,那么,这也只能在这种意义上来理解:这些范畴可以在发展了的、萎缩了的、漫画式的种种形式上,总是在有本质区别的形式上,包含着这些社会形式。这也就提示我们,必须对思想(符号)与现实、词与物的关系有比较清醒的认识,不能简单地把语言看做思想的直接现实,也不能简单地把思想看做现实生活的表现。

马克思的思想,经由卢卡奇、法兰克福学派(特别是霍克海默和阿多诺)、阿尔都塞,到达福柯、德里达、鲍德里亚、墨菲等人,参与了后现代主义的形成。在《历史与阶级意识》中,卢卡奇希望超越物化的逻辑,寻求革命主体的阶级意识。在《启蒙的辩证法》中,霍克海默和阿多诺探讨了理性如何走向其反面,启蒙如何成为欺骗,自由和进步如何成为统治和倒退,他们指出,启蒙消灭了其他思维模式,自身构成唯一的真理,也就是说,启蒙在消灭神话的同时,自己变成了神话,变成了无所不能、全知全能的东西。这个观点,也类似于马克思所说的:"资产阶级的生产关系和交换关系,资产阶级的所有制关系,这个曾经仿佛用法术创造了如此庞大的生产资料和交换手段的现代资产阶级社会,现在像一个魔法师一样不再能支配自己用法术呼唤出来的魔鬼了。"① 福柯等后现代思想家则认为,权力是分散的、多元的和非中心的,只有局部性的、断片式的知识与抵抗才具有颠覆性,他们特别批评了马克思现代性思想中的生产主义、还原主义和总体化趋向。我们认为,只要试图把握社会的宏观结构和整体趋势,宏大叙事就是必不可少的;只要试图进行具体的社会批判,政治经济生活的分析就是绝对必要的;只要承认重要的不是驱逐现代性,而是阐明、拆解和重写现代性,那么,马克思的现代性理论就依然是我们无法避开的一种话语。

然而,仅仅将马克思视作现代性的思想家是远远不够的。仅仅将马克思视作现代性思想家,与长期以来把马克思黑格尔化有直接的关系。② 恩格斯、列宁、卢卡奇虽然一再强调马克思对黑格尔辩证法进行颠倒式的合理改造,但他们显然认为马克思与黑格尔之间的关系,属于现代性理论范式之内的承继关系。正是这种内部延续性的理解,构成了马克思主义黑格尔化的基本理解前提。20世纪60年代,阿尔都塞率先强调,马克思和黑格尔之间的断裂而非联系才是真正理解马克思哲学的关键所在。"马克思与黑格尔的关系是当前一个带决定性的理论问题和政治问题。说它是理论问题,因为它支配着现时代关于战略科学即历史科学的未来以及与这一科学联系着的哲学即辩证唯物主义的未来。说它是政治问题,因为它是从这些前提中产生出来的。"③ 阿尔都塞强调,马克思创建了"一种非黑格尔的历史观;一种非黑格尔的社会结构观;一种非黑格尔的辩证法观"。马克思所创建的这种哲学,是一种与德国古典哲学思想体系完全不同的哲学,它不是在与黑格尔的连续性地带产生的,而是在与黑格尔的断裂处发生的。基于这样的认识,将马克思仅仅视作现代性的哲学家无疑是偏颇的。

---

① 《马克思恩格斯选集》第1卷,人民出版社1995年版,第277—278页。
② 参见宋一苇:《现代性与后现代性视域中的黑格尔与马克思》,载《中国人民大学学报》2005年第3期。
③ 阿尔都塞:《列宁和哲学》,台北远流出版公司1990年版,第108页。

## 三、并非线性的进步

现代的进步观念产生于法国启蒙运动时期。这一观念认为,人类以线性方式从过去进步而来,现在仍在进步,而且还会向未来无限进步。法国革命前后,保守主义者和自由主义者曾进行了一场论战。保守主义者怀疑能否把欧洲和世界正在经历的变化看作进步,或者说,进步是否是一个恰当、有用的观念。争论的结果是,自由主义的进步信仰引领了时代潮流,并在19世纪成为资本主义世界经济的主导意识形态。自由主义者相信进步,这不奇怪,也不难理解;进步的思想为封建主义向资本主义的过渡提供了合法依据。对马克思主义者满怀热情地坚信进步,我们也很容易理解:进步的信仰为社会主义运动提供了合法依据。我们还认识到,运用进步这个观念并将其推向彻底,可以摧毁自由主义。但20世纪以来的历史和理论表明,接受进步的进化模式,也带来一系列问题。沃勒斯坦甚至认为:"马克思主义者接受进步的进化模式是一个大陷阱,社会主义者只是在最近才开始有所警觉。"[1]

首先,历史进步的观念为社会主义辩护,同时也就难免为资本主义进行辩护。在向无产阶级唱赞歌之前,不得不先歌颂一番资产阶级。例如,在《共产党宣言》中,马克思指出,在迄今为止的历史中,有一个不可否认的事实,那就是个人,随着他们的活动扩大为世界历史性的活动,越来越受到异己力量亦即资本的支配,或者更确切地说,受到资本主义生产方式的支配;资本主义生产方式在现代世界所扮演的角色,就如同古代的命运一样。我们惯于认为,历史资本主义通过一个进步的资产阶级推翻一个落后的贵族统治而产生,在沃勒斯坦看来,这种看法是错误的,正确的基本形象是,由于旧体系正在解体,土地贵族本身转化成资产阶级,因此产生了历史资本主义。如果这个形象是正确的,那就从根本上修改了我们目前对于资本主义向社会主义、资本主义世界经济向社会主义世界秩序过渡的认识。

---

[1] 沃勒斯坦:《历史资本主义》,社会科学文献出版社1999年版,第60页。

其次,进步的衡量标准究竟如何确定?通常认为,生产力是社会进步的根本的判断标准,而科学技术是第一生产力。科学和技术的进步是不容置疑和激动人心的,这当然是事实,特别是由于大多数技术知识具有累积性。但沃勒斯坦提醒我们,在普遍主义意识形态横扫世界的过程中,我们失去了很多知识。而且,我们在讨论这个问题时,把失去的知识只不过看做是睿智。但是,在农业生产力和生物总体的单纯技术水平上,我们不能不看到,一两个世纪以前被抛弃的人类行为方法经常需要重新启用起来,因为它们事实上更有效。更重要的是,我们还在科学的最前沿发现,对那些一个世纪或五个世纪前被胜利地抛弃掉的理论前提正在重新被树立起来。

一些后现代主义者和后殖民主义者认为,马克思的历史理论不乏欧洲中心主义的色彩。他们认为,马克思和恩格斯是德国上层教育的产物,只是从报纸上得到一些非欧洲社会的知识,或者从书本和官方报纸上看到一些持有殖民主义观点的文章,他们没有对当时流行的关于东方的学说提出严肃质疑。例如,马克思和恩格斯都相信亚洲的独裁和停滞,尽管他们没有用通常的说法去说明造成这种独裁和停滞的原因[1]。毫无疑问,马克思敏锐地感觉到了启蒙运动的阴暗面,意识到资本主义的发展伴随着海外殖民。他批评说,资本主义给印度斯坦带来的灾难,与印度斯坦过去的一切灾难比较起来,毫无疑问在本质上属于另一种,在程度上不知要深重多少倍。但是,马克思对于印度社会的差异和蕴涵的不同潜能究竟有多少体认,是颇有争议的。《大不列颠在印度的统治的未来结果》一文给读者的印象是,马克思把印度的过去看成空洞和静止的,认为印度社会没有历史,至少没有已知的历史,在那里只不过是接二连三的入侵,入侵者在那个既不反抗、也不改变的社会的消极基础上建立其各个帝国。马克思似乎想象,欧洲以外的历史只能严格地按照欧洲走过的道路发展,印度只有转为西方社会才能前进。批评者据此认为,马克思陷入了欧洲中心主义。

我们认为,上述对马克思的批评是基于这样的认识:马克思提供了

---

[1] 参见 J.M.布劳特:《殖民者的世界模式》,社会科学文献出版社 2002 年版,第 100 页。

进步在社会经济意义上的具体模型(新的生产方式不断战胜旧的生产方式),探索了历史过程内在的变迁法则(因此也是历史主义的历史观),主张社会法则不可抗拒的运作有其科学上的重要性(因此也是决定论的历史观)①。这样的认识坚持,马克思关于西欧的著作里包含着关于人类社会发展的永恒的客观法则,这种法则适用于所有各种物质和历史境况。事实上,马克思的方法论是明确排除这种永恒法则的。

众所周知,马克思提出了一系列社会形态概念——部落社会、奴隶社会、封建社会、资本主义社会、社会主义社会和共产主义社会,并特别探讨了封建社会和资本主义社会。马克思基本上是从内源角度来解释社会变革,强调生产方式的内部运动。在马克思看来,人类社会作为一种物质性的存在,其发展的决定力量是物质资料的生产方式,它影响和规定了人类历史的一切方面,包括政治和文化。生产方式特别决定着各个社会内部的社会关系和阶级关系的性质。生产方式的转型推动了历史前进。但是,马克思的模式有三点值得注意:首先,马克思的模式给沿着"错误"方向的社会变革留有一席之地。例如,与英国和荷兰共和国资产阶级的兴起同时出现的西班牙和意大利所谓的"重新封建化",还有中欧和东欧农奴制的兴起。其次,马克思的模式给社会变革的外源性解释也留有一席之地。例如在论述英国人对印度的统治时,他提出,征服者的功能是破坏传统社会结构,从而为变革创造条件,这样,马克思的模式就对现代化进程作了全球性的解释,强调一个社会的变革与其他社会变革之间的联系。再次,马克思的模式关注社会变革的机制,这特别体现在封建社会向资本主义社会过渡的问题上②。

马克思在谈到不同经济、社会结构、文化和历史的不同地理区域时,在一些地方说农民能够成为革命力量,在另外一些地方又说它们不能;在这里似乎是说欧洲以外的国家在发展过程中必须欧洲化,在那里似乎又暗示说它们可以采取单独的发展道路;有时他的客观法则似乎把资本主义规定为一个"预先决定好了的阶段",另外一些时候他又明

---

① 参见乔伊斯·阿普尔比等:《历史的真相》,中央编译出版社1999年版,第56页。
② 参见彼得·伯克:《历史学与社会理论》,上海人民出版社2001年版,第179—180页。

白地说资本主义并不是在任何情况下都是不可避免的。这并不意味着马克思在决定论和意志论之间摇摆不定,而是表明,他特别强调实际考察社会的经济基础、社会关系、上层建筑,以及它们之间的关系。不存在离开具体分析的永恒法则——这是马克思对德意志意识形态所作批评的核心。显然,沃勒斯坦对马克思的历史变迁理论存在诸多误解。马克思明确指出,资本主义生产方式是一个"特殊类型",具有具体的历史特点,同其他生产方式一样,它的历史前提条件是一定的社会生产力水平及其发展的具体形式。这一前提条件本身又是在它之前的非常具体的历史进程的结果。马克思常把现代社会同资本主义生产方式视作两个不同的术语,他尽管看到从资本主义内部可能发展出一种更高的社会形式,还是避免断言资本主义是走向更高形式的唯一途径。事实上,马克思把客观法则视作资本主义生产方式的发展规律,而非历史发展的法则。

马克思认为,资本主义之所以在西欧发展起来,原因在于存在着一个被政治上固定的财产与劳动之间的关系,即封建主义,它调节着所有剩余产品的分配,从而使积累成为可能。而且这一独特的西欧社会组织形式是以独特的、往往似乎是偶然的方式发展起来的,王室与封建主之间的争吵加速了封建维护者的瓦解,封建财产和克兰财产被转化为大规模的私有地产。而且,即使真正的资本主义生长过程开始之后,它仍然不是完全预定了的,而是随许多历史、地理因素而定。例如,在意大利北部,早期的资本主义发展比欧洲其他部分更早地解放了农奴,剥夺了他们的财产,使他们大规模涌向了城市,但15世纪末世界市场和贸易路线出现戏剧性变化的时候,正在涌现的无产阶级回到了农村,回到了先前的小块土地和租佃形式。

在西欧的某些部分,资本主义的发展完全不是直线的或预先确定了的。同样,在马克思的著作中,可以看到非欧洲国家的命运也不是事先决定了的。在印度,当时英国人正在执行马克思认为是野蛮的"欧洲化"进程,马克思预见到,这个国家可能被完全拉入资本主义体制。为了使得资本主义在印度得到发展,传统的印度社会必须根本改造。终马克思的一生,英国一直在进行这种改造,把在英国历时三百年的改造

"加速"和"压缩"为几十年。作为这一"欧洲化"的前提,传统的小村庄"生产关系"被改造了。英国人通过操纵市场和制订不利于印度人的贸易条例,破坏了当地印度人的纺织工业,将一个自给自足的生产纺织品的社会变为一个生产棉花的民族,一个依赖于他人的、消费纺织品的市场。马克思在分析这一历史过程时根本没有暗示它是不可避免的,也没有暗示这是一个有益的或"不幸但却必要的"过程。

实际上,在某种历史的社会物质条件下,并不存在所谓"不可避免的"资本主义阶段。马克思对俄国社会的研究使他相信,如果说土地公有制是俄国"农村公社"的集体占有制的基础,那么,它的历史环境,即它和资本主义生产的同时存在,则为它提供了大规模地进行共同劳动的现成的物质条件。因此,它能够不通过资本主义制度的卡夫丁峡谷,而占有资本主义制度所创造的一切积极的成果;而要挽救俄国公社,就必须有一场特定性质的政治革命。在《给〈祖国纪事〉杂志编辑部的信》中,马克思明确指出,《资本论》关于原始积累的那一章只不过想描述西欧的资本主义经济制度从封建主义经济制度内部产生出来的途径。他拒绝把他关于西欧资本主义起源的历史概述彻底变成一般发展道路的历史哲学理论,根本否认这种观点:一切民族,不管它们所处的历史环境如何,都注定要走这条道路,以便最后都达到在保证社会劳动生产力高度发展的同时又保证每个生产者个人最全面的发展这样一种经济形态。

综上所述,马克思关于社会历史发展中生产方式变革的"元叙述"并不必然包含决定论的目的。在马克思看来,历史并非一个独立于人的能动性而行进的被决定了的过程,而是诸多不同力量相互冲突的结果,是个体以及不同力量的组合创造着历史。"马克思特别嘲笑这样一种观念,即认为存在着某种称为大写的历史的东西,它具有完全独立于人类的运动的目的和规律。"[①] 马克思的方法是灵活的,视各种特定社会独特的物质条件而异,这种方法要求把历史形成的物质和经济条件放在它们同上层建筑各方面之间紧密的结构性关系中去考察。因此,

---

① 伊格尔顿:《后现代主义的幻象》,商务印书馆2000年版,第45页。

极为相似的事件发生在不同的历史环境中就引起了完全不同的结果。如果把这些演变中的每一个部分都分别加以研究,然后再把它们加以比较,人们就会很容易地找到理解这种现象的钥匙;使用一般历史哲学理论(它的最大长处就在于它是超历史的)这一把万能钥匙,是永远达不到这种目的的。

明确了马克思的进步观不必求助于目的论,不必诉诸隐秘的必然性,这样的问题就是似是而非的了:历史唯物主义是否是另一种版本的救赎史?自历史唯物主义诞生以来,不断有人(其中不乏严肃的、认真的、深刻的思想家)提出,资产阶级和无产阶级两大敌对阵营的最终对抗,和对最后的历史时期中基督徒与反基督徒之间决战的信仰相对应;无产阶级的任务与特选子民的世界历史使命相似,绝非偶然。被压迫阶级的普世拯救功能与十字架和复活的宗教辩证法相对应,必然王国向自由王国的转化与旧时代向新时代的转化相对应。《共产党宣言》所描述的全部历史程序,反映了犹太教—基督教解释历史的普遍图式,即历史是朝着一个有意义的终极目标的、由天意规定的救赎历史。在这个意义上,卡尔·洛维特明确提出:"历史唯物主义是国民经济学语言的救赎史。"① 在犹太教的弥赛亚主义和先知主义中寻找《共产党宣言》的根源之可能性,揭示了唯物主义观点自身的一个基本困难,即它难以解释希腊艺术为什么至今仍是我们的艺术享受的源泉;马克思看到了这一困难,但却没能解决它。其实,马克思在《德意志意识形态》中批评说:"事情被思辨地扭曲成这样:好像后期历史是前期历史的目的……其实,前期历史的'使命'、'目的'、'萌芽'、'观念'等词所表示的东西,终究不过是从后期历史中得出的抽象,不过是从前期历史对后期历史发生的积极影响中得出的抽象。""共产主义对我们来说不是应当确立的状况,不是现实应当与之相适应的理想。我们所称为共产主义的是那种消灭现存状况的现实的运动。这个运动的条件是由现有的前提产生的。"②

---

① 卡尔·洛维特:《世界历史与救赎历史》,三联书店 2002 年版,第 53 页。
② 《马克思恩格斯选集》第 1 卷,人民出版社 1995 年版,第 88、87 页。

## 四、终结的可能和不可能

1989年夏天,美国保守主义杂志《国家利益》发表了弗朗西斯·福山《历史的终结?》一文,认为西方国家实行的自由民主制度也许是"人类意识形态发展的终点"和"人类最后一种统治形式",苏联模式的社会主义努力崩溃了,社会主义观念失败了,而且,更重要的是,历史本身终结了。此论一出,在东西方学术界掀起了轩然大波,很快形成了一股弥漫全球的"终结热"。1992年,福山把前文进一步整理和扩展为《历史的终结和最后的人》。

提及终结这一议题,国内学者很自然会想到美国学者贝尔的《意识形态的终结——五十年代政治观念衰微之考察》。该书1960年出版,此后于1961、1988、2000年三次重印。该书的核心主张是,发端于19世纪人道主义思想传统的普适性意识形态已经走向衰落,新的地区性意识形态正在兴起。在资本主义和社会主义之间存在的"左"、"右"论战已经丧失了意义。贝尔认为,两大社会正在面临着相似或相同的基本问题,因此,两者不仅有对抗的一面,也有可以相互借鉴的方面。这样,在两大阵营全面对垒的情况下,贝尔探讨了在意识形态领域首先结束"冷战"状态的可能性,提出建立一个常规的市民社会比建立一个反常的无产阶级专政的国家更加符合20世纪后半期的世界状况。

贝尔《意识形态的终结》是二战后发生在欧洲知识分子中间的关于苏联和斯大林主义的论战的一部分。第一个使用"意识形态的终结"一语的是加缪,他在1946年就提出,作为一种骗人的把戏,意识形态已经走向了自我毁灭。雷蒙·阿隆在1954年为阿多诺主编的《社会学》撰写了《意识形态的终结》一文,西方知识界一场旷日持久的讨论由此开始。关于意识形态的分析与关于知识分子的讨论内在相关。如果说牧师所应对的是宗教,知识分子应对的就是意识形态。意识形态终结论引发了这样一些问题的激烈争鸣:什么是现代社会变革的前景,激进运动在美国何以失败;知识分子应当对其国家和问题担负起什么责任;知识分子应当对现存的社会关系采取什么样的姿态?

的确,福山"历史终结论"的前提是"意识形态的终结"。"当意识形态终结时,历史就终结了;当现代性终结时,人道主义和马克思主义也就终结了;当我们当下关于人的概念终结时,人道主义同样终结了。"[①] 悖谬的是,贝尔《意识形态的终结》和阿隆《知识分子的鸦片》当年一出版就遭到来自左翼思想家们的严厉批评,而福山的作品在20世纪90年代问世后,左翼似乎很难提出强有力的批评。换言之,左翼似乎很难继续坚持左与右的对峙观念,超越左与右似乎已经成为重构激进政治的基础[②]。

如果仅仅是"意识形态终结"的老调重弹,福山的作品也就只不过是意识形态的宣扬罢了。主张意识形态的终结本身就是一个悖论,它自身仍是一种意识形态,因为这实际上是在要求消灭与自己对立的意识形态,在福山这里,就是要求消灭与自由民主制度相对立的意识形态。福山作品的影响力,主要在于它表现出复兴"思辨的历史哲学"的努力。众所周知,康德的《来自一个世界主义者的世界普遍史观念》,为后来编写一部世界普遍史的努力奠定了基础框架。在黑格尔的思想体系中,康德编写一部世界普遍史的主张获得具体表现。在20世纪末,再来谈论一个连续的、朝着更多人有更多的自由民主制度这一方向不断发展的人类历史,对我们来说是否还有必要?福山的答案是:绝对必要!其理由有二:一个涉及经济学,另一个涉及"获得认可的斗争"。福山重提康德的老问题,实际上是出于这样一个现实的关怀:20世纪90年代以来的历史变迁是必然的、不再反复的吗?对此,他是从两个方面来思考的:第一,历史有方向性吗?第二,是否有理由认为世界历史将会朝着自由民主的方向发展呢?

福山提出,自然科学使历史发展既有方向性也有普遍性,它所使用

---

[①] 斯图亚特·西姆:《德里达与历史的终结》,北京大学出版社2005年版,第36页。
[②] 吉登斯认为,在今天的社会条件下,已经不存在右派和左派的陈词滥调。左右之争无法解决当代西方社会的问题。左和右、激进与保守,由于其本身的片面性,都不可避免地走向自己的反面。吉登斯从哲学保守主义那里汲取了营养,同时保留了社会主义思想的核心价值观,提出了重构激进政治的基本框架。参见吉登斯:《超越左与右——激进政治的未来》,社会科学文献出版社2000年版。

的第一种手段是军备竞赛,第二种方法是经济发展。福山选择现代自然科学作为有方向性的历史发展的内在"历史发展机制",因为它是唯一的大家都认为可以积累的大规模社会活动。那么,人类有无可能作为一个整体通过拒绝和摒弃科学方法来逆转历史的方向呢?福山把这个问题拆解为两个部分:第一,现代社会能有意识地拒绝现代自然科学吗?第二,全球大灾难会导致自然科学非自愿地消失吗?经过论证,福山得出这样的结论:现代自然科学的逐步发展带来了一种具有方向性的历史和某种跨民族和文化的统一的社会变革,而且,现代自然科学对人类生活的支配在任何可疑的情况下,甚至在任何最极端的情况下都是不可逆转的。福山的回答,显然过于简单了,没有考虑科学、技术和社会的复杂关系,没有注意法兰克福学派对技术合理性问题的思考。

这样,对第一个问题的思考,福山还是回到了线性史观。德里达对福山的批评,在我们看来,主要也就是对于线性史观的批评。线性史观把悲剧事件作为偶然简单地打发掉了,而德里达更关心所有偶然的、不幸的事件。德里达批评福山的另一个原因,是福山的想象力过于匮乏。福山难以想象出一个从根本上比现在这个世界更好的世界,或一种不以民主主义和资本主义为基础的未来。他过于轻巧地说:"如果我们现在还无法想象出一个完全不同于我们自己这个现实世界的世界,或者未来世界没有以一种明显的方式来体现对当今秩序的彻底改善,我们就应当承认历史本身已经走到了尽头。"①

福山所谓的历史,是大写的历史,亦即被理解为单一的、连贯的、朝向革命的历史。福山宣称,如此理解的历史与德国伟大的哲学家黑格尔关系最密切。他甚至搬出马克思,认为马克思从黑格尔那里借来这种"历史"概念,把它转化为我们的日常性的一般常识。按照福山的理解,黑格尔和马克思都相信,人类社会的发展是有终点的,届时,根本的制度和原则已无法进一步发展,因为所有真正重大的问题已经得到解决。黑格尔和马克思的关键差别在于,真正重大的政治问题的答案是什么?历史终结后,会出现一个什么样的社会?按照福山的理解,黑格

---

① 福山:《历史的终结及最后之人》,中国社会科学出版社2003年版,第58页。

尔将"终结"定位于自由的国家状态,马克思则把它确定为共产主义社会。福山把自己的思考看做是对于黑格尔和马克思的一个继续,当然,在黑格尔和马克思之间,他更多地器重前者,把自由国家看作历史的终结。这实在是极具反讽的意味。在20世纪50年代,波普在《开放社会及其敌人》中,谴责黑格尔是极权主义思想之父,而到了90年代,福山则宣称黑格尔是自由民主制度和资本主义胜利的先知。无疑,福山在确立自己的哲学立场时不能不求助于黑格尔的人类"普遍史"和"历史终结论",求助于他所谓的黑格尔对历史的非唯物主义的阐释——谋求承认的政治。

历史的终结取决于以下条件:自由和平等的原则现在已经或很快会被普遍接受;自由主义民主体现着自由和平等的原则;自由和平等的原则以及体现着它们的自由主义民主,将来永远不会被超越。[①] 的确,当代的思想家没有谁会放弃自由和平等的原则,但是,对于它们的含义,却存在着严重的分歧。例如,柏林指出,在西方思想传统中,存在着相互冲突的不同的自由观,自由和平等的理想也是有冲突的。罗尔斯认为,自由和平等意味着一个广泛的福利国家,诺齐克则把福利国家视作一种奴役形式。与其他那些认为自由主义和民主制度之间存在某种张力的思想者不同,福山把自由民主制度的两个组成部分看做是紧密结合在一起的。同样,自由民主与资本主义也有密切的、明显的联系。这种联系并非如新自由主义者所说的是一种经济的联系。福山说,我们必须返回到黑格尔,自由民主制度的普遍推进与把历史理解为"为承认而斗争"有密切的关系。

依据德里达的解构,"在福山的逻辑中,与其说是雄辩的还不如说是有创见的是:虽然福山经常(也同样支离破碎地)断言:尽管存在着'后退'倾向,但'从长远来看',这一'走向自由主义的当前趋势'保证会取得胜利,这个理想不是作为无限的起规范作用的理想和一个通过无限的努力可无限接近的终点而提出来的,福山把这个理想看作是一个事件。因为事件本该是已经发生了,因为该理想本应以理想的形式出

---

[①] 参见莱斯诺夫:《二十世纪的政治哲学家》,商务印书馆2002年版,第363页。

现,所以,这一事件本来应该标志着一个有限历史的终结。这一理想同时既是无限的又是有限的:无限,因为它与任何被规定的经验现实不同,或者说它是一种'长期'的趋势;有限,因为它已经作为理想发生了。因此历史终结了。"① 显然,福山所推崇的这种以超历史的标准为基础的自由民主的理念实际上只是一种承诺,它只是命令永远不会存在的事物以完全在场的形式来临。既然关于民主的理念只是一种无限的承诺,那它就不具有有效性和实际性。它留给人们的只能是遥遥无期的期待。人们如果真的把这种理念作为指路明灯,那必然是"把我们当作瞎子来为我们指引方向"。德里达批评说,按照这种逻辑,经济决定论的唯物主义或现代物理学的唯物主义应当让位于这种关于"福音"的唯灵论语言②。

德里达批评说,福山选择了黑格尔,不仅是选择了基督教传统,而且也是选择了本质主义的传统,而不管本质主义与最重要的基督教精神是否相互一致。在长期形成的逻辑传统中,本质主义和目的论总是相互依存的。福山抛弃了"当代世界带给我们的"、被他镇定自若地当做是"经验的明证"的东西,要求"必须直接地、明确地建立本质的超历史标准,并用它来衡量任何政治制度和社会体制的好坏"。万物的尺度具有一个名称:超历史的本质的标准,由此,福山终于提出万物的尺度是"人之为人"这个超历史的概念,转而讨论人性。他显然没有注意马克思在《德意志意识形态》中分析了这样的人的概念的幽灵般的抽象性,没有注意尼采、弗洛伊德、海德格尔等对于这个问题的思考,甚至都没有注意黑格尔对人的历史性的思考。

至关重要的是,福山显然是误解了或者说曲解了马克思的历史理论。普遍史、进步和历史终结,是马克思历史理论中的三个关键词。马克思谈论过科学的进步、生产力的进步和生产方式的进步,但从未把这些进步等同于道德的进步,甚至也没有谈论理性的进步。那么,马克思是经济决定论者吗?马克思是历史终结论者吗?马克思信奉目的论

---

① 德里达:《马克思的幽灵》,中国人民大学出版社 1999 年版,第 47—48 页。
② 同上书,第 88 页。

吗？目的论者相信实证历史和历史的终结，并以历史的终结为名来说服人们为未来而牺牲自己的现在。就此而言，马克思显然不是历史目的论者，他特别嘲笑这样的观念，即认为存在着某种称为大写的历史的东西，它具有完全独立于人类的运动的目的和规律。马克思是否提出过"历史的终结"的论断呢？的确，在《共产党宣言》中，马克思、恩格斯就认为，将来社会改造的最终结果是每个人和所有人以及整个社会的自由发展。社会的自由发展是否就意味着"历史的终结"呢？

马克思在《〈政治经济学批判〉序言》中写道："大体说来，亚细亚的、古代的、封建的和现代资产阶级的生产方式可以看作是经济的社会形态演进的几个时代。资产阶级的生产关系是社会生产过程的最后一个对抗形式，这里所说的对抗，不是指个人的对抗，而是指从个人的社会生活条件中生长出来的对抗；但是，在资产阶级社会的胎胞里发展的生产力，同时又创造着解决这种对抗的物质条件。因此，人类社会的史前时期就以这种社会形态而告终。"① 可以看出，马克思并没有把共产主义解释为社会发展的终结阶段，恰恰相反，他把共产主义社会视作是人类社会新的伟大时代的开端，从未说过在共产主义社会矛盾的发展将会停止。

黑格尔综合法国革命、美国革命的精神原则宣布了一个"历史的终结"。在马克思看来，通过政治解放而确立的"所谓人权无非是市民社会的成员的权利，即脱离了人的本质和共同体的利己主义的人的权利"。具体地说：自由"是作为独立的、封闭在自身的单子里的那种人的自由"，"自由这一人权的实际应用就是私有财产这一人权"；"平等无非是上述自由的平等，即每个人都同样被看做孤独的单子"，安全是"利己主义的保障"。可见，"任何一种所谓人权都没有超出利己主义的人，没有超出作为市民社会的成员的人，即作为封闭于自身、私人利益、私人任性、同时脱离社会整体的个人的人。"② 这是马克思考察法国1791年宪法、1793年宪法、1795年宪法，以及美国《宾夕法尼亚宪法》和《新罕

---

① 《马克思恩格斯选集》第2卷，人民出版社1995年版，第33页。
② 《马克思恩格斯全集》第1卷，人民出版社1956年版，第437—439页。

普什尔宪法》所作出的论说,而这些宪法成果却是资产阶级所提供的政治解放的重要成果。按照马克思的观点,以人权、自由、平等为旗帜的政治解放,乃是市民社会从政治中的解放;政治解放当然是人类政治文明的一次历史进步,但"政治解放本身还不是人类解放";"只有当现实的个人同时也是抽象的公民,并且作为个人,在自己的经验生活、自己的个人劳动、自己的个人关系中间,成为类存在物的时候,只有当人认识到自己的'原有力量'并把这种力量组织成为社会力量因而不再把社会力量当作政治力量跟自己分开的时候,只有到了那个时候,人类解放才能完成。"①

恩格斯曾经指出:"历史同认识一样,永远不会在人类的一种完美的理想状态中最终结束;完美的社会、完美的'国家'是只有在幻想中才能存在的东西;相反,一切依次更替的历史状态都只是人类社会由低级到高级的无穷发展过程中的暂时阶段。"② "我们没有最终目标。我们是不断发展论者,我们不打算把什么最终规律强加给人类。"③ 恩格斯乐观地写到未来遥远的历史前景:"也许经过多少亿年,多少万代生了又死"④。不应把马克思、恩格斯的看法与黑格尔的观点混为一谈。《马克思恩格斯全集》历史考证版国际编辑委员会主席格·巴加图利亚提出,让我们设想一下,按照马克思主义创始人的观点,"共产主义之后"将是怎样的状况?对这个问题的回答只有一个:社会无限地继续发展,它的时代将不再按照所有制形式,而是按照另一些标准来加以区分⑤。

苏联解体、东欧剧变后,哈贝马斯写道:"从自由主义的观点来看,对社会主义具有价值的每一种东西都已经在社会民主时代得到实践。""官僚社会主义的革命性溃崩似乎表明现代性正在开拓边界——西方

---

① 《马克思恩格斯全集》第1卷,人民出版社1956年版,第435、443页。
② 《马克思恩格斯选集》第4卷,人民出版社1995年版,第216—217页。
③ 《马克思恩格斯全集》第22卷,人民出版社1965年版,第628页。
④ 《马克思恩格斯选集》第4卷,人民出版社1995年版,第275页。
⑤ 参见李兴耕:《马克思的遗产与当代经济学——俄罗斯学者的争论材料之二》,载《国外理论动态》,2005年第12期。

精神不仅作为一种技术文明,而且作为一种民主传统正在夺取东方。"① 福山写作该书的目的,就是借用苏联和东欧社会主义模式的失败来论证"自由与民主的理念已无可匹敌,历史的演进进程已走向完成",并由此来论证马克思主义的失败。的确,苏联和东欧社会主义模式不成功,这是事实,但这是否意味着自由民主以及与之相伴随的资本主义经济体系已经获得全面胜利?这仍然是有疑问的。

不过,简单地说福山是一个反马克思主义者没有太大的意义。德里达批评也不完全是,甚至主要不是为了捍卫马克思主义。借用德里达的语汇,我们认为,在德里达对马克思的维护和对福山的批评之间,存在一系列的缝隙。德里达是从解构的立场出发批评福山的。他不说"历史的终结",而是说"历史的延异"。历史没有终结,一切历史都是延异中的历史。"某一关于历史的被规定了的概念终结了,但真正的历史的历史性开始了;人的、某一被规定了的人的概念完成了,但另一种人的、作为他人的人的纯粹人性最终获得了。"② 在这个意义上,福山的历史依然是某个主体、某个实体的历史,它从本质上来说是单数的,在其开端处没有裂缝、异质和他者。即使曾经出现过裂缝、异质和他者,也已经被克服了。在福山的"终结论"中,我们看不到20世纪以来历史学对科学的客观性的不断疏离。关于科学,关于客观性,福山的认识不比19世纪的思想家高明多少。所不同的仅仅在于,他有幸目睹20世纪的历史变迁,并把这一变迁融入19世纪的思想框架之中。德里达所愤怒的,除了福山的平庸,就是福山依然是按照支配性因素与被支配性因素的对立结构来撰写历史,这样的著述隐含着目的论,排除了对立要素之外的东西,亦即非此非彼的东西。

在批评福山的同时,德里达也强调,马克思的"幽灵们"在历史的发展过程中也经历着"延异"或者"解构"。马克思的思想既没有起点也没有终点,它不仅不意味什么历史的终结,反倒是开启了把我们引向未来

---

① 哈贝马斯:《东欧剧变与〈共产党宣言〉》,载俞可平主编:《全球化时代的"马克思主义"》,中央编译出版社1998年版。
② 德里达:《马克思的幽灵》,中国人民大学出版社1999年版,第52页。

的论辩。德里达希望通过马克思以及围绕在他名字周围的幽灵们,抵御历史终结论的喧嚣。正是在这个意义上,德里达呼吁:"不能没有马克思,没有马克思,没有对马克思的记忆,没有马克思的遗产,也就没有将来:无论如何得有某个马克思,得有他的才华,至少得有他的某种精神。因为这将是我们的假设或更确切地说是我们的偏见:有诸多个马克思的精神,也必须有诸多个马克思的精神。"①

福山认为,黑格尔对历史发展机制的理解深度是马克思和所有当代社会科学家所无法比拟的。福山似乎很熟悉马克思对黑格尔的诠释,并认为在19世纪,黑格尔的最伟大的诠释者是马克思。福山的很多论述似乎也很符合我们熟悉的哲学原理。例如,"我们应当谨慎地把长期状况和过渡状况分开来研究";"尽管在世界范围内民主时起时伏,但它一直是朝着民主的方向螺旋式前进的"②。颇具反讽意味的是,福山论证所说的"社会发展机制",是用马克思主义观点来解释历史,但他得出了一个完全有悖于马克思主义的结论。其中的缘由在于,福山更认可的是科耶夫对黑格尔的诠释。

俄罗斯贵族家庭出身的亚历山大·弗拉基米洛维奇·科耶夫尼科夫,喜欢别人称呼他"科耶夫",1933年开始,在巴黎高师开设黑格尔的宗教哲学研讨课,致力于黑格尔哲学的诠释和复兴。科耶夫开设《精神现象学》研讨课,足足有六个年头,听众包括雷蒙·阿隆、梅洛-庞蒂、安德列·布勒东、乔治·巴塔耶和雅克·拉康等后来在法国思想界崭露头角的一批思想者。科耶夫试图以马克思和海德格尔相结合的方式来解释黑格尔。他继承了马克思关于人的存在是通过实践而形成的思想,把黑格尔的精神还原为人类历史,同时又拒绝把满足人的物质生活需要的实践活动看作人类第一个历史活动,而是强调人的欲望的首要性和特殊性。在这个过程中,科耶夫还把海德格尔关于人的存在的思想历史化,认为海德格尔关于人向死而生的条件是历史过程的结果。简言之,科耶夫把马克思的历史观与海德格尔的生存观结合起来用以解释

---

① 德里达:《马克思的幽灵》,中国人民大学出版社1999年版,第21页。
② 福山:《历史的终结及最后之人》,中国社会科学出版社2003年版,第42、53—54页。

黑格尔,坚持黑格尔和马克思式的历史意识必须辅之以海德格尔式的存在意识,反之亦然。

科耶夫相信,主奴关系是《精神现象学》乃至黑格尔所有著作中举足轻重的部分:过去历史的前进,是由于主人和奴隶之间的分离和斗争,奴隶们彼此之间没有任何尊重而言,也没有对个人工作和尊严的认识。随着法国大革命原则的传播,相互承认的理念得以确立,普遍的平等得以实现,由此,欲望获得彻底的满足,停止了斗争和劳动,历史结束了,因为没有什么可做的了。按照科耶夫的解释,主奴关系的辩证法"可以从对意识的分析引申到对历史的分析,因为它最终揭示的是历史的逻辑。"① 科耶夫的这个论断似乎具有马克思和海德格尔思想的意味,不过在科耶夫看来,黑格尔在通往绝对知识的道路上,已经包括并超越了马克思与海德格尔的立场。

福山《历史的终结》一书实际上就是通过科耶夫对黑格尔的诠释来展开分析的。就此而言,福山在理论上并无太多创新之处。他所做的工作,只不过是一方面用20世纪90年代之后的历史事件来引证科耶夫—黑格尔,另一方面又用科耶夫—黑格尔来阐释这些历史事件。科学是否一定会导致经济领域中的资本主义和政治领域中的自由民主制度呢?换言之,现代自然科学的"历史发展机制"能带来自由民主制度吗?福山对这个问题的思考,就是借鉴了科耶夫—黑格尔的观点。他通过经验的分析表明,现代自然科学和工业化进程的逻辑在政治中没有一个唯一的方向,这一点与经济范畴不同。自由民主与工业的成熟相匹配,但是,在工业化和自由民主之间似乎没有必然的联系。按照科耶夫所理解的黑格尔,世界史或世界的历史进步,不应被视为受着经济力量的推动,也不是采取物质财富永远增长的形式;人类历史的基本动力不是现代自然科学,也不是促进现代自然科学发展的欲望的不断膨胀,而是一种完全非经济的动力,即为获得其同类的承认而从事的斗争,其特点便是这种承认得到越来越大的普及。

根据福山所理解的科耶夫,自由主义民主是历史上受奴役的群众

---

① 马克·里拉:《当知识分子遇到政治》,新星出版社2005年版,第116页。

为了让他们的前主人承认其平等地位而从事的数百年斗争的顶峰。它是普遍的相互尊重的实现,即使在现实中尚不完美,观念上已是如此。在这个意义上,可以说历史终结了。需要指出的是,科耶夫对黑格尔的理解仍然是有待考察的。因为只注意到《精神现象学》,科耶夫就仅仅是从独立于自然的角度探讨历史时间,把它视作谋求承认的斗争的产物。在科耶夫看来,事实上黑格尔最终把宇宙时间与历史时间等同了起来,这是他的"根本错误"①。其实,时间是黑格尔《自然哲学》中的范畴。问题还在于,科耶夫没有注意到,福山也没有注意到,马克思对于谋求承认的斗争,也有一系列的思考②。特别是在"巴黎手稿"等早期著作中,马克思讨论了为承认而斗争的观念,把生产活动理解为主体间的承认过程,并且提出,如果资本主义社会组织摧毁了以劳动为中介的承认关系,那么,随之而来的历史冲突就必须被理解成"为承认而斗争"。

起初,福山显然是接受了科耶夫的基本思想,正是科耶夫为他提供了主要的理论基础。他大多数时候赞同科耶夫,并给后者一个自由民主的虚饰。在这个思想框架中,自由民主国家据说是提供了一个令人完全满意的认同。也就是说,它认识到所有人普遍地"授权并维护其权利"。由于国家和人民相互承认,认同成为互惠性的了。有时,福山甚至跃过了科耶夫,提出了类似的主张:自由民主国家使我们具有自己的自我价值意识,我们灵魂中欲望和精神这两个部分因而都感到满足。然而,一个不同的、意味深长的注脚很快侵入了,随着讨论的深入,这种侵入更为明显。这就是科耶夫的主要的批评者施特劳斯。施特劳斯与科耶夫1920年代曾在柏林会面,当时他们两人都在从事宗教研究。1930年代初他们在巴黎重逢。在施特劳斯逃亡英国,后来又来到美国之后,他们开始定期通信。

科耶夫和施特劳斯在哲学上彼此景仰。施特劳斯赞许说,科耶夫的《黑格尔著作导读》是继海德格尔《存在与时间》之后现代性思潮中最

---

① 奥斯本:《时间的政治——现代性与先锋》,商务印书馆2004年版,第72页。
② 参见霍奈特:《为承认而斗争》,上海人民出版社2005年版,第152—157页。

具才情的一例,施特劳斯则谦虚地说,如果没有遇到施特劳斯,他将永远无法领悟柏拉图哲学的真谛;对柏拉图不了解,也就是对哲学一无所知[①]。他们都相信,西方世界的哲学已经终结,需要从根本上重新构架,但是他们各自的构架相去甚远。科耶夫认为,随着哲学的历史的结束,我们肩负的职责是,在政治上运用黑格尔的智慧管理事物,施特劳斯则试图回到古典政治哲学那里,寻求摆脱现代性偏见的力量。借助于通信,他们的争论持续了30多年。现在可以在《论专制》的第2版中看到这些通信。

在福山的著作中,施特劳斯的名字只是在大量的脚注中出现,没有像科耶夫那样被广为宣扬。然而,施特劳斯的影响不是可有可无的。在某种程度上,我们可以说,福山的书正是科耶夫和施特劳斯辩论的一个记录,在辩论的最后,是施特劳斯而非科耶夫占了上风。福山最初文章中的乐观主义转换为后来书中的游移不定,相当程度上就是由于施特劳斯的影响。施特劳斯在1968年为布鲁姆编选的文集《古今自由主义》所写的前言中,清楚地表达了对科耶夫"普世均质国家"这种现代性理念的反驳。而在1959年《再论色诺芬的〈僭主〉》中,施特劳斯指名道姓地批判科耶夫基于"承认的政治"的"普世均质国家"的政治哲学。

对福山来说,20世纪的悲观主义与上一个世纪的乐观主义形成了强烈的反差,这种悲观主义只是到了90年代之后才停息。而对我们中国人来说,20世纪的乐观主义与上一个世纪的悲观主义形成了强烈的反差,只是到了90年代之后,这种乐观主义才突然幻灭。诚如福山所说,20世纪对历史进步性的悲观来自两个相互独立但平行的危机:一个是20世纪的政治危机;一个是西方理性主义的思想危机。福山列举了社会主义的种种失误和罪恶,似乎这些都是铁的事实。其实,早在1980年,沃勒斯坦从其世界体系理论出发,强调指出,世界社会主义运动和一切形式的反体系运动,以及所有革命的和社会主义的国家,其本身都是历史资本主义的产物。它们的错误,它们的局限性,以及它们的消极后果,都是历史资本主义均势的一部分。对反体系运动及其参与

---

① 参见马克·里拉:《当知识分子遇到政治》,新星出版社2005年版,第127页。

建立的政权,都不能按照它们是否创造了一个"美好社会"来进行评价。有意义的评价只能是:在保证使资本主义向一个平等的社会主义世界秩序过渡的世界范围的斗争中,它们做出了多少贡献。当然,福山不会同意这样的观点。

在福山之前,韦伯已经看到民主是一件令人沮丧的事情,而资产阶级社会则是非英雄的和平庸的。在某种程度上,福山接受自由民主制度,实出于无奈。民主在今天普遍流行,只是因为它是人们所能提出的最好的政治制度。福山描绘了一幅相当阴暗的图景:"历史的终结将是一个非常令人难过的时刻。谋求承认的努力,冒生命危险追求一个纯粹抽象的目标的意愿,以及唤起勇敢、勇气、想象力和理想主义的世界范围内的意识形态斗争,都将被经济计算、技术问题的无休止解决、对环境的关注和复杂的消费者需求的满足所代替。在后历史时期,将既没有艺术也没有哲学,这些都被永久保存在人类精神的博物馆中了。"[①]福山承认,最后之人的生活是身体上安全,物质上丰裕,但是,可能存在这样的危险:从一个层面上讲,我们是幸福的;但是,在另一个层面上,我们又对自己甚不满意,因此时时要把世界重新拉回到充斥战争、不义和革命的历史之中[②]。

从罗尔斯的《万民法》、福山的《历史的终结》到哈贝马斯的《后民族结构》,以及号称激进左派杰作的《帝国》等书,西方的自由派和左派始终没有摆脱欧洲中心论的历史观。相比之下,西方保守派思想家往往更愿意体会不同文明之间的差异。亨廷顿的《文明的冲突与世界秩序之再造》正是从西方保守派的视野出发,认为现代化过程会最终导致整个世界经济体系的趋同,即所谓"匀质化过程",但文化上则很难做到。他把整个世界分割成很多大的文化群落,认为文化和现代化是相互独立的,一个国家可以发展成为科学技术非常现代化的社会,但根本的文

---

① F. Fukayama,"The End of History?"The National Interest,Summer 1989.p.18.有趣的是,福山2006年4月24日在复旦大学的演讲中说,他文章的标题后面有一个问号,是表示并没有断言"历史的终结",而是对政治发展是否会朝向自由民主体制感到疑虑。演讲纪要参见 http://www.3jindt.com/

② 参见福山:《历史的终结及最后之人》,中国社会科学出版社2003年版,第370页。

化底蕴不会发生大的变化,进而导致不同社会形成不同的政治制度,这些政治体系必然发生冲突。福山同意亨廷顿关于历史发展是一个终极融合过程的观点,今天现代化的政治和经济体制首先发生在以基督教为基础的西方,但不同意亨廷顿关于不同文化导致不同政治制度的结论,认为现代化不仅会带来普遍的经济活动,还会导致相仿的政治制度。亨廷顿提出"文明冲突论",福山则断言历史的结束和所有根本性冲突和意识形态的残余都将终结,齐泽克认为,要想理解他们的真实观点,就要把他们放在一起阅读[1]。也就是说,文明的冲突确实是历史终结后的政治表现,真正的意识形态和政治斗争消失以后,可能会采用一种神秘化的方式,以种族或宗教的文明冲突的面目出现。20 世纪 90 年代以来的历史表明,至少还有一种非西方意识形态看上去很有生命力,这就是伊斯兰教,无论它是主流的、激进的还是原教旨主义的。

在 20 世纪 90 年代苏联解体、东欧剧变,世人对历史进程深感困惑和震惊之时,福山提供了一种宏大的叙事,一种现代性的政治哲学和历史哲学。顺带可以提及,罗蒂有着类似的观点。在罗蒂看来,"现代自由主义社会已经包含它自我改良的制度","西方社会和政治思想也许已经完成了它所需要的最后一次概念上的革命"[2]。值得深思的是,一些激进的理论家,如鲍德里亚和利奥塔,竟然也加入了"终结"的讨论之中。在鲍德里亚看来,在历史终结的时候,与历史有关的东西,作为时间的一种现实或真实的运动可能会消失,但作为仿真中的一个所指将大量繁衍。正是对历史的仿真确证了历史消失的不可逆转性和真正回归的不可实现性[3]。鲍德里亚感慨历史消失在对它的无尽的复制中,利奥塔在《非人》中则描绘了鲍德里亚那种无异化、后历史状态的黑暗面:"一台计算机是否可以说就是此地和此时呢?通过计算机是否能有某种东西在呢?它会遇到什么事儿吗?"[4]

---

[1] 齐泽克、戴里:《与齐泽克对话》,江苏人民出版社 2005 年版,第 167 页。
[2] 罗蒂:《偶然、反讽与团结》,商务印书馆 2003 年版,第 92 页。
[3] 参见博拉德:《鲍德里亚、时间与终结》,载凯尔纳编:《鲍德里亚:批判性的读本》,江苏人民出版社 2005 年版。
[4] 利奥塔:《非人——时间漫谈》,商务印书馆 2000 年版,第 131 页。

无论对福山的观点提出这样或那样的批评,我们都不能不承认《历史的终结》一书有着特别的意义。正如伊格尔顿所说:"福山的作品引起了大量的争论,这并不奇怪。撇开新闻媒体对他的第一篇作品言过其实的推崇不谈,他的思想以明白易懂的形式凝聚了20世纪末的激情与忧虑。"[1] 福山的解释中值得我们注意的,是对于"精神"的重视。这可能是对目前唯物史观话语的最大冲击。但无论如何,所谓历史的终结,只不过是某种特定的历史概念的终结;所谓马克思主义的终结,只不过是对待马克思的某种态度的终结。历史不会终结,马克思主义也没有终结。

## 五、后殖民的思索与迷惑

谈到后殖民主义,我们立即想到萨义德的《东方学》和《文化与帝国主义》,这两部著作似乎已成为后殖民主义的代名词。事实上,后殖民主义的历史涉及到地理、思想和文化背景不同的很多人,例如大部分时间住在伦敦的特立里达人詹姆斯,最初来自马提尼克岛但又是阿尔及利亚革命积极参加者的法农,非洲的批评家阿契比,等等[2]。更不应该遗忘马克思主义对于帝国主义的政治经济学批评。如果说萨义德的《东方学》和《文化与帝国主义》一书在后殖民主义史上具有里程碑的意义,那主要是因为,它典型地表征了反殖民主义到后殖民主义的思想历程,同时也提示,文学和文化批评之类的话语批评只有和政治经济学批评联系起来,才能更好地把握殖民主义历史及其话语形式。

### 1. 从《东方学》到《文化和帝国主义》

在《东方学》一书中,萨义德探讨的不是东方的现实,而是欧洲对东方及其当代命运的表述,具体地说,就是东方学以及20世纪中期以来的"东方研究"或者说"区域研究"。萨义德的这种探讨,显然是受到福

---

[1] 伊格尔顿:《意识形态》,吉林人民出版社2005年版,第116页。
[2] 参见巴特·穆尔—吉尔伯特等:《后殖民批评》,北京大学出版社2001年版。

柯的影响。福柯的早期作品一直在实践他所谓的知识考古学,后来则转向权力谱系学。考古学强调一个特定的历史"时刻"(当然,这个时刻也可以是比较长的时段),谱系学则关注历史过程,这两种方法都把关注的焦点放在话语上。福柯认为,人们必须借助语言建构自己的身份,但语言永远不会有固定的意义;语词的意义并不与外在的世界一一对应,话语不可避免虚构的成分,而虚构可以产生或制造现实。福柯这些思想构成了萨义德《东方学》一书的基本前提。萨义德坦言:"福柯在其《知识考古学》和《规约与惩罚》中所描述的话语观念对我们确认东方学的身份很有用。"① 《东方学》的出发点乃这样一种假定:"东方"一词是欧洲人发明出来的;像"西方"一样,"东方"这一观念有着自身的历史以及思维、意象和词汇传统,正是这一历史与传统使其能够与"西方"相对峙而存在,并且为"西方"而存在。

福柯之前的思想家们关心权力的本质及其由来,福柯则把思考的重心放在权力的运作方式及影响上。在福柯看来,权力是一个战略领域,一个产生不平等关系的场所,而且,他反对从消极方面来描述权力的影响,如把权力说成是"排斥"、"压制"、"审查"、"分离"、"掩饰"和"隐瞒"。权力具有生产功能,它生产现实,生产对象的领域和真理的仪式②。借助于福柯,萨义德认识到如果不研究思想、文化和历史的影响力,更确切地说研究其权力的配置,也就不能认真地研究思想、文化和历史本身。福柯研究了人口学、精神病学、犯罪学等领域中的知识—权力关系,萨义德则研究了东方学是如何为了西方的权力、利益而构造了一种关于"东方"的话语。萨义德将东方学界定为一种通过做出与东方有关的陈述,对有关东方的观点进行权威裁断,对东方进行描述、教授、殖民、统治等方式来处理东方的一种机制,简言之,将东方学视为西方用以控制、重建和君临东方的一种方式。知识带来权力,更多的权力要求更多的知识,于是在知识信息与权力之间形成一种增值的循环。

福柯认为,语言作为一个社会系统先于个体的存在,个人对于自我

---

① 萨义德:《东方学》,三联书店 1999 年版,第 4 页。
② 参见福柯:《规训与惩罚》,三联书店 1999 年版,第 218 页。

的表达,必须立足于特定的语言系统;个人的表达为他人所理解,也是在特定的语言系统进行的。《东方学》一书所分析的,就是作为一种特定论说方式的东方学如何制约了作为个体的东方学家的研究,西方殖民者又是如何借助东方学预设、虚构了一种关于东方和西方的概念框架,然后再以它来建构东方和西方,最终使得现实的东方和西方符合其原初的虚构。《东方学》一书的目的,就是通过对作为一门学科的东方学发展史的描述,揭示出传统东方学研究中的权力话语及其运行机制。但和福柯有所不同的是,萨义德相信单个作家对文本集合体具有决定性的影响,而正是这些文本集合体构成了东方学这一话语形式。单个文本或作家并非无关紧要。萨义德分析东方学时使用了文本细读的方法,力图揭示单个文本或作家与其所属的复杂文本集合体之间的动态关系。

在萨义德之前,就文学和文化研究的整体状况而言,忽视了对帝国主义和文化间关系的研究。由于葛兰西,萨义德注意到这个问题的重要性。葛兰西在20世纪20年代的研究表明,在现代资本主义国家,如果霸权不首先是文化的、伦理的,从而是政治的,也就不可能是经济的。萨义德将葛兰西的文化霸权思想推演到世界格局,提出文化控制和文化殖民是帝国主义在当今的重要表现形式。他依据殖民主义时期西方殖民国家的政府公文、考察报告、探险家日记等各种档案、材料、文献,梳理了东方学家讲述的东方故事,探讨了语言学、词汇学、历史学、生物学、政治经济学等学科与帝国主义的内在关系,探究了文化帝国主义的演变、调整和修饰,考察了作为个体的西方作家、理论家和英、法、美三大帝国主义所制造的总体政治语境之间的动态交换。这就使得《东方学》一书充分注意到东方学叙事的风格、修辞、技巧和各种细节,将文化帝国主义这一文化和历史现象处理为一种有血有肉的东西,与现实的人的活动内在相关的东西,而不仅仅是一种冷冰冰的逻辑推理,一种外在于个人思想和情感的历史必然性的产物。

《东方学》的行文浩浩荡荡,滔滔不绝,给人以淋漓尽致之感,与此同时,我们也不能不意识到,这种缺乏节制和冷静的叙述语调,未免有煽情的嫌疑和功效。这在相当程度上抵消了严谨的学理分析,更重要的,它还强化了读者的窒息和无望感。当然,这里的读者是我们,作为东方人的我们。

**问题一** 根据萨义德的观点,东方学炮制了关于东方的虚假、错误乃至荒谬的观念,东方主义话语中的"东方"乃是以西方为中心投射出来的、附和西方意识形态需要的"非我"。这无疑是承认,过去存在着——现在也存在着——位于东方的文化和国度,它们的生命、历史和风俗具有一种严酷的真实性,而且这种真实性明显高于西方对它们所能述说的一切。然而,萨义德又极力回避真实这个概念,强调"东方"本身是一个人为的建构出来的东西,那种认为存在这样一些地域空间,那里生活着土生土长的、本质上与西方不同的居民,可以根据与这一地域空间相契合的某种宗教、文化或种族本质对这些居民进行界定的看法应该受到强烈的质疑;东方学在方法论上的失败,也不是因为东方学表现的东方与真正的东方不同①。那么,是否存在真正的东方?或者至少,我们在什么意义上可能谈论真正的东方?

**问题二** 《东方学》结尾提示,受传统东方学训练的学者和批评家完全有可能把自己从旧的意识形态枷锁中解脱出来,途径之一就是不断审察自己的研究方法。一个近期的范例就是吉尔茨的人类学研究。然而,纵观全书,我们对此不抱什么希望。萨义德一再强调东方学的自足性、制度化,认为东方学拥有特定的研究范围、论说方式和操作模式,它制约着西方人对东方的认识,甚至有效地作用于可能与其相对的个人经历。由此,东方学者的偏见并非他们个人政治立场的反映,而主要来自东方学这一文化机制本身。当文化机制本身成为文化霸权的根源时,西方人走出东方主义何以可能?萨义德的困境正是福柯的困境,福柯的困境在某种意义上说也是阿多诺的困境。阿多诺认为大众文化是无法抵抗的体系。萨义德则认为东方学是无法抵抗的体系。

**问题三** 如果说《东方学》比较细致地描述了殖民地人民"沉默的历程",那么,对其"渐有声息"的过程则阐述得远远不够。的确,如萨义德所说,东方学的意义更多地依赖于西方而不是东方,它直接来源于西

---

① 萨义德:《东方学》,三联书店1999年版,第414页。

方的许多表述技巧,正是这些技巧使得东方可见、可感,使东方在关于东方的话语中"存在"。萨义德把写作重心放在西方殖民话语对东方社会主体、文化身份和历史的建构上,这些建构使得东方社会无法形成和表述自己独立的主体和历史意识,从而不能不屈从于西方的意识形态,成为政治和文化上的"被压迫者"。那么,东方人何以走出东方主义?他们可以自我表述吗?

**问题四** 萨义德明智地提出,东方学的问题不在于黑人才能书写黑人,穆斯林才能书写穆斯林,东方学的答案也不是"西方学"①。然而,《东方学》一书留给我们的总体印象是,差异是根深蒂固、无法消除的。一方面,每一种文化的发展和维持都需要另一种不同的、具有竞争性的文化,即"他者"的存在,另一方面,对差异的强调往往导致等级秩序。那么,究竟应如何看待差异?差异何以存在?谁有可能恰当地描述东西方之间的差异?

对于问题一,萨义德可能不以为然。对他来说,这些问题恰恰反映了本质主义和原教旨主义的诉求。他研究东方学的目的,不是考察东方学与东方之间的对应关系,而是考察东方学的内在一致性以及它对东方的看法。他批评东方学,也不是出于本质主义的诉求,相反,他对毫无批判意识的民族主义持激烈的批评态度,意欲和既有的反殖民主义拉开距离,走向后殖民主义和后民族主义。然而,在《东方学》中,萨义德留给我们的印象是,他在反殖民主义和后殖民主义之间徘徊不定,这显然和他对伊斯兰世界的苦难怀有深深的痛楚有关。问题二、问题三和问题四,也是萨义德不能不认真地对待的。之所以出现这些问题,与他过多地依赖福柯②、疏离德里达有关,也与他的叙述策略有关。在此后的著述中,萨义德保持了和《东方学》的连续性,同时也表现出相当的游移。在《文化与帝国主义》一书中,福柯的影子逐渐隐退了,萨义德的叙述策略也更为自觉。

---

① 萨义德:《东方学》,三联书店1999年版,第422页。
② 参见克利福德:《论东方主义》,载罗钢等主编:《后殖民主义文化理论》,中国社会科学出版社1999年版,第22—42页。福柯去世后,萨义德撰写了《米歇尔·福柯:1926—1984》,参见汪民安等编:《福柯的面孔》,文化艺术出版社2001年版,第1—12页。

如果说在《东方学》中萨义德把主要精力用于殖民话语,忽视了殖民地民族的抵抗,从而不知不觉地强化了殖民话语,那么,在《文化与帝国主义》中,萨义德承认,随着帝国主义在广度和深度方面的增长,殖民地本身的反抗也加强了,而且,在大多数情况下,总是以反抗一方的胜利而告终。萨义德分析了抵抗运动文化的过程与特征,20世纪初非欧洲文化向宗主国核心的大规模渗透,非殖民地化、抵抗文化和反帝文学对现代主义的贡献,等等,而且,他力图将帝国主义和对它的反抗联系在一起讨论。他揭示出,殖民地或边缘地区的知识分子使用先前为欧洲人使用的学术与批评的技巧、话语和武器,表面上似乎依赖于主流话语,实际上却改变了那种话语的原则。

如果说在《东方学》中,萨义德对殖民话语的多样性重视不够,特别是没有重视英国和法国东方主义之间的差异,也不能充分解释帝国文化内部的冲突与矛盾,那么,在《文化与帝国主义》中,萨义德思考了这样一些问题:统一的欧洲观念是无懈可击的吗?或者只是在欧洲内部它才是不可抗拒、无人反对的?他认为,在19世纪中期到世纪末,欧洲帝国主义的确造成了欧洲人的反对派。另外,传教士虽然在整个19世纪充当了这个或那个帝国的代理人,有时却能阻止殖民主义的过火行动。萨义德意识到,像"帝国主义"这样的概念具有一种普遍化的性质,它们往往以令人难以接受的模糊性掩盖了西方大都会文化的有趣的多样性。殖民话语既非单一的体系,亦非一组数目分明的文章,它们各有特定的历史情景,又有一些共同的元素;不是完整全面、彻头彻尾的殖民话语,但又具有内在重复的特征。殖民话语是创作,是对现实的反应,它灵活多变,帮助维持殖民权力的基本结构。话语不是单一的结构,权力亦非单一的结构。殖民话语中作者的声音、统治权力的声音、文化意识形态的声音同时存在,这种暧昧性加上殖民话语的逻辑矛盾,生产出一种焦虑不安的修辞。文学著作,尤其是题材明显与帝国主义有关的文学著作,在浓厚的政治背景中,都呈现出一种内在的杂乱和笨拙。

萨义德一再引用法农,认为他比其他人更敏锐地解构了帝国主义文化及其民族主义敌人。民族主义在很大程度上是依赖于殖民主义制造的现实的,或者反对它,或者肯定一种爱国的现实。简单地讲述一个民族故事就是在重复、扩大并且制造新形式的帝国主义。因此,应该把帝国主义这一历史经验当作是属于大家的;抵抗也不只是对帝国主义的一种反动,而是形成人类历史的另一种方式。这里,我们很自然联想到黑格尔和马克思的异化理论:在资本主义生产方式下,异化的不只是工人,也包括资本家;因而,推翻资本主义,是既解放了工人,也解放了资本家。萨义德的观点是,帝国主义是全人类的一种悲剧,摆脱帝国主义,就是全人类的解放。萨义德赞美法农说:"法农代表土著与西方人的双重利益,从限制走向解放。福柯却无视他自己理论的帝国背景,实际上代表了一种不可抗拒的殖民化运动。"① 如果说民族主义具有一种历史的必要性的话,那么,接受本土主义则是接受帝国主义的后果,接受帝国主义造成的种族、宗教和政治的分裂。超越本土主义并不意味着放弃民族,而是不把地方属性看作包罗一切,因而不急于把自己限定在自己的范围内。用法农的话说,解放就其根本性质而言,是从民族意识向社会觉悟的转变。

  一切文化的历史都是文化借鉴的历史,文化是可渗透的。文化不只是拥有的问题,也不只是绝对的债务人与债权人之间的借与贷的问题,而是不同文化间的共享、共同经验与相互依赖的问题。文化与帝国主义都不是静止不动的,二者间的关系是能动的、复杂的。萨义德强调,由于帝国主义促动的全球化过程,世界上各种文化交织在一起,没有一种文化是单一的、单纯的。现在已经很难想象文化的本真性和语言的纯粹性,构成民族认同的一些基本要素,如语言、习俗等实际上都已经与"他者"混合,从而呈现出不可避免的混杂性。忽视或低估西方人和东方人历史的重叠之处,忽视或低估殖民者和受殖者通过附和或对立的地理、叙述或历史,在文化领域中并存或争斗的互相依赖性,就等于忽视了过去一个世纪世界的问题。由此导致的结果,只能是无休止的血腥争斗。萨义德欣喜地看到,跨越国家类型、民族和本质的新的组合正在形成,正是这种新的组合向帝国主义时代文化思想的核

---

① 萨义德:《文化与帝国主义》,三联书店 2003 年版,第 396 页。

心——僵化的身份认同概念提出挑战。这样,萨义德走向了明确的后殖民主义。

关于后殖民主义,德里克有一段精彩的描述:后殖民主义的"后"也许是指在阅读殖民文本或事件时的某种策略,也许是指文学和艺术形式中的杂交性,也许是指殖民者与被殖民者遭遇后产生的某种混杂性身份。在其中任何一种情况下,处于优先地位的都似乎是区域性遭遇,而不是结构和整体性;是疆界的模糊,而不是整体边界的确定;是跨越边界的协商,而不是体现了本质的二元和二元对立;而且,这还是一种"非线形"的理解过去的方式。这里还强调文化自治的物质环境问题,作为权力的话语问题,身份的优先权问题,以及性别或种族优先于阶级的问题。在这个意义上,"后"便意味着,各种不同的风格和分析均不受历史的限制,在任何时间、任何地点都随处可见,并且,无论在历史的空间意义上,还是时间意义上,都能跨越历史的界线[①]。

## 2. 后殖民主义和马克思主义

萨义德开创的后殖民主义最初是文学批评家的事业。在关于美学趣味的思考中引入政治,当然是一种新的视域,是对于文学批评的贡献。在这个过程中,也就由狭义的文学领域进入文化领域,开始了文化批评和研究的航程。萨义德所谓的文化,首先是指描述、交流和表达的艺术等活动,这些活动相对独立于经济、社会和政治领域。它们通常以美学的形式存在,主要目的之一是娱乐。当然,其中既有关于遥远世界的传说,也有人种学、哲学、社会学和文学史等学科的知识。在第二种意义上,文化是一个舞台,一个战场,各种力量在上面亮相和角逐。帝国主义的主要战场当然是在土地的争夺上,但在谁曾经拥有土地,谁有权力在土地上定居和工作,谁管理过它,谁把它夺回,以及谁在规划它的未来方面,叙事是至关重要的。叙事,或者阻碍他人叙事的形成,对文化和帝国主义的概念是非常重要的。关于解放和启蒙的叙事也把人民动员起来反抗帝国主义的统治。

---

① 参见谢少波等编:《文化研究访谈录》,中国社会科学出版社 2003 年版,第 23 页。

萨义德了解20世纪以来考茨基、希法亭、卢森堡、列宁、阿伦特、肯尼迪、乔姆斯基、霍华德·金等人关于帝国主义的讨论，他坚持认为，这些权威讨论的主要是政治与经济问题，很少有人注意文化在现代帝国历史中的特殊作用。的确，帝国主义和殖民主义都不是简单的积累和获得的行为，它们都为强烈的意识形态所支持和驱使。的确，马克思主义的帝国主义理论很少研究帝国的文化背景、过程和效应，它着重思考的是帝国主义的经济背景问题，但这并不是说，马克思主义没有自己的文化理论。我们认为，萨义德的后殖民主义作为一种文化批评，和马克思主义文化理论的基本思路并不是背道而驰的。我们也应当把后殖民主义和马克思主义的帝国主义理论视作一种互补，前者研究文化与帝国的关系，后者研究资本主义经济与帝国的关系，二者都是历史的一部分，历史也通过二者的研究得以明确和清晰。

马克思主义思想传统中存在一系列的发展和变化。不过，马克思主义者大都坚持，所有的方法归根到底都具有政治性；必须将文化产品与其产生的历史环境联系起来加以分析。这两点似乎和福柯、萨义德没有什么不同。但是马克思主义的这些观点需要在其历史观上加以理解。马克思强调，历史上的每个重要时期都是围绕某种特定生产方式形成的，物质生活的生产方式制约着整个社会生活、政治生活和精神生活的过程，社会存在决定社会意识。马克思关于文化的论述都是以经济基础和上层建筑的二元关系为依据的，文化当然可以发挥作用，但无论如何，它不是历史变革中的主导力量。后来，阿尔都塞把文化视作独立自足的领域，坚持上层建筑不是经济基础的一种体现或被动反映，相反，应将上层建筑看作经济基础存在的一个必要条件；人们正是通过意识形态实践了他们与现实生活间的关系。从总体来说，马克思主义把文化问题视作经济政治问题的一部分，尽管并不认为经济政治问题的解决可以替代文化问题的解决。

对马克思和阿尔都塞来说，意识形态是人类实际的、物质的生存状况产生的虚幻的、想象的上层建筑效果，即人们生存于其中的物品的生产、分配和流通的方式。通过教育人民或理性论证是不能改变意识形态的，必须改变人民的物质生存状况。意识形态也不是一整套简明的、主观的、非物质性的错误。意识形态具有影响力，往往不幸地介入历史，促使事物发生。在这个意义上，政治经济学批评无疑是必要的，但不是完全充足的，它留有空白，文化批评恰好填补了这个空白。文化批评不必依赖政治经济学批评，但不能不和物质现实发生关联。文化批评的意义要得到实现，还是需要物质现实领域的行动。在这些认识上，萨义德和马克思的区别可能不是很大。例如，他认为，不应把东方学的结构仅仅视作一种谎言或神话，似乎一旦真相大白，就会烟消云散。马克思和萨义德想必都会赞同德曼所说："这并不是说虚构的叙述不是世界和现实的组成部分；它们对世界的影响也许太强烈了。我们称作意识形态的东西恰恰是语言与自然现实的混合，是指涉与现象的混合。"① 因此，萨义德和马克思在意识形态问题上的区别，主要不是在于意识形态的态度，而是在于，马克思的意识形态和阶级联系在一起，萨义德的意识形态和种族、民族联系在一起。

萨义德希望，阅读一篇文字时，读者必须开放地理解两种可能性：一个是写进文字的东西，另一个是被作者排除在外的东西。每个作品都是一刹那的反映，必须把它和引发的各种变化并列起来。叙述小说和历史这样的国内文化事业都建立在对中央权威或自我的记录、整理和观察的需要上。萨义德在小说和帝国主义之间从事互文性的阅读，二者相互参照，拥有共同的空间结构。帝国主义和小说相互扶持。小说是帝国行动的有机组成部分，同时又引证和推动了帝国的行动。例如，应当把《曼斯菲尔德庄园》当作一个正在扩张的帝国主义冒险的结构的一部分加以阅读；这部小说虽然不引人注目，但却稳步开拓了一片帝国主义文化的广阔天地。小说是一种社会存在，但又不能把小说简化为社会学。小说不是孤立的天才的产物。殖民话语(colonial discourse)既促进殖民，又产生于殖民。这个思想和广义的马克思主义文学批评传统没有实质性的区别。马尔赫恩就把萨义德视作当代的马克思主义文学批评家。②

---

① Paul de Man, *The Resistance to Theory*, Minneapolis: University of Minnesota Press, 1986, p.11.
② 参见马尔赫恩编：《当代马克思主义文学批评》，北京大学出版社2002年版。

后殖民主义主要是对殖民话语的解构。这种解构是在殖民话语的内部展开的,它对文化与帝国主义、殖民话语与西方对东方的文化再现、全球化与民族文化身份等问题的思考,力图提出与探讨与人类经验有关的一系列问题:人类是如何表述其他文化的?什么是另一种文化?文化或种族、宗教、文明间的差异概念是否行之有效?它是否总与沾沾自喜(当谈到自己的文化时)或敌视和侵犯(当谈到其他文化时)难解难分?文化、宗教和种族差异是否比其他社会经济差异和政治历史差异更重要?观念是如何获得权威和"真理"地位的?知识分子扮演的是什么样的角色?等等。对殖民话语的批评,并不能把我们从话语所固有的权力关系中解放出来,但至少能帮助我们认识这种权力的后果。

在《文化与帝国主义》中,萨义德把文化过程看作处在帝国物质中心的经济与政治机器的重要的、有活力的伙伴。这种欧洲中心的文化无情地整理和观察非欧洲世界的每件事物,而且渗透到工人运动、妇女运动和先锋艺术运动中。萨义德一再批评马克思和马克思主义是欧洲中心主义,对此需要分辨。应当承认,马克思对现代性的反思是有限的,特别是他没有对现代性的线形史观作必要的反思。萨义德的后殖民主义拒斥二元对立的逻辑,努力超越客观主义和相对主义,这无疑是值得赞赏的。但是,拒斥二元对立的逻辑不只是后殖民主义的理论特征,马克思也具有类似的思考。

马克思没有使用过帝国主义一词,但他的著作广泛地涉及资本主义对非欧洲社会的影响。马克思认为,即使不用扩张到周围的前资本主义社会,资本主义在原则上也能够自我维系和发展,因此,殖民扩张不是资本主义的必然产物,只是历史既然发生了那样的转折,就没有退路而言[①]。马克思也没有把殖民地所有的社会弊病都归于外来压迫者,也不认为受压迫民族具有内在的进步性和道德上的优越性。1853年,马克思就英国在印度的统治给《纽约每日论坛报》写了一系列的文章,考察了东印度公司的起源和发展、英国在印度的动机和帝国的受益

---

① 参见《马克思恩格斯选集》第 1 卷,人民出版社 1995 年版,第 275—276 页。与之相关的分析可以参见布鲁厄:《马克思主义的帝国主义理论》,重庆出版社 2003 年版,第 52 页。

人,提出贸易增长卷入军事征服和对前资本主义地区的直接管理,主要是出于两种动机:第一,排挤其他国家并保证征服国自己的商品畅通无阻;第二,由于贸易渗透中遇到亚细亚社会的强烈抵抗,因此需要直接动用国家力量。马克思注意到英国文明传入过程中发生的暴行,但又提醒人们,不要盲目支持印度社会保持现状,因为这些田园风光的农村公社始终是东方专制制度的牢固基础。马克思预言,英国的统治将摧毁稳定的亚洲社会,既为工业资本主义,又为一个现代的印度民族国家的产生创造先决条件,尽管这个过程中充满痛苦。马克思把印度社会看成空洞和静止的,认为印度社会根本没有历史,至少是没有为人所知的历史,面对外来力量,印度社会既不反抗,也不改变;马克思对印度未来的想象,也是依据欧洲的发展模式,这些都值得进一步的考量。但是需要说明,马克思不曾思考多元文化的问题,他是从生产方式入手思考问题的。因此,更为恰当的说法,是把马克思的思想称作以欧洲为中心的扩散主义[①]。

资本主义在世界范围的扩张是马克思主义思想传统中的重要主题。马克思之后,卢森堡的《资本积累》凸显了这一主题,提出资本主义是伴随着其他生产方式而存在的,同时又利用武力、欺诈和国家力量,无情地扩张到周围的非资本主义社会,并最终将它们全部吞没。和马克思一样,卢森堡集中分析的是资本主义与非资本主义生产方式间的区别,而不是民族国家之间的分歧和冲突。希法亭的《金融资本》没有泛泛使用"帝国主义"一词,而是惯于使用"现代保护主义政策"、"现代殖民政策"和"金融资本主义的对外政策"等术语。此后,布哈林把帝国主义界定为金融资本的一种政策和一种意识形态,而且,他进一步论证了作为世界经济特殊发展阶段的特征的帝国主义。列宁的《帝国主义是资本主义的最高阶段》可以说是马克思、希法亭、布哈林思想的结晶。

20世纪50年代以后,马克思主义的帝国主义理论发生了重要的转向。巴兰和斯威齐在《资本主义发展的理论》、《发展的政治经济学》

---

[①] 参见布娄特:《马克思主义和以欧洲为中心的扩散主义》,载奇尔科特主编:《批判的范式:帝国主义政治经济学》,社会科学文献出版社2001年版,第165—185页。

和《垄断资本》中提出,不发达国家的命运显然不同于那些"先发"国家,无论是在发达国家还是不发达国家,垄断把资本主义从一种发展的动力变成停滞的原因。而且,在不发达国家,由于没有竞争手段,生产和收入都被"冻结"在一个低水平上。此后,弗兰克、沃勒斯坦、阿明等的依附理论阐明了这样一个观点:资本主义阻碍了第三世界的发展,强化了现有发展水平上的差异,因为外围依赖于中心,发展和不发达是一个硬币的两面。这和马克思的观点形成了鲜明的对照。马克思认为,资本主义的发展创造了社会主义革命的可能性,依附理论家则认为,资本主义发展的不足使社会主义革命成为必要。更重要的是,依附理论无法解释二战后数十年间的工业化进程,也无法解释第三世界中资本主义发展的极端不平衡。

经典的马克思主义把资本主义视作变革的发动机,经过一系列的危机和动乱,最终走向可以预见的方向。20世纪70年代以来,这种理论获得部分的复兴。例如,比尔·沃伦的《帝国主义是资本主义的先锋》体现了马克思《共产党宣言》和关于印度的著述的精神。资本主义是一种进步的生产方式,帝国主义是资本主义体系向世界非资本主义体系的渗透和扩散。现代反殖民主义本身就是资本主义文化传入殖民地的产物,既是不可避免的,又是人们所希望的。萨义德对于殖民主义的沉思也是在这个时候展开的,他和沃伦的观点有一种奇异的耦合。正如后现代主义使得现代性成为问题一样,后殖民主义使得殖民话语成为问题,或者至少,使得解构殖民话语的重要性凸显出来。可以说,后殖民问题在相当程度上是构造出来的。

西方与东方之间的权力关系、支配关系、霸权关系到底是如何确立起来的?西方何以成为主体,而东方成为被动的客体?在这一过程中,东方学等殖民话语显然发挥了重要的作用,然而,东方学是直接的、根本性的原因吗?军事霸权的基础是经济,帝国扩张的动机也主要是经济上的。对身份的研究,不能停留在文化上,而应该和经济结合起来。所谓身份,总是包含着"过去性"的虚构,过去性(pastness)的时间特点,是族群身份这个概念所固有的。不管是以基因遗传的群体(种族)、历史政治群体(民族)、文化群体(族裔)来界定过去性,都是族群身份的建构。这三个术语分别依附资本主义世界经济不同的结构特点①。差异、混杂和流动本身不具备解放性,真相、纯净和静止也是如此,真正具有革命性的实践必须提及生产②。这就要求,必须把后殖民主义和马克思主义联系起来③。

　　行文至此,我们的结论脱颖而出:需要批评和解构的不只是殖民话语,后殖民主义也应当接受批评和解构,包括其中蕴涵的知识与权力、话语与物质现实的关系。马克思主义和后殖民主义之间的互文性,有助于我们更好地把握殖民主义及其话语形式。

---

　　① 沃勒斯坦:《族群身份的建构》,载许宝强等编:《解殖与殖民主义》,中央编译出版社2004年版,第102—120页。
　　② 参见哈特、奈格里:《帝国——全球化的政治秩序》,江苏人民出版社2003年版,第157页。
　　③ 马克思的学说代表了西方思想史的一个重大转折,它根源于西方的实践意识。那么,它能表达东方,表达中国的实践意识吗? 王德峰对此有明确的回答。参见王德峰:《历史唯物主义与当代中国的社会转型》,首届南北哲学论坛发言稿,2005。

# 第四章
## 西方马克思主义的思想踪迹

戈尔曼在20世纪80年代就指出:"今天的马克思主义像是一种马赛克,由各种互不相同、常常是相互冲突的理论镶嵌而成,装饰的主题是对过去和现在的评价以及对未来的充满希望的解释。"① 在这块色彩斑斓的马赛克中,西方马克思主义无疑是光彩照人的,这种光彩在相当程度上源于其成分复杂,流派纷呈。从伯恩斯坦到卢卡奇,再到萨特和阿尔都塞,以致拉克劳和墨菲,出现了形形色色的流派。从来源上说,西方马克思主义得益于马克思甚多,但是,它从来没有成为正统学说,而且随着时间的推移,它的正统成分越来越少,在一些重要方面,甚至变成了明确的非马克思主义理论。简言之,在敌视资本主义文明方面,它同马克思主义一致,但是,这种敌视的根据却不同于或越来越不同于马克思,两者是如此不同,以至于在法兰克福学派那里,这种敌视就扩展到了反对现代性的基础。这样,西方马克思主义也就演化为后现代的马克思主义或后马克思主义。西方马克思主义发生的一系列游移,概括地说,从其对马克思学说的运用来看,表现出从方法到视域的游移;从其对马克思理论的判断来看,表现出从科学到叙事的游移;从其发挥的现实功能来看,表现出从批判到讥讽的游移。

---

① 罗伯特·戈尔曼:《新马克思主义研究辞典》,社会科学文献出版社1989年版,第V页。

## 一、从方法到视域

马克思主义是发展的理论,而不是必须背得烂熟并机械地加以重复的教条。对于这一点,马克思和恩格斯曾多次强调。马克思说过:"我不主张我们竖起任何教条主义的旗帜。相反地,我们应当尽量帮助教条主义者认清他们自己的原理的意义。"① 他还说过:"在历史科学中,专靠一些公式是办不了什么事的。"② 在致保·恩斯特的信中,恩格斯写道:"至于谈到您用唯物主义方法处理问题的尝试,那么,首先我必须说明:如果不把唯物主义方法当作研究历史的指南,而把它当作现成的公式,按照它来裁剪各种历史事实,那么它就会转变为自己的对立物。"③ 在致康·施密特的信中,恩格斯批评说:"对德国的许多青年著作家来说,'唯物主义'这个词大体上只是一个套语,他们把这个套语当作标签贴到各种事物上去,再不作进一步的研究,就是说,他们一把这个标签贴上去,就以为问题已经解决了。但是我们的历史观首先是进行研究工作的指南,并不是按照黑格尔学派的方式构造体系的诀窍。……许许多多年轻的德国人却不是这样,他们只是用历史唯物主义的套语(一切都可能被变成套语)来把自己的相当贫乏的历史知识(经济史还处在襁褓之中呢!)尽速构成体系,于是就自以为非常了不起了。"④

在反对用教条主义对待马克思主义方面,列宁的态度一向是明确的。1910年12月23日,列宁把恩格斯在谈到他自己和他那位赫赫有名的朋友时说过的"我们的学说不是教条,而是行动的指南"称作"经典式的定义",认为它"鲜明有力地强调了马克思主义的往往为人忽视的那一方面。而忽视了那一方面,就会把马克思主义变成一种片面的、畸形的、僵死的东西,就会抽掉马克思主义的活的灵魂,就会破坏它的根

---

① 《马克思恩格斯全集》第1卷,人民出版社1956年版,第416页。
② 《马克思恩格斯全集》第4卷,人民出版社1958年版,第166页。
③ 《马克思恩格斯选集》第4卷,人民出版社1995年版,第688页。
④ 同上书,第691—692页。

本的理论基础——辩证法即关于包罗万象和充满矛盾的历史发展的学说,就会破坏马克思主义同时代的一定实际任务,即可能随着每一次新的历史转变而改变的一定实际任务之间的联系。"① 1917年·4月,列宁再度强调:"现在必须弄清一个不容置辩的真理,这就是马克思主义者必须考虑生动的实际生活,必须考虑现实的确切事实,而不应当抱住昨天的理论不放,因为这种理论和任何理论一样,至多只能指出基本的、一般的东西,只能大体上概括实际生活中的复杂情况。"② 在具体的革命实践中,列宁正是这样做的,因此才有后来十月革命的胜利。列宁对马克思主义的创造性的理解、运用和发挥,业已成为马克思主义理论和实践史上的经典故事。后来斯大林垄断了对于马克思主义的理解,把苏联的马克思主义模式视作唯一的、本真的马克思主义,这样,就在相当程度上收缩了马克思主义的语义空间。尽管苏联的马克思主义始终在发展之中,但是它限制了其他国家的马克思主义者的自由思考。

几乎和列宁同时期,在西方马克思主义特别德国的马克思主义者中,对于如何理解马克思的理论也存在着争论。德国的社会主义运动从它遭受皇权国家禁止的时期起接受了马克思和恩格斯的学说,该学说是它的社会主义观和纲领的基础。国家对党的镇压促成了它在思想上的激进化,但党的原则的内容和政治实践并未因此发生实质上的变化。依据德国社会民主党现在的看法,在马克思和恩格斯的著作中,关于社会主义的道路和目标存在两种观点:一是通过革命推翻资本主义,一是逐步建设社会主义,这一情况导致以马克思主义为指导的德国社会民主党在其自我理解方面产生重大的含糊不清和矛盾之处。这一冲突最终也使民主社会主义和共产主义这两种如此对立的社会主义观点能同等地并且都有某种权利援引马克思主义的遗产作为自己的论据。③ 在第一次世界大战前,在德国社会民主党内占优势地位的理论是用革命推翻资本主义的理论,党的日常实践却是以逐步实现社会主

---

① 《列宁选集》第2卷,人民出版社1995年版,第278页。
② 《列宁选集》第3卷,人民出版社1995年版,第26—27页。
③ 迈尔:《社会民主主义导论》,中央编译出版社1996年版,第39—40页。

义目标的可能性为内容,由此,社会民主党的理论和实践在马克思主义的旗号下日益脱节。伯恩斯坦的修正主义正是在这一背景下出现的。

伯恩斯坦本来是德国社会民主党内居领导地位的马克思主义理论家之一,1896年起,他把在英国、法国、意大利和德国的修正主义思想综合起来,在德国社会民主党内提出,企图全面替代党对马克思主义的正式理解,由此引发了一场争论,这场争论在19世纪末和20世纪初达到高潮,而且在社会民主党内一直持续到《歌德斯堡纲领》时期。依据伯恩斯坦的意见,资本主义发展到19世纪末,社会结构没有表现出日益简单化的趋势,而是愈来愈复杂了;社会地位和利益的分化不是减少了,而是大大增加了;由于国家调节经济的全部手段大大改善,经济危机没有加剧;工人状况没有日益贫困化,而是明显改善了。从这些"事实"出发,伯恩斯坦勾画出关于社会主义道路和目标的新的轮廓。伯恩斯坦的修正主义开始几年,在德国社会民主党内引起大多数人的愤怒和拒绝,但社会民主党的、尤其是社会主义工会运动的实践却在愈来愈大的程度上以修正主义为指导。而且,作为民主社会主义在理论和纲领上的自我理解,修正主义通过由德国历史中的实际经验决定的若干发展阶段逐渐得到了承认。随着1959年德国社会民主党《歌德斯堡纲领》的通过,修正主义的主要成分已成为现代民主社会主义的理论基础。[①]

从今天的境况来看,简单地指责伯恩斯坦的思想生来就是"非马克思主义的"可能是不公正的。这种指责隐含着一种暗示,即通向社会主义只能有一条道路,从而只能有一种"正确的"理论模式[②]。伯恩斯坦坚持马克思主义不可能是经济决定论,纯粹的经济原因只是创造接受某些思想的素质,但是这些思想的素质怎样兴起和传播以及采取什么形式,取决于一系列影响的协同作用。拒斥经济决定论不是错误,问题

---

[①] 梅林在19世纪末写作的《德国社会民主党史》中认为:"在德国,修正主义从来不过是一种思潮而已。"他还说:"修正主义在工人群众中从来未能站稳脚跟,它对工人群众的实际运动根本没有产生丝毫影响。"梅林:《德国社会民主党史》第4卷,三联书店1963年版,第347页。历史地看,梅林这种看法显然是过于轻率了。

[②] 参见阿格尔:《西方马克思主义概论》,中国人民大学出版社1991年版,第115页。

在于,伯恩斯坦不懂得辩证法。他回到康德经验科学的自由价值概念,拒斥马克思主义辩证法和价值观。他1899年第一次发表的《进化论的社会主义》哲学上实在是薄弱,而在关于正统马克思主义的过时性的论证上倒是有一些道理。

1919年3月,卢卡奇写作了《什么是正统马克思主义》一文。那时,在学术界,对任何信仰正统马克思主义的表白报以冷嘲热讽已逐渐成为一种时髦。卢卡奇提出,我们姑且断定新的研究完全驳倒了马克思的每一个个别的论点,即使这点得到证明,每个严肃的"正统"马克思主义者仍然可以毫无保留地接受所有这些新结论,放弃马克思的所有全部论点,而无须片刻放弃他的马克思主义正统。可以看出,卢卡奇所理解的正统马克思主义,并不意味着无批判地接受马克思研究的结果,不是对马克思某个论点的"信仰",也不是对马克思的某本"圣经"的注解。恰恰相反,马克思主义问题中的正统仅仅是指方法。它是这样一种科学的信念,即辩证的马克思主义是正确的研究方法,这种方法只能按其创始人奠定的方向发展、扩大和深化。依据卢卡奇的观点,马克思主义的正确方法是总体性的观点。这样,我们发现,卢卡奇和考茨基等人的根本性区别在于:前者的正统仅仅是指方法,后者的正统则是理论本身。由此,卢卡奇开启了一种对马克思主义的哲学的理解方式。之所以把卢卡奇而非伯恩斯坦作为"西方马克思主义"的鼻祖,原因也就在于,伯恩斯坦是一个经验主义者。因此,相比较卢卡奇,伯恩斯坦也不过是一个庸俗的马克思主义者而已。在这个意义上说,西方马克思主义的标志性意义不在于反对教条主义,而是依据什么样的立场,借助于什么样的理论资源来反对教条主义。

把卢卡奇开创的理论称之为西方马克思主义,重要的标示就在于倚重黑格尔。重新发现作为辩证论者的马克思,对卢卡奇来说,也就是重新发现作为黑格尔主义者的马克思。卢卡奇认为,马克思正是通过维护黑格尔哲学中与新黑格尔主义的"批判的批判"相对立的总体性和主客体同一性达成历史唯物主义的。卢卡奇自己后来也承认,这实际上是把马克思看作比黑格尔更彻底的黑格尔主义者。这样,将马克思与资产阶级的科学和哲学区别开来的,并不是他坚持经济的决定作用,而是他以辩证法反对各种主客二元论。在对马克思主义的理解方面,柯尔施和卢卡奇有诸多相同之处。他1923年出版的《马克思主义和哲学》一书,其内容之一就是把马克思的辩证唯物主义原则运用于马克思主义的整个历史,区分出马克思主义理论诞生以来的三个阶段,这实际上也是强调马克思学说方法论的重要性。具有讽刺性意味的是,对马克思和最大的形而上学家黑格尔关系的新的理解,却有助于瓦解另一种形而上学,即从科学主义的后门进入的"庸俗的马克思主义"的形而上学。借助于黑格尔强调意识对世界的构成作用,卢卡奇和柯尔施向第二国际理论家们的消极唯物主义提出了挑战。不过,在对待科学的态度上,柯尔施更为接近经典的马克思主义,不像卢卡奇那样轻视经济的决定作用,而是强调建构一种关于社会发展整体综合的哲学—经济—政治理论。

1923年2月3日,法兰克福社会研究所成立。最初的领导人格吕堡对唯物主义的理解非常简单,认为它宣称在时空中没有东西是永恒不变的,所有事物和现象都只有相对的、历史条件下的意义。就他坚持真正的马克思主义并不是教条主义,并不寻找永恒法则而言,和批判理论后来的发展是一致的①。法兰克福学派的成员都对哲学和社会分析的统一感兴趣,同样热衷于黑格尔的辩证法,对之进行唯物主义的颠倒,并以此来分析更为宽泛的社会现象,阐释急剧变迁的人与世界的关系。历史往往有惊人的相似之处,法兰克福学派的言说很容易让人联想到黑格尔左派,但需要注意的是,这两个时期间的社会、经济和政治状况存在着一系列的巨大差异。黑格尔左派是在一个刚刚开始受到资本主义现代化影响的国度从事著述的,到法兰克福学派的时代,资本主义国家经济上出现越来越多的垄断和政府干预。另外,无产阶级已经被整合进社会,似乎不再是乌托邦的力量。

苏珊·巴克—摩丝在追溯否定的辩证法的起源时说,批判理论将马克思主义视作一种方法论而不是一种宇宙观,作为这一方法论核心的辩证思维是被当作社会批判的分析工具,而非为建造某种形而上学的

---

① 参见马丁·杰:《法兰克福学派史》,广东人民出版社1996年版,第17页。

体系。他们不是教条地用马克思主义的理论来框定当前历史的条件,而是将马克思的方法运用于当下,批判晚期资本主义社会时兴的社会现象,如"文化工业"、大众媒体和遵奉主义;同时,其对资本主义社会权威支配模式的批判,也适用于据称是"革命"的苏俄社会以及东欧国家。①在关于理性的本质、辩证法的重要性、实体性逻辑的存在等方面,批判理论与黑格尔相似,因此称之为"黑格尔主义的马克思主义"恰如其分。但霍克海默反对黑格尔的形而上学和他宣称的绝对真理,认为马克思主义的真正对象不是显现那不可改变的真理,而是催化社会变革。霍克海默坚持,真正的唯物主义是辩证的,应涉及主客体相互作用的永恒过程。他拒绝把辩证法物化为不为人所控制的客观过程,也拒绝把辩证法当作是无序的多样性实在之上的韦伯"理想型"那样的方法论结构或社会学模型。根据阿多诺在《否定的辩证法》中的表述,辩证法是探索意识与存在、主体与客体之间关系的"力场",它没有也不能佯装为发现了本体论第一原则,它拒绝极端的唯名论和实在论,而情愿在永恒的未决状态中生存。

20世纪50年代以来,随着黑格尔的复兴,马克思主义在法国获得广泛的赞誉。借助于科耶夫阐释的存在主义的新黑格尔主义,萨特和梅罗-庞蒂这样的存在主义哲学家在将存在哲学政治化时,首先转向黑格尔和黑格尔化的马克思主义。在萨特的存在主义马克思主义和阿尔都塞的结构主义马克思主义中,马克思主义被视作不可回避的理论边界。如果说哲学的关心历史与往前有根本不同,那么据萨特的看法,这个转折就是马克思主义。它在知识对现实的绝对权力之后,第一次提供了读解人的具体性的可靠途径;它使得一个思想家在现今若想达到对历史的认识,就不能无视哲学作为历史中的实在,甚至要对自己学说的历史地位达成理解。这也许就是萨特本人在自己的历史中对"一种哲学的时代"之存在的深切体会。虽然在学院中马克思主义被粗鲁地拒斥,但萨特发现,一种哲学的真实存在并不在书本,而是在强烈的

---

① Buck-Morss, Susan, *The Origin of Negative Dialectics: Theodor W. Adorno, Walter Benjamin and the Frankfurt Institute*. New York: Free Press, 1977.

现实之中；他发现一种哲学的诚实在对历史的阐释和对现实与未来的关切中才彻底展现出来。标志着知识对现实的最后辉煌的黑格尔时代，已经确定了对其超越的"哲学计划"的面貌，不是单纯肯定人的实在，也不是现实的继续埋没，而是知识与现实间真实的桥梁的架设。萨特强调，马克思反对基尔凯郭尔和反对黑格尔都是对的，他同前者一起肯定人类存在的特殊性，又同后者一起把具体的人放在他的客观现实中来研究。由此，马克思主义实现了"黑格尔时代"以及现今的时代在历史中的意义，并隐约指向一种未来的超越。马克思主义是"我们时代的不可超越的哲学"，而存在的意识形态及其理解方法"只不过是"促使其产生同时又拒绝它的马克思主义中的一块飞地①。换言之，马克思主义在今天表现为唯一可能同时是历史的和结构的人类学，唯有这种人类学可以在人的整体性中来研究人，即从他的条件的物质性出发来研究。

萨特认为，马克思主义是当时代无法超越的哲学，阿尔都塞则强调，马克思所发现的历史科学的基础是当代历史中最重大的理论事件。按照阿尔都塞自己的说法，他对教条主义的批判不是从人道主义意识形态的右翼立场出发，而是从理论反人道主义、反经验主义、反经济主义这些左翼的立场出发的②。阿尔都塞的里程碑式意义在于，在西方马克思主义史上，他率先表现出拒斥黑格尔的意向和努力。在阿尔都塞对马克思所作的"反人道主义"解释的基础上，人道主义和反人道主义之间的理论对立得到了明确系统的阐述。③ 阿尔都塞所引发的西方马克思主义内部的争论，对其时法国思想界乃至整个西方思想界产生了重要的影响。

总体性作为一个概念，其直接来源是黑格尔哲学，但将其理论化并使之成为社会研究和文化分析的核心范畴，则是由西方马克思主义完成的。特别是卢卡奇，他不仅将黑格尔的总体性思想发挥到极致，而且

---

① 萨特：《辩证理性批判》，安徽文艺出版社1998年版，第2页。
② 参见陈越编：《哲学与政治——阿尔都塞读本》，吉林人民出版社2003年版，第182页。
③ 索柏：《人道主义与反人道主义》，华夏出版社1999年版，第7页。

认为总体性观念是马克思主义与资产阶级思想的根本分歧,资产阶级思想从其构成来看已经失去了总体性,而且还在失去总体性,因而变成了一种零碎的认知方法。卢卡奇的总体性概念既是本体论的,也是方法论和目的论的,这三种阐释成为西方马克思主义总体性概念的发源地。① 卢卡奇坚持马克思在实质上信奉的是黑格尔的总体性原则,阿尔都塞则认为,马克思的总体性与黑格尔的总体性有着根本区别,这种区别在于因果观的不同。在阿尔都塞看来,有三种因果观:线状因果观、表现因果观和结构因果观;黑格尔的总体性是一种表现因果观的总体,其历史观是一元决定论的,而马克思的总体观是结构因果观的总体,其历史观是多元决定论的。在本体论意义上,卢卡奇和阿尔都塞都把总体性看做是历史存在的基本形态,不同的是,阿尔都塞强调,总体是一个由多样的、相对自律的不平衡发展的、复杂的相互关联着的层次所组成的差异性的整体。

卢卡奇强调方法的首要地位,意在切实贯彻理论和实践的统一。他广泛地探讨了合法性和非法性、组织问题、历史唯物主义的职能。到了法兰克福学派,已经不再关心理论和实践的统一,而是关注于理论自身。这当然不是说他们不关心社会变迁,只是闭门造车,而是说,他们从一开始,就不承认马克思主义是一个自明真理的封闭系统,在他们看来,既然具体的社会现实改变了,就必须创立新的理论结构来把握它。最初他们依然期待理论和实践的统一,但是很快就放弃了这一奢望。后来,阿尔都塞在反思《保卫马克思》一书时意识到,他仅仅谈论了"理论实践"中理论和实践的结合问题,而没有触及政治实践中理论和实践相结合的一般历史存在形式。阿尔都塞感觉自己没有能力处理这个问题,事实上,是时代的情势使然。

20世纪70年代以来,西方马克思主义者越来越把马克思和马克思主义看做一种视域。这一点在詹姆逊那里得到明确阐发。他所理解的马克思主义固然是一种符码体系,更是一个有待探讨的问题域,包含了从语言学到精神分析的一系列内容的后结构主义作为一个历史概

---

① 参见帕金森:《格奥尔格·卢卡奇》,上海人民出版社1999年版,第56—59页。

念,都是从马克思主义的问题性中生发出来的。因此,人们当然可以脱离历史来谈后结构主义文本本身的价值,但如果想在更大的语境中弄清楚问题的来龙去脉,就得注意马克思主义的框架。他强调,谈马克思主义就不可避免地要这样那样地谈经济,这是马克思主义的一个内在的、历史的、不可逾越的特征,而有关后现代的理论最终是一种经济理论。詹姆逊认为,马克思主义既不是本体论也不是哲学,它业已充分渗透到各个学科的内部,在各个领域存在着、活动着,从而早已不再是一种专门化的知识或思想分工了。马克思主义阐释框架的优越性在于它总是介入并斡旋于不同的理论符码之间,它"容纳这些显然敌对或互不相容的批评操作,在它自身内部为它们规定了部分令人可信的区域合法性,因此既消解它们同时又保存它们"①。

把马克思主义当作视域,既意味着马克思主义是认知当代社会诸视域中的一种,也意味着马克思主义本身可以提供不同的视域,也就是说,可以并且应当存在几种不同的马克思主义,其中每一种马克思主义都满足了其自身所处的社会经济体系的特定需要。吉登斯在1979年就提出,要辨别对马克思著作的七种不同阐释:作为历史分析的方法论;作为研究人类生活的手段;作为对劳动在人类生活中重要性的强调;作为社会变革的理论;作为上层建筑和底部结构之间关系的理论;作为人类意识的理论;作为强调阶级关系和阶级冲突在人类社会中心地位的理论②。

在女性主义、生态学和后殖民主义的马克思主义理论中,我们都可以看到,马克思的出场首先表现在其方法和视域上。女性主义的马克思主义者坚持认为,妇女受压迫的根本原因不是"阶级歧视",也不是"性别歧视",而是资本主义和父权制之间错综复杂的相互作用。他们最初集中注意的是与工作相关的妇女问题,阐明了家庭制度如何与资本主义相关联,妇女的家务劳动如何被视为无足轻重,妇女何以总是被派去做最枯燥、报酬最低的工作等问题。后来,性别问题则被置于阶级

---

① 詹姆逊:《政治无意识》,中国社会科学出版社1999年版,第4页。
② Giddens, *Central problems in Social Theory*. Berkeley: University of California Press, 1979.

问题之上。生态学马克思主义认为，马克思关于工业资本主义生产领域的危机理论业已失去效用，今天，危机的趋势已转移到消费领域，生态危机取代了经济危机。在后殖民理论的阵营中，斯皮瓦克极力主张马克思主义分析方法的适用与有效，巴巴却持敌视态度。萨义德在《东方学》一书中几乎没有提到马克思，在《文化与帝国主义》中则表现出马克思主义文化理论的影响。阿赫默德、德里克等后殖民批评家极力主张持续采用马克思主义，以此作为规范后殖民问题的最佳方式。另外，在论及詹姆斯、赛泽尔和法农这样的早期批评家时，假如有时感到矛盾费解，这时马克思主义就发挥了重要的作用①。

苏联解体、东欧剧变之后，马克思主义业已死亡的喧嚣声四起。在1993年出版的《马克思的幽灵》一书中，德里达一再强调，马克思主义的精神或者说幽灵不止一种，而且它们都是异质的。在这个意义上，马克思主义作为一种总体化的思维，不再是企图建立整个世界的完美统一的阐释框架，而是源于对马克思主义语义丰富性的充分展开。

詹姆逊在谈到法国批评传统时指出，萨特的形势概念是一个重要的辩证概念。② 这一概念要求我们放弃对人文现象那种静态的观点，要求我们用象征的词汇来重写那些似乎静止的、丰碑式的人文现象。"形势"不应被看做"客观的"材料和事实的集合，为了创造解决"形势"的办法，人们的主观必须首先创造"形势"本身。这样，所谓"上下文"不再被看做一种惰性的、外在的真实，不再被看做传记的、社会的、历史的材料，而是被组织进富有活力的形势与问题中，变成作品本文的一部分，与作品一起成为解决这个问题的答案。作品本文因此也就成为一个行动，一种艺术实践的表现，一种生产，一种干预的行为，一个对困境与矛盾的解决，一种动态的创造，简言之，一种"象征的行动"。

在从方法到视域的扩展和游移中，我们看到，西方马克思主义所处的语境，所持的主要观点有一系列的变化，对马克思的实质性的理解甚至大相径庭，但有一点是确定的，即：马克思始终是一种批评的力量，一

---

① 参见巴特·穆尔-吉尔伯特：《后殖民理论》，南京大学出版社2001年版，第3页。
② 参见詹姆逊：《晚期资本主义的文化逻辑》，三联书店1997年版，第322—325页。

种异质性的存在。尽管现实存在的马克思主义有种种问题和缺陷,然而,就对资本主义的批判而言,马克思主义的启示性力量是其他任何学派都无法相比的。而且,在把马克思主义作为一种方法和视域的过程中,西方马克思主义参与并引导了当代西方哲学、思想和文化的进程,其意义不再仅仅局限在马克思主义的圈子中。

不过,把马克思主义主要理解为方法和视域,仅仅是正确认识的开端。梅林就曾经提出:"马克思主义不是万无一失的教条,而是一种科学方法。它不是另一个个人能够提出另一套更高的理论与之对抗的个人理论;相反,它是思想领域的无产阶级的阶级斗争;它由事物本身,由历史发展中成长,并随着它们变化而变化;因此马克思主义既不是空洞的欺骗,也不是永恒的真理。同这一点完全相适应的是,那些善于按照马克思和恩格斯的科学方法修正马克思和恩格斯过去得出的科学结论的,正是'正统的'马克思主义者。"① 在马克思主义的理论与实践的历史上,正统与异端之间的争鸣不断反复,延续至今,并将成为永恒的论题。

## 二、从科学到叙事

1883年3月17日,在伦敦海格特公墓安葬马克思时,恩格斯盖棺论定,提出正像达尔文发现有机界的发展规律一样,马克思发现了"人类历史的发展规律"以及"现代资本主义生产方式和它所产生的资产阶级社会的特殊的运动规律"②。事实上,这样的定位在1877年6月已经做出了。当时,恩格斯应邀为《人民历史》撰写了马克思传略,就提出马克思的主要贡献,一是在整个世界史观上实现了变革,二是彻底弄清了资本和劳动的关系,从而"第一个给社会主义,因而也给现代工人运动提供了科学基础"③。可以看出,恩格斯强调历史发展的规律性,并认

---

① 梅林:《德国社会民主党史》第4卷,三联书店1963年版,第345页。
② 《马克思恩格斯选集》第3卷,人民出版社1995年,第776页。
③ 同上书,第328页。

为这种规律已经为马克思所发现,由此,社会主义从空想变为科学。揭示资本主义行将崩溃的"科学的社会主义"概念产生于1891年《爱尔福特纲领》发表时期。依据这个概念,马克思主义是历史演变规律的科学,既使历史真实性直接表现为历史主体的生活经验,人也能将其客观化进而把握这一演变的规律。

应该看到,马克思和恩格斯在把人类社会历史作为一个自然史的过程看待时,具有批判的向度。在马克思看来,在迄今为止的人类历史中,个人都不是作为自由的主体,而是作为"经济范畴的人格化"出现的。资本主义社会使经济规律采取与人对立的特殊形式出现,即当生产者丧失了对他们自己社会关系和自主活动的支配权时,"生产资料和产品的社会性反过来反对生产者本身,周期性地突破生产方式和交换方式,并且只是作为盲目起作用的自然规律强制性地和破坏性地为自己开辟道路"①,这样,经济规律如同自然规律一样发挥作用,具有神秘的、宿命的性质。恩格斯认为:"社会力量完全像自然力一样,在我们还没有认识和考虑到它们的时候,起着盲目的、强制的和破坏的作用。但是,一旦我们认识到了它们,理解了它们的活动、方向和作用,那么,要使它们越来越服从我们的意志并利用它们来达到我们的目的,就完全取决于我们了。"② 无论如何,规律是客观存在的,它可以被人们认识和利用,却不能改变。

到恩格斯晚年,科学社会主义的主导思想活力被引向解释社会本质规律的实证主义目标。在实际的革命操作中,第二国际的领袖们对这样一些问题产生争论:马克思的《资本论》是对资本主义特殊的历史危机趋势的经验分析,还是对资本主义内在矛盾所作的理论上的逻辑分析? 马克思主义是揭示社会既定运动的自然科学,还是促使人们为认识和改变自身的异化状况而行动的激进理论? 第二国际的领袖们没有对这些问题做出合适的回答。随着第一次世界大战的爆发,第二国际发生分裂,逐渐衰落下去,共产国际开始发挥愈来愈大的作用,其中

---

① 《马克思恩格斯选集》第3卷,人民出版社1995年版,第629页。
② 同上书,第754页。

据统治地位的是马克思列宁主义。列宁认为,马克思主义是一种以大体类似研究自然的科学方式来研究社会现实的自然科学。在1908年出版的《唯物主义与经验批判主义》一书中,列宁概述了以认识的反映论为基础的马克思主义科学。这一科学概念和第二国际的概念非常相似。考茨基和列宁几乎都赞同同样的马克思主义科学模式,只是他们的政治纲领不同。资本主义即将灭亡的前景使考茨基这样一些思想家提出了经济决定论,认为在加速该制度灭亡方面政治自发性是没有必要的。考茨基赞成民主的变革方式,列宁则提倡共产党的专政的先锋主义作用。列宁对客观主义提出了一系列的批评:"客观主义者谈论现有历史过程的必然性;唯物主义者则是确切地肯定现有社会经济形态和它所产生的对抗关系。客观主义者证明现有一系列事实的必然性时,总是有站到为这些事实辩护的立场上去的危险;唯物主义者则是揭露阶级矛盾,从而确定自己的立场。客观主义者谈论'不可克服的历史趋势';唯物主义者则是谈论那个'支配'当前经济制度、促使其他阶级进行种种反抗的阶级。可见一方面,唯物主义者贯彻自己的客观主义,比客观主义者更彻底、更深刻、更全面。他不仅指出过程的必然性,并且阐明究竟是什么样的社会经济形态提供这一过程的内容,究竟是什么样的阶级决定这种必然性。"①

恩格斯和考茨基力图赋予马克思主义像自然科学一样的科学的合理性,忽视了马克思本人的黑格尔遗产及其与自然科学的决定论性质相反的辩证法思想。第二国际的另一个领袖人物卢森堡坚持德国社会民主党的左翼立场,既反对伯恩斯坦的议会的社会主义,又反对考茨基的科学的马克思主义。针对第二国际领袖们的争论和困惑,卢卡奇提出了历史概念,强调历史的本质在于它是人类活动的产物。历史是实体,是人类社会实践的客观历史过程;历史又是主体,是人类自己的能动创造。因此,社会历史犹如自然界的一般规律性,说到底是人类社会发展的规律性,而不是自然界的规律。卢卡奇1923年出版的《历史与阶级意识》一书,贯穿了必须恢复被第二国际的领袖们所遗忘和歪曲的

---

① 《列宁全集》第1卷,人民出版社1984年版,第362—363页。

马克思主义的真正哲学意义的思想。卢卡奇在其中深刻论述了他对马克思主义及其辩证法本质的一系列极其重要的哲学问题的理解。从卢卡奇开始,强调马克思主义作为一种哲学的重要性,而反对把马克思主义视作科学,原因就是看到了科学和实证主义的潜在同盟。在卢卡奇的批评者看来,卢卡奇抨击科学的客观性,偏离了马克思关于科学的看法,从根本上破坏了关于马克思主义本身的科学性的论断,从而也就歪曲了马克思自己对于资本主义社会的观点①。

卢卡奇把第二国际称作实证主义。他对实证主义的批评,主要是借助于黑格尔的观点和方法②。具体地说,是黑格尔的历史概念和总体性思想。毫无疑问,卢卡奇承认对现实的一切认识都应从事实出发,这一点和第二国际理论家没有什么分歧。问题是,生活中的什么样的情况,而且是在采用什么样的方法的情况下,才是与认识有关的事实?卢卡奇强调,现实决不和经验的事实的存在相同一,它不是现成的,而是生成的;只有把社会生活中的孤立事实作为历史发展的环节,并把它们归结为一个总体的情况下,对事实的认识才能成为对现实的认识。他批评说,实证主义是物化渗透到思想领域的一种表征,第二国际的理论家们把马克思主义视作自然主义和唯科学主义,把社会历史看作纯粹自然规律运动的过程,因而没有主动促成社会主义革命的到来。当然,卢卡奇对实证主义的批评,仍然是不彻底的。而且,他本身就坚持一种哲学的实证主义。如果说卢卡奇的《历史和阶级意识》是和维特根斯坦的《哲学研究》、海德格尔的《存在与时间》相提并论的三部伟大著作之一,那么,与后两者相比,卢卡奇的实证主义是一个相当明显的缺陷。卢卡奇对非理性主义的误解,在相当程度上也源于他的实证主义。③

对实证主义的批判是早期法兰克福学派的一个主要特点。法兰克

---

① 琼斯:《早年卢卡奇的马克思主义》,载《新左派评论》杂志社编:《西方马克思主义批判文选》,台北远流出版事业有限公司1994年版。

② 参见盖欧尔格·里希特海姆:《卢卡奇》,中国社会科学出版社1989年版,第1页。

③ 值得注意的是,创始于20世纪30年代的法兰克福学派,就没有理会卢卡奇对"非理性主义"的批评。

福学派对实证主义的定义是很宽泛的,包括唯名论、现象主义、经验论以及各种专注所谓科学方法的当代哲学。根据马尔库塞1936年在《本质的概念》中的观点,实证主义信奉经验主义的认识论,据此,人们有关现实的全部知识,都是来自我们的经验或观察,由此也只能是关于经验事实的知识。马尔库塞认为,由于实证主义宣称一切事实和一切现实在认知上等值,它已经远不是经验主义了。实证主义的事实世界是单维度的,它既不批判,也不作价值评估。

霍克海默一贯反对霍布森的形而上学体系化或反唯名论的经验主义,他强调辩证的社会科学的可能性,它既可避免同一论,又能保持观察者超越经验所给予的权力。在《启蒙辩证法》中,霍克海默和阿多诺试图将马克思主义从实证主义的科学传统中区分出来。他们认为,科学理性是支配自然的一种手段,而这种手段又变成了支配人类的手段。如果说,从希腊人到18世纪的哲人们的启蒙思想都以理性和科学作为其批判社会支配的基础,那么,它维持和巩固了一种不同形式的支配,这种形式在资本主义制度下,就变成了一种有害的社会支配形式的根源。对于植根于科学的合法化意识形态而非植根于工业生产的资本主义文化的彻底批判,霍克海默和阿多诺做出了自己的努力。他们经历了德国法西斯主义中政治支配与科学文化的和谐运作,这导致他们对阶级斗争的未来以及对批判理论的效果持悲观态度。在《传统理论和批判理论》中,霍克海默认为传统理论的特征和典型就是实证主义。60年代中期,在西德爆发了阿多诺与实证主义理论家的论战。特别值得注意的是,法兰克福学派对实证主义的批判和对当代资本主义的批判是紧密相关的。

借助于柯尔施1923年出版的《马克思主义和哲学》一书,可以比较深入地探讨马克思主义和哲学的关系问题。柯尔施的书名非常清楚地表明,他所思考的问题,就是马克思主义和哲学的关系。

促使柯尔施写作《马克思主义和哲学》的理论动机,是其时关于马克思主义和哲学的关系的三种倾向:第一种倾向是,资产阶级思想家惯于把马克思主义视作"黑格尔主义的余波",并认为这是马克思主义的弱点;第二种倾向是,第二国际的马克思主义理论家很少强调马克思主义理论的哲学方面,认为马克思主义从本性上说,与哲学没有什么关系,这也正是马克思主义的科学性的标志;第三种倾向是,用康德等的哲学来"补充"马克思主义,其假设是马克思主义本来没有哲学,但又离不开哲学。虽然出发点不同,主观意图不同,这三种倾向都承认马克思主义和哲学没有什么实质性的关系。这三种倾向的问题,不仅仅是理论上的问题,而是直接牵涉当时的政治实践。因此,柯尔施抨击这三种理论倾向,也就不仅仅是出于"纯化"理论,重塑马克思主义本真面目的考虑。

众所周知,马克思和恩格斯在19世纪40年代以及后来许多场合都讲过"废除哲学",但对于这些论述,决不能仅仅从字面上简单理解,而且哲学自身也不会由于只是废除它的名称而被废除。柯尔施对这些论述的思考是相当细致的:"这一废除过程应当如何完成?或者它是否已经完成?通过什么行动来完成?以什么样的速度完成?是对于谁来说的?也就是说,这一废除哲学应当被看做是由马克思和恩格斯的一次思想上的行动而一劳永逸地完成的吗?它的完成应当被认为只是对于马克思主义者来说的呢,还是对于全体无产阶级,或者对于全人类来说的呢?或者,我们是否应当把它理解为(像国家的废除一样)一个非常漫长和非常艰巨的,通过各个完全不同的阶段而展开的革命过程?如果是这样,那么,只要这个艰巨的过程还没有达到它的最终目标,即废除哲学,马克思主义对于哲学的关系又是什么?"①

沿着这种思路,柯尔施对马克思唯物主义做出了深刻阐释。苏联马克思主义哲学模式把马克思主义哲学指认为辩证唯物主义和历史唯物主义,其实质和内容都是我们所熟悉的,柯尔施同样认为,马克思主义的唯物主义首先是历史的和辩证的唯物主义,然而他提供的则是另外一种理解:马克思主义是这样一种唯物主义,它的理论认识了社会和历史的整体,而它的实践则颠覆了这个整体。进而,他强调马克思主义关于经济和政治的辩证关系,认为精神生活应当与社会的政治生活相结合来看待。柯尔施的结论是,在革命实践中,经济行动、政治行动和

---

① 柯尔施:《马克思主义和哲学》,重庆出版社1989年版,第18页。

理论行动必须结合起来,只有当整个资本主义社会及其经济基础在实践中完全被推翻,资产阶级意识在理论上全部被取消和废除的时候,这一斗争才会结束。在这个意义上,柯尔施认为,不能过分强调马克思主义超越阶级利益的科学性,因为这种强调,一方面是把马克思的科学社会主义等同于一般社会学,另一方面则是可以用来反对现实的社会主义运动。事实上,马克思的科学社会主义与全部资产阶级哲学和科学之间的真正矛盾,在于前者是革命过程的理论表现,这个过程将随着这些资产阶级哲学和科学的全部废除,以及在它们之中找到了其意识形态表现的物质关系的废除而终结。

可以看出,柯尔施对马克思主义和哲学关系的论述,不是简单地停留在对马克思和恩格斯著作的字面解读,而是立足两个层面展开的:马克思主义和哲学;马克思主义和社会主义运动。马克思主义和哲学的关系在直接的意义上,也就是马克思和黑格尔的关系,这一关系始终是马克思主义理论阐释中的一个核心议题。从卢卡奇和柯尔施到法兰克福学派,再到萨特和阿尔都塞,马克思和黑格尔的关系一直是无法绕开的理论难题。直到今天,我们思考马克思的哲学特质时,依然需要深究马克思和黑格尔的关系。柯尔施特别强调马克思主义对于黑格尔哲学的继承关系,并且提出,这种继承关系不能仅仅停留在"观念史"的意义上来把握,这一点尤其值得我们重视。

但是,柯尔施的阐述也存在一些问题。特别是,如何理解马克思主义的科学性和革命性(批判性)的关系?或者说,如何理解马克思主义的科学社会主义的科学性和革命性的关系?马克思的理论贡献究竟是发现了资本主义经济运行的客观规律,还是解构了这一规律的"似自然性"?考茨基批评说:"对柯尔施来说,马克思主义只是一个社会革命的理论,别的什么也不是。实际上,马克思主义最突出的特征之一便是确信,社会革命只有在特定条件下才是可能的,即只有在特定的国家和时期才是可能的。柯尔施所属的共产主义宗派已完全忘记了这一点。"[①]经历了20世纪的风云变幻,对于柯尔施和第二国际理论家的分歧,或

---

① 参见柯尔施:《马克思主义和哲学》,重庆出版社1989年版,第15页。

许能有更为复杂的思考。

自卢卡奇和柯尔施以来,马克思主义和哲学的关系一直是马克思主义内部的一个重要问题。1932年,马尔库塞在《论历史唯物主义的基础》中,率先对马克思的"巴黎手稿"作出存在主义的阐释。此后,列斐伏尔在《辩证唯物主义》、梅洛-庞蒂在《人道主义与恐怖》和《意义和无意义》、萨特在《辩证理性批判》中,先后阐述了存在主义的马克思主义。在《马克思主义和哲学》一文中,梅洛-庞蒂严厉批判了把马克思主义实证主义化的倾向,强调马克思主义是同唯科学主义、机械论根本对立的。他承认马克思的一些著作也有实证主义的味道,同时又坚持马克思对唯心主义的批评,不是站在实证主义的立场上做出的。从强调马克思主义同实证主义的对立出发,他强调,所谓固定不变的自然规律即使用来解释物质世界也不是很充分,更不用说用来解释人类社会总体了。

当然,也有人强调马克思主义的科学性。在意大利,有德拉·沃尔佩的新实证主义的马克思主义。在法国,有阿尔都塞的结构主义的马克思主义。阿尔都塞反对关于马克思的黑格尔版本。他的基本观点是,1845年是马克思哲学的一个分水岭,大约在1845年左右,马克思从黑格尔模式亦即"进化主义"、"历史主义"、"人道主义",过渡到另一种完全不同的哲学亦即"历史的科学"。当然,阿尔都塞无意回到第二国际的唯科学立场,他找到了一种关于科学性的新说法,这种说法一部分借自马克思的政治经济学,一部分借自系统论,还有最后一部分来自巴什拉的认识论①。另外,还有分析的马克思主义对概念的纯化。分析的马克思主义不关心马克思在理论上哪一点说对了或错了,也不关心世界历史的演进在哪个方面证实或推翻了他的论断。

1973年8月,在南斯拉夫实践派哲学家举办的第十次夏季讨论会上,哈贝马斯发表了题为《哲学在马克思主义中的作用》的演讲,指出"哲学的作用问题,过去是,现在仍然是马克思主义内部争论不休的问

---

① 参见雷蒙·阿隆:《论治史》,三联书店2003年版,第68页。

题"①。他尖锐地提出了这样一个问题:哲学究竟是生产力或者首先是虚伪的意识?哈贝马斯注意到,马克思和恩格斯对哲学的态度经历了一个变化的过程。他认为,柯尔施批评第二国际理论家的话,也适用于恩格斯:"一方面按照正确的唯物主义历史观,即理论上是辩证的,实际上是革命的观点,孤立的、相互独立并存的部门科学是没有的,就像脱离了革命实践的、缺乏科学前提的纯理论研究是不存在的一样;另一方面,后来的马克思主义者,事实上越来越多地把科学社会主义理解成为同阶级斗争的政治实践和其他实践没有直接关系的纯科学知识的总和。"②

哈贝马斯认为,科学主义没有把哲学变成现实,而是把它扬弃了。实存哲学和生命哲学同传统的关系,只不过是一种美学的关系。至于苏联模式的马克思主义,既把自己理解为对形而上学思想的批判,同时又把自身理解为对形而上学思想的继续。他强调,如果把哲学理解成某个时代流行的自我反思的最激进的形式,那么,卢卡奇、柯尔施等人在西欧发展起来的非教条主义的马克思主义的理论观点,无疑也是哲学。关于哲学在今天的作用,哈贝马斯认为,就是在科学中发掘同经济主义的基本原理和归纳主义相对立的强大的战略理论。就此而言,历史唯物主义是未来的社会进化论中的一种富有意义的纲领。哲学的最重要的任务,就是反对任何形式的客观主义,反对思维和制度对它们自己的实际生活的形成联系和使用联系的意识形态的、虚伪的独立性,从而展示彻底的、激进的自我反思的力量。我们可以说,这一任务也是自卢卡奇和柯尔施以来的西方马克思主义的努力所在。与此同时,我们也不能不注意到,西方马克思主义者给予马克思的哲学以乌托邦的礼遇,过分强调了马克思思想中或隐或显的乌托邦因素。马克思本人尽管批判地吸收了圣西门、傅立叶和欧文的乌托邦社会主义的遗产,但却是公开反对任何小资产阶级之类的乌托邦思想残余者的,他试图用自己科学的社会主义学说驱除此类天真的白日梦。西方马克思主义者所

---

① 哈贝马斯:《重建历史唯物主义》,社会科学文献出版社2000年版,第44页。
② 哈贝马斯:《重建历史唯物主义》,社会科学文献出版社2000年版,第47页。

说的马克思思想中过时的东西，在相当程度上正是他认为绝对科学的东西。

在1995年的一次访谈中，詹姆逊指出："德里达在他的近著（指《马克思的幽灵》——笔者按）里反复强调马克思主义既不是本体论也不是哲学。我同意他的观点。……世界上并不存在任何可以写在纸上的马克思主义哲学体系。当然，有很多重要的哲学思辨或理论建设给人以一种马克思主义哲学的感觉，比如卢卡奇的《历史与阶级意识》就是这样一本书。……我觉得苏联马克思主义，或者说马克思主义的'东正教'最可悲之处就在于它抱着这样一种观念，即人们可以绘出一幅世界整体的无所不包的画面。这幅画的名字便是辩证唯物主义……也许在一个非常空泛模糊的意义上我们可以仍把马克思主义称作哲学，但不能再在任何实质意义上把它当哲学来看。"① 詹姆逊实际上提出了这样一个问题：在一个所谓的后形而上学时代，在什么意义上可以继续谈论哲学、马克思哲学以及马克思主义哲学的本体论？我们如果仍然把马克思的学说称作"哲学"的话，应该如何阐释其内核和实质？

马克思假定压迫激发了工人对资本主义的反抗，所以他没有对革命意识、语言以及符号交往或总体上的文化进行广泛的理论探讨。因此，当20世纪的社会政治发展没有沿着马克思主义的轨迹时，历史唯物主义的框架就受到了质疑。"当新政治运动抽掉生产方式概念这根线时，马克思主义理论这块布就散了纱。"② 为了重构历史唯物主义和马克思主义，西方马克思主义关注的焦点不再是经济和科学，而是经历了从哲学到文化再到叙事的游移过程。自20世纪70年代以来，这种游移越来越明显。

在从科学到叙事的游移过程中，科学和意识形态的关系是非常重要的一个环节。根据法国特拉西主义的传统，理性在社会中的作用，能够清除那些在过去非常有害的非理性的偏见，即观念的科学（意识形态）能使社会非神秘化，就像自然科学使得自然非神秘化一样。由于马

---

① 詹姆逊：《晚期资本主义的文化逻辑》，三联书店1997年版，第18页。
② 马克·波斯特：《第二媒介方式》，南京大学出版社2000年版，第136页。

克思的工作,意识形态就和那些同科学相对立的思想联系在一起,正如迪尔凯姆和阿尔都塞的著作一样。阿尔都塞认为,马克思主义本身就是这种科学。同样的科学/意识形态的二分法也出现在英语国家深厚的经验主义传统中。第二种传统通常被看做是历史主义的,和德语著作相联系,社会研究的问题被认为与科学研究的问题有着根本性的区别。意识形态与局部旨趣、社会视域相联系,社会视域是不可能完全摆脱的。

需要强调的是,无论科学/意识形态的二分法,还是意识形态与思想的社会决定论相联系,都可以从马克思那里找到。科学和意识形态之间的二元划分不复有意义之后,我们所能做的工作,也就是文化的分析,叙事的分析了。马克思关于文化的阐述是建立在经济基础和上层建筑的关系之上的。这种关系包括两个方面内容:一方面,经济基础决定和限制上层建筑;另一方面,上层建筑代表和确认经济基础。这种关系为分析文化作品设置了各种限制,提供了一个原则性的框架。它强调的是文化作品和生产方式之间的历史性关联,无论如何,文化不是历史中的主导力量。但在现实的运用中,往往会有不同的偏颇,或者是经济决定论,或者是文化反映论。[①] 这里的危险就是,把历史条件归结为经济条件,因而文化分析蜕变为经济分析,也就是说,文化成为经济的一种被动的反映。

从卢卡奇、柯尔施到早期的威廉斯,主要是从批判经济决定论出发,强调文化的解放作用,强调人的主观意识的能动作用。卢卡奇深信,在他写作《历史和阶级意识》的当时,强调意识是至关重要的,因为世界革命的客观条件已经成熟,革命能否成功取决于无产阶级意识这一无形的因素。他对四百多年来阶级意识的发展和局限作了精辟的阐述,卓越地把阶级意识理论补充到马克思主义中去。这样,他实际上就政治经济学批判转向了文化和意识形态的批判。法兰克福研究所在相

---

① 恩格斯在致约瑟夫·布洛赫的信中批评把经济因素视作唯一决定性因素的观点,强调经济状况是基础,但是对历史斗争的进程发生影响并且在许多情况下主要决定着这一斗争的形式,还有上层建筑的各种因素。参见《马克思恩格斯选集》第4卷,人民出版社1995年版,第695—698页。

当程度上延续了卢卡奇的思考。如果说法兰克福研究所起初还是关心对资产阶级社会的社会—经济结构的分析,那么,1930年后,它就转向对文化等上层建筑的分析。而且,法兰克福研究所的思考比卢卡奇推进了。卢卡奇在传统马克思主义的意义上来理解意识形态,把它看做是一种旨在将阶级剥削的现实而虚构出来的体系神秘化,而法兰克福学派批判理论家则把意识形态看做是一种更深奥的、自我施加的现象,它不仅仅是用来将经济剥削神秘化的。他们的工作深入到欧洲哲学传统的中心,又针对当时的社会问题,并吸收当代的经验性技术。1947年,霍克海默和阿多诺创造了"文化工业"一词,用以指称大众文化的产品、过程和机理。文化工业阻碍了政治想象力的形成和发展。这种分析构成今天所谓的现代性批判的一部分。

20世纪70年代以来的文化理论中,阿尔都塞的观点发挥了强有力的作用。阿尔都塞对历史唯物主义的最重要的贡献,是对经济基础和上层建筑关系的新的分析。他坚持,马克思主义的总体性在结构上是复杂的,社会结构是由经济、政治和意识形态三种相对自主的实践构成的。经济基础和上层建筑之间不是体现与被体现、反映与被反映的关系。与之相反,他认为,应将上层建筑看做是经济基础存在所必需的一个条件。这样,上层建筑就处于相对独立的地位。如果说经济基础和上层建筑之间依然存在一种决定关系的话,这种关系也只是在最终意义上而言的。应该把文学看作一个独特的实践,把它看作通过特定方式进行,具有特定的意识形态作用,永远处于复杂的历史中的一种实践。阿尔都塞的思想获得很多认同。沿着他的思路,皮埃尔·马歇雷提出了一种具体的文学生产理论,伊格尔顿接着以文学作品和意识形态为核心作了更广泛的分析。

在最近一些年,西方马克思主义借鉴和发挥了语言学、符号学和叙事学的理论成果。20世纪产生了大批可资利用的语言理论,如索绪尔的形式语言学、巴特的符号学、伽达默尔的阐释学、福柯的话语理论、德里达的解构理论等。语言已经接近社会实践的中心。电脑语言与人脑的关系、电子媒介的扩散把世界范围的话语带进家中,官僚体制的散播使得政治和工作比以往任何时候都更加依靠书面的交流形式,所有这些都是新型实践的,它们都极大地延伸了日常生活中语言的作用。特别是当语言呈现为电子形式时,它就在改变自身的性质,并且引发主体的方式、话语构建主体性的立场的方式发生急剧转型。① 所有这些,都促使西方马克思主义者不断转换思路,改弦易辙。

  在后现代境遇中,文化的定义是由文化研究确定的。这个定义有两个特点,一方面,它和通俗文化没有什么区别;另一方面,它几乎涵盖了社会生活的一切意义领域,在某种程度上,政治和经济似乎都可以被视为在文化范围内和通过文化运作的。这两个方面综合起来,意味着过去在精英文化和大众文化、政治文化意识形态和经济基础之间的划分不再有效。而且,这种文化具有强烈的政治色彩,其间充斥着宰制与抵抗、屈从与抗争之间的斗争。由此,文化研究似已成为当代最富有左翼精神的学术运动。文化被理解为文本、图像和再现,而不是被理解为社会关系,或者被精简为消费品和消费的对象。霍尔指出,从一开始文化研究就是作为一种激进的质询出现的,它反对简化论、经济主义,反对经济基础和上层建筑的比喻,抵制虚假的觉悟概念;但不管文化理论和政治经济学离开得多远,它毕竟还是保留了某种紧迫的政治责任感。② 特丽萨·艾伯特提出:"21世纪的文化研究应该大胆地回到马克思那儿去,尤其是马克思的《政治经济学批判基础》、《资本论》和《哥达纲领批判》,以便重新获得一种马克思主义的唯物主义文化理论。如果没有这种改革,文化研究只会变成文化唯美化的又一个熟悉的媒介。"③

  文化研究的对象就是文本。文本最初是语言学和符号学的一个概念,在后结构主义那里,文本概念有了很大的改变。我们都熟悉德里达的名言:文本之外没有他者。文本由表述性符码组成,具有物质形态,它可以是书籍、录音带、照片,也可以是服饰、饮食、手势、建筑。罗兰·巴特探讨了从作者到写者、从作品到文本的转换过程,指出文本中包含

---

① 参见马克·波斯特:《信息方式》,商务印书馆2000年版,第136页。
② 参见安吉拉·默克罗比:《后现代主义与大众文化》,中央编译出版社2001年版,第66页。
③ 谢少波等主编:《文化研究访谈录》,中国社会科学出版社2003年版,第52页。

了"意指实践"、"意指活动"、"生产性"、"互文性"等概念,并需要由这些概念来说明其内涵。文本的结构是开放的,是离心的、解构的。基于罗兰·巴特对"读者式文本"和"作者式文本"的区分,费斯克在《理解大众文化》一书中提出了"生产者式文本",意在强调,大众文本展现的是浅白的东西,内在的则未被言说,正是这些文本中的裂隙和空间,使得"生产者式"读者可以填入其社会体验,从而建立文本与体验间的关联。詹姆逊指出:"文本性这个观念,无论你怎么彻底地反对它,作为策略,它至少有这样一个优势:它能以某种方式,既跃过了认识论又越过了主体与客体的对立,使二者保持中立;它还把分析家的注意力引向某个立场上,即他自己作为读者的立场,引向他自己的某种精神运作上,即作为阐释的精神运作。"①

和文本概念一同流行的,还有话语。所谓话语,是指对主题或目标的谈论方式,包括口语、文字以及其他表述方式。话语概念的流行,话语分析方法的流行,在相当程度上要归于福柯的影响。在话语和权力、社会主体对于知识的话语建构,以及话语在社会变迁中的功能等方面,福柯的贡献是众所周知的,在其思想发展的某个阶段,关注医学、精神病学、经济学和语法等人文科学话语,强调的是话语"可能性的条件",是知识领域的种种"构成规则"。话语是生产与再生产意义的社会化过程。话语不仅反映和描述社会实体与社会关系,而且建构社会实体与社会关系,不同的话语以不同的方式构建各种至关重要的实体,并以不同的方式将人们置于社会主体的位置。尽管话语可以追溯到文本中,话语本身却不是文本性的。法国的佩奇尤克斯从阿尔都塞的马克思主义意识形态理论出发,提出一种用来进行话语分析的批判的方法,这一方法试图将社会的话语理论与文本分析的方法相结合,其研究对象主要是书写的政治话语。拉克劳和墨菲在《霸权与社会主义的策略》中强调,社会概念被理解为话语空间这样的观点具有高度的重要性,他们拒绝话语和非话语实践之间的差别,特别探讨了话语形态特有的连贯性,

---

① Jameson, *The Ideologies of Theory: Essays 1971–1986*. Minneatolis: University of Minnesota Press, 1988, p.20.

话语的维度和范围,以及话语形态展示的开放性和封闭性。

文化、文本、话语,在直接的意义上,也就是叙事而已。叙事、叙述、故事、话语、历史等词在一定意义上可以相互置换。Histoire 同时意味着"故事"和"历史"。叙事无所不在。日常生活中,电影、广告、神话、绘画、唱歌、笑话等都属于叙事。在更为学术化的语境中,人们都承认,在个人回忆和自我表述中的个人身份表达中,在诸如地域、民族、性别等集体身份的表达中,叙事都占有中心地位。利科把人看做是叙事动物。"从发现到创造,从一致性到复杂性,从诗学到政治学,这是对 20 世纪 80 年代叙事学理论转折的简要概括。"[1] 在叙事、政治和历史的链接中,文本主义和唯物主义不再对立,后结构主义的马克思主义也就得以可能。

伊格尔顿认为:"如果马克思主义是一种元话语或元叙述,那不是因为它所论断的是某种绝对真理,某种不断被唾弃的幻想;而是因为它坚持任何人类叙述,无论它采取什么方式,都必须正视……具体的物质生活和社会再生产……若没有叙述这些宏伟的故事,任何其他的故事叙述将索然寡味。"[2] 在后现代视域中,马克思的思想更多地被视作一种故事,一种叙事,出现了各种各样的不同叙述。事实上,各种各样的观点及争论在西方马克思主义中从未消失过。甚至可以说,西方马克思主义比它所继承的经典要复杂、丰富得多,也更富于包容性。既有的概念不断被讨论并发生改变,不存在一种描述现实的正确方式,所谓独特的科学方法或科学叙事是不存在的,每个思想者所讲述的也只是各种故事而已。基于这种认识,近来的西方马克思主义者对作品、创造之类的词汇保持高度的戒备,因为作品的概念暗含着统一性、总体性、自足性等意味,创造的概念同样暗含着统一性、有机性、完美性的追求。并不存在与科学相联系的宏大叙事,存在的仅仅是一系列包含着新思想的产生和需要证明的小型叙事,亦即有关一系列局部游戏的共识和有待进行的行动。由此,西方马克思主义写作的目的不再把知识统一

---

[1] 马克·柯里:《后现代叙事理论》,北京大学出版社 2003 年版,第 4 页。
[2] 伊格尔顿:《美学意识形态》,广西师范大学出版社 1997 年版,第 220 页。

起来,而是趋向局部的、地方性的、实验性的知识,致力于创造更多的范式、方案和策略。西方马克思主义的发展,也不仅仅由学科内部的传统和争论所推动,而是积极参与有关社会和政治冲突的公共世界的争论,提高对差异的敏感性,增强对不可通约的事物的承受力。

在这个意义上,西方马克思主义表征着一种生活态度和社会图景。罗蒂在《哲学和自然之镜》中说,教化哲学以使一场谈话得以继续而不是发现真理为目的。为了使谈话能够持续下去,所需要做的只是一种悠闲自在、没有任何压制的讨论。在这种讨论中,新的洞见和视角得以产生,并促成种种新的、不规则的观点。随着从科学游移到叙事,西方马克思主义也就越来越成为一项去发现新的、更好的、更为有趣和更富有结果的谈话方式的工程。他们研究,不是为了寻求最终的答案;他们写作,也不是为了急急忙忙地达成所谓的统一,而是激发更多的差异,更多的可能性。不过,马尔赫恩的讥讽也值得认真对待:"批判的马克思主义从最好的角度看,不过是一个理想的、典型的建构,缺乏完满的具体化,从最坏的角度看,就是一个传说了。"[①]

## 三、从批判到讥讽

西方马克思主义者在工人阶级活动低落的时期写作,逐渐脱离了革命实践。在他们的著述中,哲学、认识论、方法论乃至美学的比重远远甚于政治学和经济学。这特别体现在美国式的马克思主义者身上。依据博格斯的看法,美国式的马克思主义在某些学科赢得了尊敬,它的支持者在几乎所有的精英大学、绝大多数的州立院校甚至许多社区学院里任教。马克思主义学术成就在主流杂志和权威性的商业报纸和大学报纸上出版,对许多学科贡献很大,提出了新的问题,引进了新的方法论。不过同时也应看到,获取合法性的努力迫使西方马克思主义者适应一个主要是专家治国论的公共领域,理论本身开始在学科内部吸

---

① 马尔赫恩:《当代马克思主义文学批评》,北京大学出版社2002年版,第11页。

收主流思潮的特点:专业主义、实证主义,乃至作为主要敌人的功能主义。① 在这个过程中,西方马克思主义者的"有意向的读者"发生了变化,不再为产业工人阶级写作。例如,詹姆逊研究波拿文都饭店之类的后现代文本,认为看不见的入口代表着某种新的空间类型,和这种新空间相应的是一种新的集体实践,一种个人行动和集合的新方式。其实,"这些入口既小又无标示,为的是不让当地老百姓,主要是穷人和拉丁美洲人走进去。"② 在这个意义上,詹姆逊的作品是西方马克思主义学术失败的例证。

### 1. 主体的弥散

在马克思的社会理论中,社会变迁的行动主体是阶级。在马克思看来,在19世纪中叶的资本主义发展过程中,工业无产阶级革命具有经济方面的基础,他们将成为资本主义社会转型的社会行动主体,并担负起世界解放的职责。按照马克思的设想,资产阶级的生产关系是人类社会生产过程的最后一种对抗形式,无产阶级与资产阶级的斗争最终是为了消灭阶级,达成全人类的解放,建立没有阶级从而也就没有阶级对抗和压迫的社会。在这种社会里,每一个人的自由发展是一切人的自由发展的条件。

没有阶级意识的阶级是不存在的。马克思、恩格斯的著作中多处涉及阶级意识问题。例如,他们对无产阶级从"自在的阶级"向"自为的阶级"发展的分析,对法国农民状况的分析,以及对资产阶级与封建贵族的斗争的分析,都涉及阶级成员对自身阶级地位的共同意识在形成阶级集团,采取共同的阶级行动中的重要作用。马克思恩格斯在讨论阶级意识时,还提到"革命的意识",强调工人阶级在改造现存社会的斗争中必须形成自己的阶级意识。然而,第二国际的领袖们似乎遗忘了马克思的这些教导。结合自己在匈牙利的革命实践经验,卢卡奇认为,

---

① 参见博格斯:《知识分子和现代性的危机》,江苏人民出版社2002年版,第149—152页。

② 参见拉·雅各比:《最后的知识分子》,江苏人民出版社2002年版,第151页。

资本主义社会中最重要的现象是物化,这一现象体现在人们的观念中,就是物化意识。要冲破物化意识的束缚,必须采用总体性的思维方法,而从个人通往总体的道路是没有的,只有无产阶级才能既成为历史的客体,又成为历史的主体。按照卢卡奇的观点,只有当无产阶级的意识能够指出推动历史辩证法客观地前进,但又并非是在孤立无援的情况下前进的必由之路时,无产阶级的意识才能领悟到这一进程;也只有那时,无产阶级才能成为历史进程中主体和客体的统一体,他们的实践才能改变现实。若干年后,在为《历史和阶级意识》新版所作的序言中,卢卡奇意识到自己关于历史的主客体同一的假说是以形而上学的前提为基础的,被视为人类历史实际统一的主客体无产阶级,绝不是克服唯心主义建构的唯物主义的成果,毋宁说,它是一种想超越黑格尔的黑格尔式的尝试,是大胆地凌驾于各种现实可能性之上,在客观上试图超越大师的尝试。他还承认说,那时包括他在内的许多人对革命的持续时间和发展速度所抱的希望是过分乐观了。

卢卡奇强调工人阶级作为历史的主体—客体的功能,也强调共产党是无产阶级意识的明确的历史形象,是在组织上具体化了的最高的意识和行动阶段,而组织就是理论和实践之间的中介形式。大致在同一时期,葛兰西依据自己在意大利党内和国际社会主义运动的经验,对党和革命群众、知识分子和领导权、国家和市民社会、危机和革命策略等问题做了一系列的深入思考。相比之下,法兰克福社会研究所从未把自己和某个左翼党派联系在一起。霍克海默等人蔑视社会民主党对社会现状的怯懦投降,也对公开依赖莫斯科的共产党不感兴趣。当研究所接受那些有政治承诺的成员时,它看中的仅仅是其非政治性工作[①]。20世纪30年代初期,法兰克福学派虽然没有对于社会变革的明确纲领,但至少在观念上信奉政治实践,热烈赞同无产阶级的事业,表现出与无产阶级团结的热情。他们还相信社会主义革命的可能性,也希望自己的理论工作能有助于阐明被剥削者的解放斗争。随着法西斯主义的崛起和研究所迁移到美国,法兰克福学派完全脱离了工人阶级

---

① 参见马丁·杰:《法兰克福学派史》,广东人民出版社1996年版,第44—45页。

的革命活动,对无产阶级革命潜力丧失了信心,彻底放弃了理论和实践相统一的构想,做出了把理论的纯洁性置于实现理论的具体实践所需要的党派之上的选择。

按照霍克海默的观点,无产阶级的境况并不是正确知识的保证。无产阶级可能体会到了自身生活中以持续不断的、越来越多的苦难和不公正形式出现的无意义性,但由于强加在无产阶级身上的社会结构分化和只有在非常特殊的时候才能被超越的个人与阶级之间的对立的阻碍,这种意识并未变成一种社会力量。因此,知识分子绝不能满足于虔诚地宣称无产阶级的创造力量,不能满足于对无产阶级活动的适应和神化,而是应当发挥独特的批判的作用。霍克海默反对主体和客体、心灵和物质的同一,认为这种同一建立在终极性的绝对主体之上。行动主义特别是政治行动主义,不再是完成使命的唯一途径。在1947年出版的《理性之蚀》中,霍克海默甚至认为,这个时代并不要求为行动增加任何刺激;哲学绝不能变为宣传,即使是出于最好的动机。这样,霍克海默和阿多诺最终放弃了对革命前景的展望,陷入政治上的悲观主义,他们把人的一切活动都视作受资本主义生产造成的占支配地位的力量支配的,因而无法创造一种考察旨在反对支配制度的解放力量的新的危机理论和新的结构。按照阿多诺的观点,发达资本主义的人民并不渴望得到解放,专横的意识形态力量已经从根本上扭曲了人的需求。只有马尔库塞继续倡导从富裕社会中解放出来的必要性,并对20世纪60年代末掀起的学生运动发挥了强有力的影响。

在努力把存在主义与马克思主义结合起来的过程中,萨特把自由视作人类生存的核心范畴,主张工人阶级应绝对服从于党,因为这是他们未来自由的唯一保证。在1960年出版的《辩证理性批判》中,萨特把教条式的辩证法和批判的辩证法加以比较,强调后者必须从个人出发,因为正如物以人为中介一样,在同样程度上,人也以物为中介,并把物质匮乏置于这种中介关系的核心位置。值得注意的是,萨特并没有放弃阶级斗争的观念,在他看来,任何关于资本主义经济会自行崩溃的说法,都将最终把人贬低为反辩证法的惰性实践的要素。与萨特不同,阿尔都塞依据马克思著作的"征候式阅读",提出马克思早期著作中带有黑格尔的色彩,注重阐释异化和类存在的概念,展现了关于主体的意识形态的问题域,后期著作中则包含了与之迥然不同的科学的问题域。在作为科学的马克思主义中,历史是一个无主体的过程。这样,阿尔都塞在拒绝任何形式的经济决定论的同时,也拒斥了卢卡奇、萨特等把人视作历史的能动主体的思想倾向,宣告了黑格尔主义的马克思主义的终结。这个终结,在某种程度上喻示了总体化和主体性在马克思主义理论传统中的终结。

20世纪中期后,随着白领的增加、新中产阶级地位的上升,无产阶级越来越少数化、边缘化,显然已不再是反抗的主体,其他社群逐渐上升到社会变革的显要位置,诸如第三世界的农民、学生、少数民族、妇女、同性恋者、环保主义者,等等。安德烈·高兹提出了"非工人的非阶级"这一概念,认为不是无产阶级"阶级意识"的匮乏或缺失,而是这一作为普遍历史主体的概念本身成了问题,因而主张向传统意义上的工人阶级告别。革命的主体越来越不明确了,革命还是否可能?如果可能,将以什么样的形式出现?20世纪60年代后,西方马克思主义者思考的不再是革命,而是在革命不再可能的情况下,是否有抵抗或反抗存在,反抗何以可能,以及如何反抗。整体的革命不再可能,宏大叙事不再可能,微小的、分散的叙事还是可能的。在这个过程中,重新确立或者说建构主体的理论工作依然在继续。

霍尔及文化研究规划在大众人群中寻找抵抗支配形式的出发点,马克·波斯特则研究信息方式,关注主体对文化经验的构建方式和形式,而不是关注已经构成的主体是如何抵制或趋同于大众文化的"外部"要求的。在1990年出版的《信息方式》一书中,波斯特探讨了后结构主义理论与电子媒介交流的关系,阐明了前者如何使得后者可以被理解,后者又是如何破坏并改变前者的轨迹。波斯特引入信息方式这一概念,意在表明:"社会批判理论已经不能再满足于生产方式这个制高点了。"[1] 经典的马克思主义理论是基于生产方式理论来理解主体的构建的。相对于生产方式理论来说,信息方式理论既是一种映照,又

---

[1] 马克·波斯特:《第二媒介时代》,南京大学出版社2000年版,第191页。

是置换。在过去的两个多世纪中,主体作为历史的行动者工作着,其形式或者是自由主义的自律主体,或者是社会主义的具有阶级意识的集体,在这两种类型中,主体都作为理性化的、中心化的统一的透视点,与受其支配的客体世界遥遥相对。如今,这种主体正受到新的交流模式的去稳定化、威胁和颠覆,信息方式以诸多新的方式构建着主体。后结构主义观点阐明了电子媒介交流对主体的解中心效应,与之相应,电子媒介交流则促使社会语境变成使得理论解中心化的基础,从而颠覆了结构主义的权威效应。在《信息方式》中,波斯特将电视广告与鲍德里亚,数据库与福柯,电子书写与德里达,科学与利奥塔两两结合,阐述了后结构主义是如何帮助社会批判理论的重建的。

资本主义文化如何从根本上瓦解了辩证法、工人阶级又是如何从一种潜在的革命主体转变为消极被动的消费者和政治保守力量?对于阿多诺和霍克海默来说,第一媒介时代的播放模式实际上就等同于法西斯主义,资本主义文化之所以成功,一个主要原因是电子媒介,它们将权威声音引入了日常生活。波斯特批评说,在这一逻辑之后,隐含着主体的自律/他律这一颇有疑问的二元律:在阿多诺看来,作为电台听众的主体如果不能进入对话,那么,该主体就是不自由的。因此,要想批判地理解新型传播系统,就必然要对后现代性所鼓励的主体类型进行评价,而人们对后现代性的有效阐述,又必须包括对该主体与新的传播方式之间关系的详细阐明。波斯特把法兰克福学派的社会批判理论称作第一媒介时代的社会批判理论。所谓第一媒介,就是播放型传播模式。例如,在电影、广播和电视中,为数不多的制作者将信息传送给为数甚众的消费者。随着信息高速公路的先期介入以及卫星技术与电视、电脑和电话的结合,集制作者、销售者、消费者于一体的系统应运而生,促成对交往传播关系的全新构型。波斯特称之为第二媒介时代。在第一、第二媒介时代更替之际,波斯特探讨了第一媒介时代关于技术、文化与政治之间关系的思考,特别是联系媒介技术来考察主体的构建、身体论题以及后现代型问题,强调第二媒介时代的主体构建是通过互动性这一机制发生的,在此基础上,有望发展出一种当代的社会批判理论。

按照拉克劳和墨菲的观点,我们不得不在具有偶然性和历史特殊性的条件下工作,这些条件构成了我们的位置和身份。不完整、支离破碎和新出现的身份的多元化不一定意味着政治能力的消失。相反,它们可以指向新的斗争形势,可以创造出更难控制和把握的条件。当社会控制的主体分散的时候,社会控制的策略自然也会措手不及。这意味着躲避的技巧更容易实现[①]。在这个意义上,我们应该期待的,不是马克思所预言的阶级结构的简单化,也不是具有普遍性的阶级主体不可避免地出现,而是发展出一系列支离破碎的身份,每种身份都在追求激进民主的运动中发挥其独特的作用。

### 2. 资源的迷乱

在思考不断变迁的时代语境中,西方马克思主义者挪用了各种各样的理论资源,诸如:用一些先于马克思本人的哲学——例如卢卡奇著作中的黑格尔、霍克海默著作中的叔本华、阿尔都塞著作中的康德、科莱蒂著作中的卢梭——来补充马克思主义;用一些和马克思思想姿态相去甚远乃至截然相反的理论——诸如法兰克福学派著作中的弗洛伊德、梅洛-庞蒂著作中的韦伯、墨菲著作中的施密特——来发展马克思主义。这样的补充和发展自然有着不可轻视的意义,在相当程度上深化了对当代社会的理解,与此同时,也就越来越把马克思的学说视作思想发展中的一个阶段,一种声音,而不再是"指令"和"方向的指南"。

在把 20 世纪 20 年代的时代问题概念化的过程中,卢卡奇挖掘出马克思主义的黑格尔维度。就像青年马克思一样,卢卡奇是通过黑格尔走向马克思主义的。能认识到德国古典哲学对马克思主义的重要性,的确是难能可贵。《历史与阶级意识》所依据的主要材料,就是黑格尔的《逻辑学》和康德的《纯粹理性批判》,其核心概念如物化、主客体辩证法、总体性等,都植根于黑格尔。与卢卡奇同一时期的柯尔施认为黑格尔的哲学是批判的学说,葛兰西则认为黑格尔学说的革命性在于他的历史性概念。他在《狱中札记》中写到,实践哲学是对黑格尔主义的

---

① 参见默克罗比:《后现代主义与大众文化》,中央编译出版社 2001 年版,第 72 页。

改造和发展;如果说马克思是实践哲学的顶点,黑格尔就是实践哲学最伟大的首倡者。按照柯尔施的观点,如果说马克思把黑格尔的唯心主义辩证法唯物化了,那么把马克思主义重新黑格尔化,就必须加强马克思实践—批判的理论主旨。20 世纪 50 年代,随着法国思想界对黑格尔兴趣的增长,存在主义的马克思主义应运而生。在萨特等力图把存在主义和马克思主义结合起来的理论努力中,黑格尔的历史哲学、异化概念和辩证法、精神现象学发挥了积极的作用。直到 60 年代兴起的结构主义的马克思主义,才意识到在当时的语境中,和黑格尔保持距离是至关重要的。特别是阿尔都塞,试图运用征候式阅读,剔除马克思思想中的黑格尔残余,反对黑格尔式的马克思主义。

韦伯对马克思在思想史上的贡献曾经给予很高的评价,认为马克思在建立现代社会科学方面扮演着建设性的角色,为现代的经济理论铺平了道路。与此同时,他又批评说,《共产党宣言》乃是从错误的概念理论、价值理论和历史理论中导出了一个对人类共同生活之结构法则所设定的错误理论。就对于资本主义发展原因的判断来看,马克思认为是原始积累,韦伯认为是新教伦理;就对抗普遍官僚化的路径来看,马克思提出要克服资本主义及市民阶级的民主制度,韦伯则为实现合理的资本主义与民主制度而大声疾呼[①]。似乎很难找到比马克思和韦伯更加截然相反的两种思想姿态了,然而,在西方马克思主义的发展中,韦伯的影子始终或隐或显地存在着。卢卡奇的物化概念直接源于韦伯的合理化思想。在韦伯看来,近代社会的出现,可以被视作从效率、可测量性以及手段—目的式的合理性角度,对传统活动进行重新组织的结果。卢卡奇把韦伯对社会过程和趋势的描述推广到了主体自身,从而也就把斯密对劳动的划分运用到了人类精神自身,并且认为在现代,人类精神本身越来越多地从属于外在的劳动分割。在这个过程中,卢卡奇和德国唯心主义中较早的传统发生了联系。

法兰克福学派的理论家对韦伯的政治哲学没有多少共识,但在对

---

① 参见施路赫特:《理性化与官僚化——对韦伯之研究与诠释》,广西师范大学出版社 2004 年版,第 56—59 页。

现代性的诊断方面,他们从韦伯那里受益颇多。例如,在《单向度的人》中,马尔库塞把高度工业化的社会视作既有社会形态中最缺乏理性的一个,它拥有的是其他社会所无法获得的操纵能力。这种操纵力的基础在于现代社会的单向度性,使得进步的变迁力量持续地受到压制。同时,这份强大的操纵力量也威胁到了本来便有限的自由,虽然这些自由是经过工业化的自由资本主义阶段好不容易才争取到的。马尔库塞对现代社会的分析和批判,显然深受韦伯的影响,只不过他企图回复到韦伯之前的精神。他对韦伯的工具理性颇为轻蔑,认为技术和技术合理性是现代社会特别是成熟的资本主义最突出的特征。把马克思和韦伯结合起来的努力,在梅洛-庞蒂的韦伯式马克思主义中得到突出的表现。在《辩证法的冒险》中,庞蒂既要促使马克思的概念绝对主义相对化,又要促使韦伯的价值相对主义变得激进起来,他意识到,只有糅合进韦伯式的犹疑,辩证法的冒险才能躲避由某种毁灭性的和可怕的事物所导致的灾难[①]。因此就用作为新康德主义者的韦伯的工作,为辩证法思想的过度的综合能力限定范围。同时,他又拒绝满足于韦伯的自由主义及其标榜的斯多葛悲观主义态度,竭力揭露知性的潜在缺陷。这和卢卡奇在《历史的阶级意识》中的工作颇为相似。

　　在存在主义的马克思主义和后现代马克思主义中,可以看到海德格尔的思想印记。卢卡奇在为1967年版《历史与阶级意识》所写的序言中坦承他与海德格尔在学术上的密切联系,萨特受益于海德格尔的《存在与时间》,马尔库塞则经历了从存在主义马克思主义到左翼海德格尔主义的思想历程。在《历史唯物主义对现象学的贡献》中,马尔库塞为海德格尔和马克思对历史性阐述的相似性所吸引,把要求激进行动作为二者共同的主张。在马尔库塞看来,二者都在努力促使西方哲学传统中内在的乌托邦精神改变方向,使之朝向矫正人类生存环境缺陷的实践目标。马克思的"巴黎手稿"出版后,马尔库塞更为确信马克思主义和基础本体论兼容的可能性。在1933年发表的《经济学劳动概念的哲学基础》一文中,马尔库塞通过追溯早期海德格尔和马克思的观

---

[①] 沃林:《文化批评的观念》,商务印书馆2000年版,第167页。

点，从必然性角度来看待劳动，从超越劳动的角度来定义自由，对劳动在经典马克思主义中的核心位置提出质疑。

卡尔·施密特是魏玛时代德国主要的法学理论家之一，在纳粹德国时期，他几乎对希特勒的每一个政治举措都全力以赴，提供理论上的证明和阐释。然而，在20世纪90年代以来，西方马克思主义者如查特尔·墨菲开始有选择地借用施密特的理论遗产。在1993年出版的《政治的回归》中，墨菲追随施密特的思考，与之论辩，并且用他的洞察力来抵制他对自由民主的批评。按照墨菲的观点，现代民主的整个问题都同多元主义相关，在这一点上，施密特发挥了"指示器"的作用，他同时表明了以统一体为基点的思考所具有的吸引力和内在于这种思考之中的危险。或许，他同时还促使我们对滥用某种类型的多元主义保持警惕。如果说施密特使我们注意到敌我关系在政治学中的核心地位，那么，墨菲的工作就是在当代本质主义批判的框架里重新阐述这个概念，并利用这个框架建构多元民主的理论方法。在接受施密特对个人主义和理性主义的批判的同时，墨菲致力于为自由主义提供辩护，强调自由民主的伟大力量在于，它提供了制度和惯例，如果能恰当地加以理解的话，它们就会将敌对因素的潜在破坏消解于无形之中。

在后结构主义的理论语境中，无论是政治主体还是社会整体，都由各种对立的因素所构成，一直在不停地建造中分化和理论更新，变得开放而没有中心，零散、多元、多声音。然而，资本主义霸权话语，不仅没有动摇和解体，反而更加稳固。例如，把资本主义称作某种"社会宏观结构"、"庞大的统治机构"、"全球经济"或"弹性积累"、"后福特主义"或"消费社会"。资本主义这个词连同形容词使用时，便显得变化自如，如"垄断资本主义"、"全球资本主义"、"后工业资本主义"、"晚期资本主义"。这些措辞当然是屈服和赞扬兼而有之，这种思考资本主义的方式，使得人们很难想象它会被取代，从而加剧了左翼的政治危机。如何运用后结构主义来认识资本主义，成为摆在西方左翼理论家包括西方马克思主义者面前的一个重要议题。

吉布森-格雷汉姆详细考察了人们对资本主义这个术语的用法，强调对资本主义的描述是反资本主义思想的一个强有力的组成部分。它提供了所要抵制和改变的现象,也暗示了改变它的战略、技术和方法。因此,对有关资本主义霸权的描述,应该持审视和批判的态度来阅读。他们归纳出资本主义霸权话语的三个特征:统一性、单一性和整体性。这些特征既相互区别,又相互联系,构成了一个"不能改革的改革对象"。① 所谓统一性,是说人们通常把资本主义描述为建筑大厦和有机整体,它代表一种组织和制度,通过这一组织或制度,社会劳动循环以各种不同形式而流动畅通起来,按照逻辑或规律来自我调节。所谓单一性,是说资本主义基于自身的范畴而存在,一旦它作为一种特定的社会形态完全确立之后,就要占据统治地位或独霸地位。所谓整体性,是说资本主义渗透我们生活的方方面面,金融体系、国家政府、国内生产、大众传媒等都成为资本主义整体性的存在条件,甚至社会主义也是作为资本主义的对立面而存在的。如果说资本主义的统一性使我们面临着制度改革的艰巨任务,那么资本主义的单一性和整体性就使得完成这个任务毫无指望。因此,正是这种思考资本主义的方式,使得人们很难想象它会被取代。在这个意义上,这些认识习惯和思想观念在许多观点的交汇处构成了"霸权资本主义"。吉布森-格雷汉姆提出了解构资本主义霸权话语的五种策略:设置稻草人;解构资本主义与非资本主义的关系;反资本主义实践的多元决定;详尽阐述经济差别理论;姑且利用残余物和基本原理。

在阐述资本主义范畴中的不确定因素时,吉布森-格雷汉姆援引了德里达的《马克思的幽灵》。幽灵的形象是一个悬而不定的混合物,一个不可能实实在在地确切存在的虚幻,它栖息在超越了简单的对立和对抗的复杂而有差异的领域。幽灵是一个用来解构的形象。思考幽灵的可能性就是思考没有对立的差异性,这种差异超越了现实和不现实、生命和非生命、存在和不存在之间的种种对立。在《共产党宣言》中,马克思恩格斯呼唤未来的幽灵,并把它视作现在影响极大的构成要素:"一个幽灵,共产主义的幽灵,在欧洲徘徊。"根据德里达的观点,马克思

---

① 吉布森-格雷汉姆:《资本主义的终结——关于政治经济学的女性主义批判》,社会科学文献出版社2002年版,第318页。

经常试图摒弃幽灵,明确区分什么是现实的,什么是不现实的。德里达反复提到马克思和马克思主义的幽灵。对他来说,这个幽灵是未来的希望,而对福山来说,那不过是一种应被驱除或压制的希望。依据德里达的精神,吉布森-格雷汉姆讨论了困扰资本主义概念的幽灵。

在当代资本主义社会,马克思主义的批评者宣称阶级的消亡,马克思主义理论家则感叹工人阶级的分化。从某种意义上说,正是马克思主义描述资本主义降临的理论方法,阻碍了对资本主义的改造。吉布森-格雷汉姆运用反本质主义的思想,探讨了阶级认同和政治,认为已经消亡或分化的是关于工人阶级及其使命的假说,这种假说业已成为资本主义霸权概念的一部分。吉布森-格雷汉姆重构了阶级概念。他们不再把阶级定义为一个社会分类,而是定义为生产剩余劳动和占有剩余劳动的社会过程,以及有关剩余劳动的分配过程。他们把阶级作为一个过程加以详尽阐述,而且强调其各不相同的当代形式和可能形式。吉布森-格雷汉姆把阶级推为一个非本质的过程,也就是说,阶级活动并不比其他社会活动更严密地控制自身发展的核心内容或存在条件,而且最终可能回归为其他活动。吉布森-格雷汉姆进而设想一种新的分配政策,阐明阶级改造的路径。在吉布森-格雷汉姆看来,"如果可以把我们的阶级观念同系统的社会观念相分离,同时也把我们的阶级改造观念和系统的改革目标相区别,那么局部的和最近的社会主义就指日可待了。如果把社会主义定义为共同生产、共同占有和共同分配剩余劳动的话,那么,我们无论在家里还是在上班,到处能遇到社会主义,随意都能建设社会主义。"①

### 3. 文化的迷思

马克思主义理论赋予工人阶级以很大希望,然而20世纪初,随着资本主义工业化的发展,资本主义的等级和统治形式从生产领域扩展到消费领域,文化越来越不可抗拒地被物化了。在这种物化过程中,物

---

① 吉布森-格雷汉姆:《资本主义的终结——关于政治经济学的女性主义批判》,社会科学文献出版社2002年版,第332页。

体被人性化,人性则被物化。虚假的理性主义铁笼过滤了日常生活中原有的原创性,留下虚假的神、虚拟物体和虚假欲望的空洞外壳。超越的可能性几乎不复存在,日常生活世界完全受到来自官僚体制、科学理性、技术和大众文化等各种压迫力量的塑造,这些压力中最重要的是电视和其他信息和传播技术。工人阶级似乎彻底融入了现代资本主义社会,不再有革命的动力。在努力阐释这一现象的过程中,卢卡奇提出了物化理论,霍克海默和阿多诺则在1947年创造了"文化工业"一词,用以指称大众文化的生产过程。他们认为,大众文化具有两大特征:文化同质性和可预料性。

文化工业理论的意义是毋庸置疑的。在一定意义上说,商品化和消费被确定为理解晚期资本主义逻辑的构建。消费具有的物化和压制的作用,使得大众得以构建,而他们的自由、真理和真实的愉悦则都被否定。在文化工业的霸权范围里,日常生活的节奏和惯例都被根据工业化的守时性加以塑造。消费取代生产成为社会生活的可见标志,但并不否定生产的基础性、实质性和重要意义。"消费因此具有双重意义:既是晚期资本主义秩序的能指也是其所指。"① 但消费仍然是一个二阶现实,至少就霍克海默和阿多诺的观点而言是这样的。

但是文化工业理论的确存在一系列的问题。法兰克福学派试图维护虚假需求与真实需求之间的差别,维护由文化工业强加并满足的对通俗文化商品的虚假需求与受文化工业压制的对自由、幸福和乌托邦的真实或现实需求之间的差别。问题是,如何区分真实需求和虚假需求?什么是真实需求呢?从根本上说,法兰克福学派认为,工人阶级的现实需求在于,推翻资本主义并以社会主义来取代它的革命。这种革命未能实现的事实,并没有导致法兰克福学派理论家们追问所预言的革命出现的基础。相反,他们所做的是,设想它应该发生,然后再力图设想出它没有发生的原因。这也是20世纪初大多数马克思主义思想的特征。

当然,早期法兰克福学派中,还有一种边缘化的思考。1930年代

---

① 罗杰·西尔弗斯通:《电视与日常生活》,江苏人民出版社2004年版,第165页。

中期,本雅明撰写了被认为是 20 世纪有关通俗艺术最新锐的论文之一《机械复制时代的艺术作品》。和阿多诺、霍克海默的观点相比,本雅明强调当代通俗文化的民主潜力和参与潜力,而不是独裁主义的潜力和约束的潜力。这种见解有突出的原创性,但对权力与各种新通俗艺术的关系缺乏深入探讨,并且具有一种夸张的技术乐观主义。无论如何,它作为对法兰克福学派著作的一种批判性注脚值得重视。特别是,对资本主义发生革命性变革的可能性持乐观态度,强调资本主义最终将会产生各种条件,使得彻底废除资本主义成为可能。

20 世纪 70 年代以来,随着学术侧重点从宏大叙事到微型叙事,从文本到阅读,从言说系统到言语,从意识形态和霸权到从属者的日常生活实践的游移,文化研究特别是对大众文化的理解逐步取代了文化工业理论。在这方面,费斯克的工作具有一定的代表性。在《理解大众文化》等著作中,他试图发掘大众文化的政治潜能,提出不仅要研究大众文化从中得以形成的那些文化商品,还要研究人们使用这些商品的方式,后者往往比前者更具创造性与多样性。费斯克感兴趣的是,究竟以何种方式,大众文化进步性的政治潜能可以打碎社会的表层,他兴趣的中心点是宏观政治与微观政治之间,激进、进步的思想与行动之间的关系。费斯克相信,大众文化不仅保留了社会差异,也保留了这些差异的对抗性,以及大众对这种对抗性的意识。因此,在合适的社会条件下,它能赋予大众以力量,使他们有能力去行动,特别是在微观政治的层面,大众可以通过这种行动,来扩展他们的社会文化空间,以他们自己的爱好来影响权力在微观层面上的再分配。

激进的批判理论家倾向于贬低自己为之代言的大众:首先把他们描画为体制的牺牲品,然后着力于揭露并批判那些宰制性的力量。在费斯克看来,批判理论家大都没有注意到日常生活的核心地带,也未能生产出一套有关大众快感的明确理论,而他的核心论点之一,正是理解大众的快感以及这种快感的政治所具有的重要性。大众文化是资本主义制度中从属前提的意义/快乐。大众文化制造了从属性的意义,那是从属者的意义,其中涵括的快乐就是抵制、规避或冒犯支配力量所提出的意义的快乐。在探讨抵抗霸权式快感的大众式快感的过程中,费斯克把视身体为虚假与低级快感来源的康德和叔本华称作右派理论家,把发现身体快感的正面价值的巴特等称作左派理论家,强调大众文化之所以是有快感而言的,只是因为它是由体验到快乐的大众生产出来的,而不是从外部传送给大众的。大众的快感以两种不同的方式运作:躲避(或冒犯)与生产力。躲避式的快感围绕着身体,而且在社会的意义上,倾向于引发冒犯与中伤;另一种是生产诸种意义时所带来的快感,它们围绕的是社会认同与社会关系,并通过对霸权力量进行符号学意义上的抵抗,而在社会的意义上运作。

大众文化的政治是日常生活的政治。"这意味着大众文化在微观政治的层面,而非宏观政治的层面,进行运作,而且它是渐进式的,而非激进式的。"① 微观政治的快感是生产出意义的快感。《解读大众文化》第六章的标题"在日常生活中找乐",恰如其分地表达了费斯克的理论旨趣。大众文化不是革命的,却是进步的,它在社会的裂隙中作用。它本质上是防御性的,拒绝自己为社会秩序所控制,有时也暂时与之合作,但还总是乐于抓住机会打游击战,作赌博式的战略抵抗。在这个意义上,任何抵抗或无视支配结构的那些激进的艺术形式,都不会是大众式的,因为它们无法提供大众日常生活的切入点,而日常生活是反对殖民化力量之策略的一系列战术行动。费斯克注意到,通俗文化赖以产生的商品在两种同时存在的经济中流通,金融经济注重的是交换价值,而文化经济则主要集中在使用价值亦即意义、快乐和社会属性。问题在于,在费斯克的论述中,通俗与大众文化之间的沟痕似乎被缝合了,解释性文化研究与文化的政治经济学批评之间的争论似乎也被抹去了,因此不能不令人产生这样的疑虑:乐趣在何种程度上与抵抗相关?费斯克是否代表了一种"新修正主义"?② 其主题是快乐、授权、抵抗和大众鉴别,代表了一个从更具批判力的立场退却的阶段:说好听一点,它是消费者权威的自由主义观点的回音;说得苛刻一点,它与占优势的"自由市场经济"意识形态一唱一和。这不能不提醒我们,符号学可以

---

① 参见费斯克:《理解大众文化》,中央编译出版社 2001 年版,第 68 页。
② 参见麦克盖根:《文化民粹主义》,南京大学出版社 2001 年版,第 82-84 页。

为分析文化和社会现象提供一种工具,但它不能代替政治经济分析,更不能对文化和社会现象提出严肃的历史诠释和批判。

马克思论述了经济基础决定社会关系的问题,而这些社会关系则反映在特定的文化形式中。西方马克思主义者逐步放弃了这个观点,他们不再把经济和文化看作彼此决定的关系,而更多地看做是相互作用的。特别是由于葛兰西以及最近拉克劳和墨菲的努力,西方马克思主义取得了至关重要的理论进展,超越了所有形式的经济主义。同时也应该看到,西方马克思主义者专注于文本、符号和象征。他们的写作已经完全适应于发达资本主义的专业化形式,成为当代学术与社会的有机组成部分。他们当然也对现状提出批评,但这种批评和马克思的批判相去甚远,而且引发了一系列的困难。例如,现代资本主义文化的标志很可能就是把经济看作是在某些方面与文化相分离的。而且,从老式的阶级斗争到后现代的生态的、文化的、性别等斗争的过渡,正是由全球资本主义导致的。这些斗争的根源就是资本主义的全球化。

按照齐泽克的观点,现在出现的问题,就是和当初对经济主义的态度正好相反的反经济主义膜拜。也就是说,对经济主义禁忌的巨大关注成为忽略经济现实的一种借口,经济现实不再被看做是基本的存在领域。齐泽克不同意后现代的哪些符咒:先是性别、种族斗争、性别之类,然后是阶级。[①] 他无意返回到经济主义,只是强调,在放弃经济主义的同时,我们不应该忽视资本在形成人类生活和命运以及可能性意义中的系统力量,应当把阶级解读为反对资本主义的经济斗争。沿着这个思路,齐泽克在摒弃了把工人阶级置于中心地位的迷信的同时,也反对那种认为工人阶级已经消失,再谈论工人阶级是毫无意义的后现代主义观点。在今天这个所谓"工人阶级已经消失"的时代,我们上哪儿去寻找"无产阶级"呢?齐泽克提出,回答这个问题的恰当方法或许是重点研究一下马克思关于无产阶级的概念与黑格尔关于主人和奴隶的古典辩证法是何等的不同。[②] 这就提示我们,应该"回到马克思",或

---

[①] 参见齐泽克、戴里:《与齐泽克对话》,江苏人民出版社2005年版,第14、154页。
[②] 参见齐泽克:《有人说过集权主义吗》,江苏人民出版社2005年版,第106页。

者用德里达在《马克思的幽灵》一书中的话说,无论如何,不去阅读和反复阅读马克思,将越来越是一个错误,一种在理论上、哲学上和政治上的失责。而且,不能像回归一个伟大的经典哲学家那样回归马克思,把他最后归于伟大哲学传统之列,因为这存在着使马克思的革命指令被驯化、中立化的危险。西方马克思主义理论思考中表现出的主体弥散、资源迷乱和文化迷思三个问题上的,表明的正是这样的一种危险。那么,在今天,对马克思保持怎样的一种姿态,才能重新激活对马克思的理解及对马克思批评的阅读呢?这是需要我们反复地深思的。

# 第五章
# 自由流动的未来

众所周知,毛泽东一直致力于马克思主义中国化的工作。1978年后,马克思主义思想界的重要工作就是建构当代中国的马克思主义。在这个过程中,哲学原理教科书发生了一系列的嬗变,研究的视域不断扩展,一些基本理论问题的研究不断深入,促生了一些新的理论生长点。

## 一、哲学教科书模式的嬗变与重构

1959年,中央宣传部和教育部委托一些省市编写教科书,其中具有代表性的有六种,即中国人民大学本、北京大学本、上海本、吉林本、湖北本、广东本。在此基础上,艾思奇主编了全国性的统一教材《辩证唯物主义历史唯物主义》(以下简称"艾思奇本"),于1961年11月由人民出版社出版,次年8月修订再版。"文化大革命"后,该书于1978年4月修改,重印再版。在相当长的时期里,提到马克思主义哲学,人们很自然就会想到哲学原理教科书亦即所谓的教科书体系,似乎只要熟悉和理解了其中的内容,也就基本上掌握了马克思主义哲学。即使在今天,这种认识仍然很普遍。事实上,在马克思主义哲学研究领域,人们都很清楚,自20世纪80年代以来,教科书体系也在不断变化,出现了不同版本的教科书。而且,在教科书之外,出现了对马克思哲学的另外一些解读方式,出现了不同于教科书体系的马克思主义哲学体系的建构。

1982年4月,受教育部政治理论教育司和北京市委大学工作部委托编写的高校文科共同课哲学教材《辩证唯物主义和历史唯物主义原理》(以下简称"第1版")出版。后来,又分别于1984年6月、1990年3月、1995年5月出版了该书的第2版、第3版、第4版。

以上五个版本中,主要表现出以下几个方面的变化:

第一,关于马克思主义哲学研究对象等的阐述。

在"艾思奇本"中,似乎没有关于马克思主义哲学研究对象的阐述,只是强调"它使哲学成为科学的世界观和方法论",是"革命的无产阶级的世界观,是无产阶级用来领导广大人民群众为改造旧世界和建立社会主义社会、共产主义社会而斗争的精神武器"。第1版认为,马克思主义哲学是关于自然、社会和思维发展普遍规律的科学。第2版和第3版也都这样理解。第4版则提出,马克思主义哲学"正是描述人们的实践活动和实际发展过程的真正实证的科学",其基本内容是"从对每个时代的个人的实际生活过程和活动的研究中得出的"。并且提出,相对于一切旧哲学而言,马克思主义哲学是历史唯物主义或唯物主义历史观。

第二,关于哲学功能的阐述。

从"艾思奇本"到第3版,都只是一般地强调,马克思主义哲学给我们的一切实际工作指出解决问题的正确方向,为一切科学研究提供了正确的方法论,学习马克思主义哲学有助于树立共产主义的世界观和人生观,掌握认识世界和改造世界的思想武器。但第3版已开始注意哲学特有的培养思维方式的功能。例如,在"实践和认识"一章中单列一节,题为"思维方式与思维方法",阐述了思维方式的本质和功能、科学思维的一般方法等。第4版则单列一章,题为"认识与思维方法、思维方式",探讨了认识活动的思维方法、辩证思维方法和现代科学思维方法、作为认识论的思维方式。另外,第4版在"绪论"中把以前版本中的"学习马克思主义哲学的目的和方法"改为"马克思主义哲学的功能",强调马克思主义哲学作为现时代的思想智慧,最主要的是具有反思、概括、批判和预测的功能。

第三,关于实践范畴的阐述。

"艾思奇本"、第1版和第2版中,都只是在"认识和实践"一章中才出现实践范畴,也就是说,实践只是认识论的范畴。到第3版,在第一章"世界的物质性"中把"自然界、社会、人类"单列为一节,强调自然界、社会、人类是物质世界的基础,实践是自在世界向人化世界转化的基础。第4版中,第1章"世界的物质统一性"之后,安排"实践与世界"作为第2章,阐述了实践的本质、基本特征和运行机制,以及实践与世界的二重化:主观世界和客观世界的分化与统一;自在世界和人类世界的分化与统一;世界的世界观意义。第3章为"社会及其基本结构"。这样,既突出强调了实践的观点是马克思主义哲学的首要的和基本的观点,是马克思主义哲学理论体系的基础和核心,又改变了以前各版本先辩证唯物主义后历史唯物主义两大块的解释体系,突出辩证唯物主义与历史唯物主义"一体化"的思想,力求使二者相互贯通、相互包含、融为一体,以展现马克思主义哲学不是彼此分离的"两个主义",而是如同"一块整钢"的"一个主义",即以实践为本质特征的辩证的历史的唯物主义。

第四,关于人的阐述。

"艾思奇本"只是在最后一章阐述了"人民群众和个人在历史上的作用"。第1版承袭了"艾思奇本"的体例结构,只是增加了"社会进步和人的解放"作为最后一章,并特别指出,有的人指责历史唯物主义只讲"物"不讲"人",这是没有根据的;只有历史唯物主义才科学地说明了人的本质,说明了人的历史,指明了全人类达到最后解放的正确道路。另外,在"历史唯物主义是科学的社会历史观"一章中阐述了社会规律的客观性和人的自觉活动。第2版承袭第1版,没有什么变化。第3版在认识论和历史观中集中讲述了主体和客体及其辩证关系。在对唯物史观的叙述中,强调历史规律的客观性和人的自觉活动的统一,并在"社会形态的更替"一节中增写了"社会形态更替的决定性和选择性"、"社会形态发展的统一性和多样性"等内容。在对社会进步过程的考察中突出了人的全面发展,增写了"人的价值"、"人的发展的社会化和个性化"、"个人的全面发展"等内容。第4版的最后一章"人的本质、自由和全面发展"中,阐述了人性和人的本质,人的自由及其实现、人的发展的历史形态及其远景。

第五,关于现代科学的观点和材料的阐述。

在"艾思奇本"和第1版、第2版中,几乎没有注意现代科学的新进展。第3版阐述马克思主义哲学基本原理时,则尽可能地用科学发展所提供的新事实、新材料来加以说明。例如,关于世界的物质统一性,第3版结合现代科学的发展,阐述了物质的客观实在性和物质形态的多样性和多层次性、世界是多种多样联系的统一;关于意识的本质、结构和作用,概括了现代思维科学、脑科学、心理学的成果,具体分析了作为知、情、意三者统一的人类意识的复杂系统。关于辩证法的总特征和三大规律,吸收现代系统论及耗散结构理论、协同学和突变论等新知识,对联系和发展、量变和质变、矛盾发展等问题作了新的阐述。关于反映论,引进信息和建构的观点,等等。

第六,对具体政策的比附。

在"艾思奇本"中,在阐述基本原理的同时,往往和当时具体的政策措施联系起来。例如,在论述社会形态时,穿插着社会主义总路线;在论述阶级和国家问题时,不忘宣扬1957年的《莫斯科会议宣言》,大力批判修正主义,特别是在不同地方批判"现代修正主义者南斯拉夫铁托集团"。第4版在阐述基本理论时,不再有任何关于其时具体政策的附会。

第七,对现代西方哲学的态度。

"艾思奇本"的"绪论"中写道,现代资产阶级哲学的各个流派虽然有某些形式上的区别,但它们毫无例外都是唯心主义;马克思主义哲学是通过对各种各样的唯心主义、形而上学的斗争,通过对各种各样的机会主义、修正主义的斗争而发展起来的,并且以后还要不断地在这样的斗争中继续向前发展。第1版中认为,现代资产阶级哲学和各种机会主义理论,也都利用新的科学成就伪装自己,并以各种新的手法来反对马克思主义哲学;在当代的一些非马克思主义的哲学中,也包含有一定的有价值的思想。第2版也是这样阐述的。到第3版,"绪论"中认为,现代西方资产阶级哲学虽然在具体形式上千变万化,但仍然没有改变其唯心主义、形而上学的本质,它们在总体倾向上是错误的,但在局部问题上有时也包含有合理的因素;在有些问题上它们的结论是不正确的,但问题本身的提出却具有一定的积极意义。第 4 版延续了第 3 版的观点,"绪论"中提出,唯心主义的思想体系是一朵"不结果实的花",对唯心主义不应简单地予以否定,而应对其进行具体分析,采取科学批判的态度,在否定它的思想体系的同时,并不拒斥其中所包含的某些合理因素和合理思想。

通常所说的"教科书体系"的模式,就是指"艾思奇本"的基本理论结构。可以看出,从"艾思奇本"到第 4 版,"教科书体系"发生了一系列变化,有些是内容上的深入和扩展,有些是微妙的细节变化,有的则是根本性的变化。在这种变化的背后,主要涉及对辩证唯物主义和历史唯物主义形态的不同看法。特殊意义上的"教科书体系"就是指这种形态,有时也称作"斯大林体系"或者"斯大林模式"。在这个问题上,至今仍有分歧。

一种观点认为,辩证唯物主义和历史唯物主义形态形成于 20 世纪 30 年代。哲学教科书体系基本上以恩格斯和列宁的辩证唯物主义为依据,同时又受到斯大林的影响。《联共(布)党史简明教程》第四章第二节的标题是"辩证唯物主义和历史唯物主义"。该节中写道:之所以叫做辩证唯物主义,是因为它对自然界现象的看法,它研究自然界现象的方法,它认识这些现象的方法,是辩证的,而它对自然界现象的解释,它对自然界现象的了解,它的理论,是唯物主义的;历史唯物主义就是把辩证唯物主义原理推广去研究社会生活,把辩证唯物主义原理应用于社会生活现象,应用于研究社会,应用于研究社会历史。在相当长的时间里,马克思主义哲学教科书就是依据这种理解来论述的。批评者认为,作为马克思总体逻辑的颠倒,教科书模式在形式上表现为从实践唯物主义向辩证唯物主义和历史唯物主义的转化,在内涵上则是实践唯物主义向自然唯物主义的转化。在批评者看来,"两个主义"是映现西方文化的马克思恩格斯哲学与俄罗斯传统文化的变形结合,是马克思主义哲学一种扭曲的形态,其要害在于否定人的主体地位,否定社会发展的多样性,否定现代社会需要现代的思维方式而用哲学来干预一切,把希望寄托在由二择一的直线式思维上。这里,哲学从一种人类深层的智慧运动变成了类似"圣经"式的训诫①。

另外一种观点则认为,"艾思奇本"不是斯大林的体系,而基本上是苏联30年代的教材体系,但增加了一些中国的特色;斯大林体系流行时间不长,主要在1930—1956年间。把马克思主义哲学称作"辩证唯物主义和历史唯物主义",不是斯大林的创造,而是苏联二三十年代的通称。不仅如此,"辩证唯物主义"和"历史唯物主义"都是原有的,苏联哲学界的创新仅仅在于把二者并列地连结起来。板块结构的指责不符合实际,说它是直观唯物主义更不可取。在关于马克思主义哲学的各种名称中,辩证唯物主义是最确切的,为了突出历史唯物主义的重要地位,把二者并列起来,也是可以的②。

相比较而言,自20世纪80年代依赖,对"教科书体系"模式的批评获得越来越广泛的认同。与此同时,学术界试图建构一种"真正的"马克思主义哲学模式,并为此做了各种各样的努力。

肖前主编、黄楠森和陈晏清副主编的《马克思主义哲学原理》,1994年1月由中国人民大学出版社出版。该书"前言"中写道:"哲学教科书体系只是马克思主义哲学的一种解释系统。作为一种解释系统,它既要忠实于马克思主义哲学的'原本',又要反映这一哲学在现代条件下发展的新成果。"对马克思主义哲学既要坚持又要发展,这是大家都非常熟悉的观点,尽管在不同时期,有时突出坚持,有时又强调发展。认识到"哲学教科书体系只是马克思主义哲学的一种解释系统",则是值得赞赏的。的确,马克思主义哲学教科书体系只不过是对马克思文本的一种阐释,除此之外,还可以有、应当有其他不同的解释。

以前,我们喜欢说,这是某某人的著作。现在,我们更习惯说,这是一种文本。从著作到文本,有一种非常重要的变化,即:著作的意义是由作者规定的,文本的意义则是由读者诠释的。这并不意味着读者可以随意发挥,事实上,从来也不可能有什么随意发挥。发挥总是在特定

---

① 参见陈志良、杨耕:《"两个主义"哲学模式述评》,载《未定稿》1989年第7期。
② 参见黄楠森:《论实践观在马克思主义哲学中的地位》,载《马克思主义实践论和邓小平理论的哲学基础》,南京大学出版社1999年版。

语境中的发挥。再则,把文本阐释的主动性给予作者,并不比把意义的源泉赋予读者,更能肯定作者的地位。事实上,作品的意义归根到底还是要靠读者来阐释和发挥的。过去强调作者对自己文本的绝对权威,实际上却是某个个人成为诠释的权威,现在强调读者的地位,只不过是希望不同读者之间互相交流,避免对经典著作的独断的解释。

既然允许有不同的阐释模式同时存在,那么,我们就不能完全彻底地否认"教科书体系"。作为一种阐释模式,它是有一些问题,这些问题似乎现在看得越来越清楚了,诸如旧唯物主义的味道太浓,等等。但坦率地说,它是自成体系的。就体系化方面而言,后来出现的种种思路都还没有构成完整的体系。"教科书模式"的最大的问题,是在相当长的时间里,自觉不自觉地,凭借政治力量把自己视作唯一的阐释模式,甚至把自己当作马克思主义哲学本身。这样做的结果,必然是僵化人们的思考,禁止人们有其他的思考。在这个意义上,教科书体系仍然是必要的,只不过教科书只是进入马克思主义哲学殿堂的一种途径,一种对马克思主义经典著作的解读方式,或者说,是一种"下限"。教科书可以提供从事马克思主义哲学研究的基础平台,亦即一套行话,一套基本的学术规范,一种话语共同体。在进一步的深入研究中,就应当以经典著作的学习为主,这种学习可能对教科书学习中获得的东西进行必要的调整。

事实上,那些反对教科书体系或模式的学者,也并非从根本上否认其中阐述的思想内容,而是承认在这一体系中,也有许多正确的观点和方法。例如,一般唯物主义是必要的,它是马克思主义哲学的历史前提,但不能把它看做是马克思主义哲学的实质和核心;一般辩证法同样是必要的,对立统一、质量互变、否定之否定都是正确的,但是不能由此忽略主客体辩证法,等等。

20世纪80年代以来,随着对传统教科书体系的批评,哲学界提出了一些新的构想。诸如:

**认识论唯物主义** 建构马克思主义哲学体系,应坚持世界观、认识论和方法论三者的统一,坚持思维和存在的统一,坚持哲学和实践的统一,突出实践的地位。

**本体论唯物主义** 哲学的对象是宇宙及其一般规律,由此决定了哲学的内容应包括世界的一般范畴、人类历史的一般范畴和认识的一般范畴三个部分。

**"一总三分"的唯物主义** 马克思主义哲学应设一个总论即辩证唯物主义,和三个分论即辩证唯物主义自然观、历史观和认识论。

**"一体化"的唯物主义** 包括辩证唯物主义一体化、历史唯物主义一体化、实践唯物主义一体化、以人为中心的一体化等不同方案,力图打破教科书模式的板块结构。

当然,影响最大的当属实践唯物主义的构想。这种构想具有广阔的理论空间,并一直延伸到 90 年代。

明确提出建构哲学新体系具体原则的是高清海和黄楠森。高清海认为,建构马克思主义哲学体系应遵循下列原则:一是立足于科学分化的现实,不能再搞包罗万象或变相取代科学内容的哲学体系;二是充分体现世界观、认识论和方法论三者统一的性质,始终坚持从哲学基本问题出发去处理哲学的一切内容;三时要在理论观点上贯彻列宁提出的马克思主义哲学是"一整块钢铁"的原则,体现出包括社会生活在内的马克思主义哲学唯物论的完整性和统一性。新体系的基本结构是:意识与存在的关系——认识的基本矛盾;客体——世界的统一性和多样性;主体——人的本质及其主体能力的内在根据;主体和客体的统一——实践和认识的发展及其规律[①]。

黄楠森认为,应按照列宁提出的构成辩证法体系的原则改造现行哲学体系:第一,唯物辩证法、认识论和逻辑学是同一个东西,由此可以引申出:哲学首先是世界观,也就是唯物辩证法,它是一个整体,而不是由唯物主义和辩证法两个部分组成的;这个体系的范畴安排大体符合认识史,反映人类认识的规律。第二,最高的概念是存在,存在是这个体系的开端。第三,体系范畴的安排顺序不是概念的自我发展过程,而是对人类实践和认识进行总结和概括的结果。第四,体系的核心不是否定之否定规律,而是对立统一规律。黄先生提出的方案包括:整体范

---

① 参见高清海:《马克思主义哲学大纲》,载《学术论坛》1982 年第 3 期。

畴,即从"存在"和"无"讲起,进而过渡到实体和属性,关系者和关系;并存范畴,包括时间和空间、中断和联系等五对范畴;层次范畴,包括外与内、现象和本质、形式和内容等七对范畴;过程范畴,包括基质和运动、原因和结果、同一和差别等七对范畴;社会范畴,包括自然界和人类社会、生产力和生产关系等五对范畴;认识范畴,包括客体和主体、实践和认识、感性和理性、必然和自由等十对范畴①。

进入 90 年代,关于哲学体系的构想进一步细化了:

1. 辩证唯物主义。马克思主义哲学就是辩证唯物主义,辩证唯物主义的旗帜不能丢,辩证唯物主义是一门科学,其基本观点诸如唯物主义、辩证法、实践观点、社会存在决定社会意识的观点、社会基本矛盾的观点、群众观点、反映论,是不会被推翻的,也不可能推翻,而只能发展,且必须发展②。

2. 历史唯物主义。传统的哲学教科书体系把马克思哲学二元化了,把自然观、认识论和方法论的范畴都抽象化了,磨平了马克思的历史唯物主义和一般唯物主义的差异,它蕴含的"推广论"是难以自圆其说的。马克思并非先研究自然,创立辩证唯物主义,然后再研究历史,创立历史唯物主义,实际上,马克思哲学观的重心始终落在社会历史领域,马克思强调,彻底的唯物主义是不应该脱离开历史的,并不存在从一般唯物主义通向历史唯物主义的桥梁。因此,马克思的哲学是以社会存在为基础的一元论哲学,也就是历史唯物主义③。

3. 实践人道主义。传统本体论思维方式的特征是将人周围的感性现实世界抽象为对立的两极世界——自然界和观念界,进而用超感性和非实在的"异己"的存在物即自然和精神来规定现实世界的本原和本体,马克思则抛弃了凌驾于自然和人之上的"异己存在物"即自在自然和超验理念,用人的感性劳动实践取代了自然本体和理念本体,并由此扬弃了哲学史上一切唯物主义与唯心主义的对立。马克思哲学革命的

---

① 参见黄楠森:《一个以列宁的哲学笔记为根据的唯物辩证法体系草图》,载《人文杂志》,1983(1-2)。

② 参见黄楠森:《必须坚持辩证唯物主义》,载《北京大学学报》1998 年第 2 期。

③ 参见俞吾金:《论马克思哲学的本质》,载《学术界》1998 年第 1 期。

实质是将属人世界当作人的实践来理解并对这一实践进行人道评价和批判,最终实现人类的自由和解放,所以应称之为"实践的人道主义"。这里的人道主义,指的是现实的人通过劳动实践将其本质力量对象化为现实世界同时确证和改造自身的哲学学说①。

——类哲学。按照马克思揭示的人或社会的三种基本形态,即从群体本位、个体本位走向类本位,是人类发展的必然趋向。当今时代是个体本位主导的时代,这种以普遍个人为主体的格局在显示其强大的力量和优越性的同时,也暴露出大量的弊端。这预示着,人类今天面临的是在充分发挥个人主体作用的基础上,如何从个体本位向类本位转变,即向更高的第三形态自觉"类主体本位"方向发展的问题。虽然我国现实中还处于个人主体的生成和发展阶段,但仍需要类哲学去引导、规范人的发展方向②。

——人类学范式。旧的教科书体系按照本体论思维范式的精神,将马克思主义哲学解释为一种实体性哲学,是一种基于与现实实践方式相匹配的需要而进行的再解释或改造。这种改造虽然有其现实的合理性,但毕竟不是对于马克思主义哲学的正确解释。80年代以来对马克思主义哲学的认识论解释或主体性解释,从与实践方式相匹配的必要和对实体化解释的改造的需要上看,也是有其现实合理性的,但亦非正确的表达。马克思建立起来的是一种人类学范式,其独特性在于强调物质生产在人类生活中的基础性地位,强调对近代主体性哲学的积极扬弃。在市场经济已在中国大地上磅礴发展的今天,回归于人类学范式,是作为中国哲学之主流的马克思主义哲学的唯一合理的选择③。

此外,还有生存论哲学、生活哲学等关于体系的构想。

毫无疑问,建立一个相对完整的马克思主义哲学教科书体系,在当

---

① 参见丛大川:《论马克思哲学革命性变革的实质》,载《学习与探索》1998年第1期。
② 参见高清海:《人的未来与哲学未来——"类哲学"引论》,载《学术月刊》1996年第2期;《人类正在走向自觉的"类存在"》,载《吉林大学社会科学学报》1998年第1期。
③ 参见王南湜:《世纪之交的马克思主义哲学:回归人类学范式》,载《中国人民大学学报》2000年第2期。

前马克思主义哲学宣传和教学中,仍然是极其必要的①。学者们都不否认这一点,但有学者进一步指出,从研究的角度,从建设和发展指导当代中国历史实践的马克思主义哲学来说,坚持马克思主义哲学是"科学的指南,而不是现成的教条"无疑更为重要,后者正是马克思主义哲学实质所决定的。马克思主义哲学以科学的世界观和方法论冲破了体系哲学的牢笼,使哲学走向实践,成为无产阶级解放事业的"指南"。但是在马克思主义哲学理解史上,基于旧哲学传统的体系思维与新哲学的方法要求屡屡发生冲突,形成了对马克思主义哲学文本的理解误差。实践证明,完整准确地理解马克思主义哲学的基本方法是当代马克思主义哲学建设的最重要的任务②。

也有学者提出,要区分体系的两个层面:一是思想体系,二是叙述体系。就思想体系而言,应把马克思主义哲学看作是在人类实践中形成并不断发展的、开放的科学和革命的思想系统,它的基本立场、观点和方法并不是某些抽象的、一成不变的公式和教条的集合,而只能通过实事求是的分析和应用得到贯彻和展开,并受实践的检验而得到丰富和发展。因此,它的叙述体系必然具有历史的、具体多样化的形式。叙述体系随着时代和实践的发展而不断演化,并不等于背离或抛弃原有的思想体系,相反,它正是思想体系生命力的展开和实现③。

概括地说,90年代关于体系的思考有三个特点:

一是立足于当代哲学的思想平台思考问题,有一种"大哲学"的视域。比较而言,80年代围绕体系的思考仅仅是马克思主义哲学领域内的思考,充其量借鉴西方马克思主义的某些东西。90年代关于体系的思考,则试图立足当代哲学的思想平台,从科学主义世界观转向生活世界观,围绕现实的生存境遇演绎理论。

二是个性化思考。如果说80年代的思考中出现了不同的阵营和社群,那么,在90年代的思考中,则出现了不同的个性化思考,稍加注

---

① 参见黄楠森:《建立一个完整严密的科学体系是马克思主义哲学建设和发展的重要任务》,载《社会科学战线》1999年第1期。
② 参见孙伯鍨等:《体系哲学和马克思主义哲学》,载《江苏社会科学》2000年第1期。
③ 参见李德顺:《面对马克思主义哲学的创新》,载《中国社会科学》2000年第1期。

意,就可以看到,不同的理论构想是和某个特定学者联系在一起的。

三是彼此的距离进一步拉大。80年代的体系思考,无非是在物质、实践、人道主义之间摇摆,在唯物主义和唯心主义之间徘徊。现在,主题、重心、话语模式都截然不同了。在90年代中后期的思考中,唯心主义和唯物主义的对立不再是问题的重心,无论是否意识到,无论是否自觉,摆脱唯物主义和唯心主义二元对立的趋势逐渐明显了。而且,90年代关于体系的思考,不再是为体系而体系,或者说,关注的重心不再是体系,而是马克思主义哲学的实质和特征。这对于继续坚持体系重要性的人来说,是把问题深化了,他们意识到体系只是"表象",重要的是首先要对"实质"有准确的把握。对于对体系不太关心的人来说,则是把体系仅仅视作一种暂时的、某个社群的"共识"。

体系的建构并不出于马克思主义哲学本质的、内在的要求,但马克思主义哲学教育教学还是需要一个较为完善的教科书体系。另外,在推动马克思主义哲学理论的研究以及总结理论研究的阶段性成果等方面,体系的建构也具有一定的积极作用。始终需要明确的是,体系本身不是目的,而是手段。建构体系是为哲学教育教学提供一个教科书蓝本,促进马克思主义哲学理论的研究,一旦人们通过体系达到对马克思主义哲学精神实质的理解和掌握(当然人们也可以直接阅读马克思主义经典作家的哲学文本以到达这种理解和掌握);一旦体系的改革者通过旧体系的解构与新体系的建构达到马克思主义哲学理论的改进,体系就应当被超越。如果体系本身被当作目的,认为马克思主义哲学必须以一个完满的体系展示自身,人们也只能根据这种体系来把握马克思主义哲学的精神实质,那么哲学体系改革中确立的任何新的解释模式与阐释体系都会再一次将马克思主义哲学教条化,从而像旧的教科书体系一样阻碍马克思主义哲学的发展。因此,不能把体系绝对化、神圣化,不能把体系等同于马克思主义哲学本身。马克思只有一个,但对马克思的解释可以有很多种。时代不同,处境不同,角色不同,对马克思的体认也就会有所不同。这样,可能出现各种各样的阐释框架,这些框架之间虽然存在各种各样的摩擦和冲突,但从根本上说,是相互补充、相辅相成的关系,彼此间应当进行有效的对话①。马克思主义哲学研究由此才能不断走向繁荣。

## 二、比较视域中的马克思主义哲学研究

在20世纪90年代以来的马克思主义哲学研究中,比较研究逐渐成为一种时尚。马克思主义哲学与中国哲学的比较研究,旨在推进马克思主义哲学中国化,突出当代中国马克思主义的民族性;马克思主义哲学与现代西方哲学的比较研究,旨在澄明马克思主义哲学的当代性与世界性;马克思主义哲学与社会理论的比较研究,则旨在表明,马克思主义哲学不仅是一种历史哲学,而且也是一种现实的社会理论。

### 1. 马克思主义哲学与中国哲学

"马克思主义中国化"论题的提出,已经有大半个世纪了。马克思主义哲学中国化及其与传统文化的关系问题引起哲学界乃至整个思想、文化领域的广泛关注,则是20世纪90年代以来的事情。在90年代中期以前出版的马克思主义哲学教科书中,还没有关于马克思主义哲学中国化的具体阐述,而只是一般地说:遵循"马克思列宁主义普遍真理同中国革命具体实践相结合的原则"②,"形成了中国无产阶级的意识形态——毛泽东思想"③,或者说,"形成了马列主义的中国形态——毛泽东思想"④。

1998年,在国务院副总理李岚清亲自主持下,出版了《中国哲学和辩证唯物主义》一书。该书序言中,首次明确提出了"马克思主义及其哲学中国化",并强调马克思主义哲学中国化包括两个方面的内容:其

---

① 参见赵家祥:《要全面历史地把握马克思主义的哲学思想——兼谈坚持互补性思维方式,克服两极对立德思维方式》,载《哲学动态》1999年第4期。
② 艾思奇主编:《辩证唯物主义历史唯物主义》,人民出版社1962年版,第23—24页。
③ 李秀林等主编:《辩证唯物主义和历史唯物主义原理》(第1版),第19页;第2版,第28页;第3版,第35页。
④ 李秀林等主编:《辩证唯物主义和历史唯物主义原理》(第4版),第27页。

一是马克思主义哲学与中国革命和建设的实践相结合;其二是马克思主义哲学与中国传统文化的优秀成果相结合。前者是大家早已公认的,具有和"马克思主义中国化"同样的涵义;后者则是 90 年代以后提出的。其背景是苏联解体、东欧剧变和全球化接踵而至。在苏联解体、东欧剧变之前,世界分为社会主义和资本主义两大阵营,所谓意识形态之争就是资本主义和社会主义的争论。那时,中国首先关心的是自己的社会主义的纯洁性问题,要求和资本主义划清界限。由此,自然也就非常关心自己和马克思主义直接的渊源和承继关系。随着苏联解体和东欧剧变,"无产阶级革命的时代"成为明日黄花,"和平与发展"以及全球化成为人云亦云的事情。在全球化背景下,体认自己身份的关键是民族性,作为主导思想的马克思主义如何和传统文化相结合,也就成为极为重要的问题,成为马克思主义哲学中国化的第二方面的内容。

但在公开的阐述中,最初并不是从马克思主义中国化角度强调传统文化重要性的,而是为了批判 80 年代中后期"文化热"中风行一时的"西化"思潮。1991 年初,在国家教委社科发展研究中心和北京部分高校教师参加的"如何正确对待中国传统文化"的学术座谈会上,许多学者严厉指出:"近几年来,在理论界、学术界、文化界和社会上重新泛滥起一股以'反传统'为时髦,乃至全盘否定民族文化和全盘肯定西方文化的民族文化虚无主义思潮,这股思潮给社会主义精神文明和文化建设带来了十分恶劣的影响。"这种危机意识给传统文化研究注入了相当的动力。1994 年 2 月 16 日,《人民日报》发表季羡林先生的文章,进一步说明国学"能激发爱国热情",并强调这是"我们今天'国学'的重要任务"。

应当说,过去不是没有认识到这一点,只是没有重视罢了。现在则把这一问题突出出来,强调马克思主义要得到发展,必须结合中国的国情和实际,而中国传统文化本身就构成了中国国情与实际的一个重要方面,如果忽略这个方面,马克思主义哲学的中国化就不可能真正实现;二者的结合既是发展马克思主义的需要,也是中国传统文化现代化的需要。这种认识无疑值得赞赏。的确,马克思主义哲学的中国化无法避开对中国传统文化的当代阐释。

问题在于如何展开这些思考。1998年,马克思主义"中源"说随着三种著述①的出版抛头露面,引起了学术界的争论。这种观点认为,马克思主义哲学乃至于马克思主义的三个组成部分,都有其"中国学脉渊承",中国传统哲学"也构成为马克思主义哲学形成的思想资源和历史文化基础的一部分"。这种观点恐怕是没有根基的。

我们并不一般地否认近代以来中西文化双向交流的意义以及中国传统哲学在十七八世纪对西方哲学的影响,也不否认从观念演变中澄清马克思主义哲学与传统文化的关系的必要性,但是,即使中国传统哲学,尤其是其中的朴素唯物主义和辩证法思想与马克思主义哲学有相通之处,这种相通,也是当代中国学者的阐释的结果,而并不能由此说明中国传统哲学在17世纪以后就已经成为马克思主义哲学的来源。我们承认,中国的马克思主义哲学不仅继承和发展了来自西方的马克思主义哲学,而且继承和发展了中国哲学的优秀传统,但必须明了的是,我们今天探讨马克思主义哲学的中国化及其与传统文化的关系,重要的不是从历史文本中寻找片言只语进行简单的对照与比附,不是从观念演变中寻找所谓的"学脉渊承",而是要在现实的实践中实现马克思主义哲学的中国化与传统文化的现代化。借用马克思的话说,这"不是一个理论的问题,而是一个实践的问题"。因为马克思主义哲学的中国化,仍然是一个有待于我们在现实的社会实践中逐步展开的问题和过程。

马克思主义和传统文化的关系,往往被具体化为马克思主义与儒学的关系。随着改革开放和现代化事业的蓬勃发展,儒学研究开始"解冻",走出"冷宫",并进而成为当代中国的一门"显学"。由于东亚经济的崛起,首先在海外展开的"儒家思想和现代化"问题研究,引发了大陆对儒家文化的再评价。1984年孔子诞辰2535年之际,成立了中国孔子基金会。1989年和1994年孔子诞辰2540年和2545年,都在北京召开

---

① 张允熠:《试论马克思主义哲学的中国学脉渊承》,载《中国社会科学院研究生学报》1998年第1期;张允熠:《中国文化与马克思主义》,山西教育出版社1998年版;方克立主编:《中国哲学与辩证唯物主义》,高等教育出版社1998年版。

了规模宏大的纪念会。1995年12月4—6日,中国孔子基金会学术委员会和中共中央党校科研部在京联合召开了"马克思主义与儒学"学术研讨会[①]。与会学者虽然观点不尽一致,但大都同意,建设有中国特色的社会主义不能抛弃传统文化,区别在于如何批判地继承。特别值得注意的一个倾向是,一些学者认为,中国化的马克思主义与儒家思想之间,固然有相异、相反、相斥、相绝之处,但确有许多相似、相同、相容、相接之点,二者并非格格不入,水火不容。与会学者关注的重心已不再是二者能否结合的问题,而是如何结合,怎样结合,并开始探讨毛泽东对二者的具体结合工作。在1999年由中国社会科学院哲学所和中国孔子基金会共同主办的"马克思主义与儒学"学术研讨会上,一些学者再度强调,儒学是中国传统文化的主流,具有某种"超越性价值",要建设有中国特色的社会主义,必须实现马克思主义与儒学的结合[②]。

在今天,把儒学看做是僵死的封建余毒无疑是不合时宜的。作为传统文化的重要组成部分,儒学始终在我们的思想和生活中发挥作用。如果承认我们依然是生活在传统之中,也就不能不承认,在相当程度上,我们依然生活在儒学之中。与此同时,也应看到,"儒学复兴"并不是一个由学者推动的纯粹学术的复兴运动,其功利主义的、意识形态的色彩是显而易见的。假若说在80年代,"儒学复兴"主要是源于东亚现代化模式的启示,那么,进入90年代之后,则主要是民族文化认同的需要,重新寻求秩序和整合的需要。在此意义上,儒学在20世纪中国的荣辱兴衰,主要是取决于它和中国现代化的现实关系,更确切地说,取决于人们对这种现实关系的体认。

在90年代系统而明确的阐释中,人们往往认为,中国人民之所以选择马克思主义哲学,是有传统的文化作基础的,中国哲学和文化中蕴含的唯物主义和辩证法思想是人们接受和选择马克思主义的思想基础;同时,人们接受马克思主义的共产主义理想也与中国古代的大同理

---

① 此次会议的论文收入崔水龙等主编:《马克思主义与儒学》,当代中国出版社1996年版。

② 参见《马克思主义与儒学学术研讨会述要》,载《哲学动态》1999年第8期。

想有密切的关系①。由此,"马克思主义哲学中国化"这一论题转换为比较研究的问题,即马克思主义哲学与中国传统哲学的比较研究,继而提出一些似是而非的观点,诸如:二者在唯物论、辩证法、认识论和社会历史观等方面有可能契合之处,从而为马克思主义哲学在中国的传播奠定了基础②。也有论者提出,马克思主义哲学属于现代哲学范畴,是现代唯物主义,而中国传统哲学对于合理解决当代人类发展所面临的人与自然、人与社会的矛盾和冲突,提供了富有启发性的观点,依然具有某些现代价值,这就使二者在现代实践和现代科学基础上具有某种程度的契合。

这种注意力在对毛泽东思想的研究中也表现出来。在90年代以来的研究中,学者们不再满足于探讨毛泽东是如何对传统文化中的实事求是、知行关系、有的放矢、一分为二等概念进行利用和改造,以及如何用中国作风和中国气派的语言来解释马克思主义哲学的,而是力图从更高的层次上,更概括的文化视野和氛围,特别是近代中西文化冲突、融合的大背景下,探讨毛泽东哲学思想与中国传统文化的内在联系,挖掘毛泽东哲学的传统文化根基,把握其在中国思想文化史上的重要地位。例如,有论者认为:毛泽东哲学思想从致思趋向上看,直接继承了中国哲学中的政治、伦理哲学的思想特色;从思想风格上看,体现了中国传统哲学"体用不二"的思想风格;从思维方式上看,继承了中国哲学"躬性践履"的经验论传统;从文化心态看,体现出浓厚的伦理本体主义色彩;从表现形式看,是地道的中国哲学③。另外,对《矛盾论》和《实践论》的研究也得到深化,论者认为二者堪称是马克思主义哲学中国化的典范。也有论者认为,毛泽东的矛盾概念不仅来源于马克思主义哲学,而且接近于中国古代的阴阳概念,它既吸收了阴阳范畴的实体

---

① 美籍华人宴宗仪先生早在20世纪60年代就开始探讨儒学与马克思主义的相通性,其专著《儒学与马克思主义》初版于1977年,中译本于1993年由兰州大学出版社出版。他在该书"第二版序"中提出,除了马克思主义体系之外,在西方哲学系统中没有一个与儒家思想更为一致;而且,二者在辩证唯物主义上的一致远大于在历史唯物主义上的一致。
② 参见方克立主编:《中国哲学与辩证唯物主义》,高等教育出版社1998年版。
③ 参见何显明等:《毛泽东哲学与中国文化精神》,广西人民出版社1993年版。

含义,又克服了其直观性的缺陷①。

其实,探讨马克思主义哲学中国化,更为重要的工作之一,应当是细致分析中国传统文化如何接受马克思主义的。中国传统文化对马克思主义的接受,并不是简单的、被动的"搬用",而是一个复杂的意义转变过程,是接受主体对其进行主动解读的过程。或者说,这种接受,自始至终都涉及不同文本之间,以及它们各自的文化母体之间的直接、间接的交涉和沟通,其中历经了一个复杂的"文化解读"和"文化被解读"过程②。这既有文本上的变化,也有对理论意义上的某些规定性的侧重和主体选择。因此,系统考察马克思主义哲学进入中国的过程,考察其概念、原理等发生的种种变化,是一项极为重要的过程。这是一种知识社会学的考察。在此过程中,比较20世纪以来中国传统文化中固有概念、思想的变化,以及新增补的词汇和术语,可以比较清晰地看到中国文化的发展变化,以及在这种变化中,马克思主义及其哲学发生的作用和影响。

站在今天的立场看,如果承认自由主义、保守主义和马克思主义都属于现代文化的组成部分,那么,中国(传统)文化现代化就具有不同的路径,既有中国文化的"自由主义化",也有"保守主义化",当然,更有"马克思主义化"。必须强调的是,中国文化的"马克思主义化"是20世纪中国文化现代化的重要组成部分,马克思主义哲学中国化是中国哲学现代化的重要组成部分。在此意义上,当代中国哲学的建构离不开马克思主义哲学的中国化。应当说,探讨马克思主义哲学中国化的积极意义之一,是创立有中国特色的马克思主义哲学。这是80年代以来建构马克思主义哲学理论体系的继续。泛泛而谈,有中国特色的马克思主义哲学在性质上归属于马克思主义哲学,是马克思主义哲学在当代中国的现代形态,它既批判地吸取现当代西方哲学的成就,又吸收中国传统哲学的精粹,面对现实生活的呼唤。马克思主义哲学中国化的

---

① 参见陈剑:《毛泽东的矛盾概念与中国传统文化》,载《毛泽东思想论坛》1995年第1期。

② 参见李鹏程:《中国马克思主义哲学中的中西文化关系》,载《哲学动态》2000年第9期。

过程,也就是中国传统哲学现代化的过程①。

在研究中,尚有一些基础性的问题需要探讨,诸如:"马克思主义中国化"何以既是"中国式"的又是"马克思主义"的?传统文化何以"生成"现代化?如何看待"具体继承"与"抽象继承"?如何建构"马克思主义中国化"和"儒学精神财富马克思主义化"的总体目标系统?所有这些问题,都需要马克思主义与中国传统哲学的双向反思和互动。

## 2. 马克思主义哲学与现代西方哲学

在相当长的一段时间里,人们习惯于认为,马克思主义哲学的诞生标志着人类哲学思想的唯一正道。如果说前马克思的西方哲学还为马克思主义哲学的诞生提供了一定的理论资源,那么,和马克思同时代的西方哲学则是歧途一条,后马克思的西方哲学更是腐朽没落的了。1978年以来中国社会的改革开放,自然要求思想文化领域的对外开放。在此过程中,对现代西方哲学的态度逐渐发生了变化。

1985年,即有学者提出,在马克思、恩格斯逝世以后尤其是列宁逝世以后,对马克思主义的理解和解释存在着多种多样的模式,在这些不同的模式之间进行比较是有意义的,应开创比较马克思主义的研究②。这就要求比较客观地看待西方马克思主义。而在1982年召开的现代外国哲学第三次全国讨论会上,富有争议的问题之一就是:马克思主义产生之后西方哲学在理论思维上还有没有为人类文明作出贡献?马克思主义与现代西方哲学的关系究竟如何?到90年代中后期,学术界终于提出了马克思主义与现代西方哲学的同时代性这一非同寻常的观点。"同时代性"观念的提出,意味着摆脱了教条的束缚,克服了简单化、扣帽子的粗暴态度,把现代西方哲学各流派和马克思主义看做是同一时代的产物,加以具体分析。一般地说,在同一时代背景下产生的各种哲学流派,面临着共同或相似的问题,虽从不同角度提出不同答案而互相对立,但同时又是互相联系、互相影响着的,决不能把它们截然割

---

① 参见纪光欣:《马克思主义哲学中国化问题谈论综述》,载《哲学动态》1999年第3期。
② 参见俞吾金:《寻找新的价值坐标》,复旦大学出版社1995年版,第295—300页。

裂开来①。1999年,有论者进一步提出,从批判和超越以二元分立、基础主义、本质主义等为特征,并已陷入困境的近代哲学思维方式,转向建立一种以强调人的现实生活和实践以及人的自主能动性和创造性为特征,以适应现代社会的时代精神的要求的新的哲学思维方式,是现代西方哲学和马克思主义哲学的共同道路,可谓殊途同归②。

2001年4月,由教育部高等教育哲学教学指导委员会主办、复旦大学哲学系和复旦大学当代国外马克思主义研究中心承办的"全国马克思主义哲学与现代西方哲学教学改革研讨会"在上海召开。此次会议第一次突破了二级学科的界限,在全国范围内邀请马克思主义哲学和现代西方哲学的专家、学者参加会议,共商发展中国哲学事业的大计;第一次明确地把开展马克思主义哲学与现代西方哲学的比较研究作为会议的中心议题,由此展开了马克思主义哲学研究者与现代西方哲学研究者之间的实质性对话③。

马克思主义哲学的研究者们主要强调,开展马克思主义哲学与现代西方哲学的比较研究,是我们进行马克思主义哲学研究的一种内部需要,是发展当代中国哲学的一条必由之路,是推进当代中国社会发展的需要。老一辈学者认为马克思主义哲学与现代西方哲学有着共同的理论来源,应注意吸取和利用现代西方哲学的积极成就,中青年学者则进一步提出,马克思主义哲学与现代西方哲学都在当代人类的生存境况中生长、发展,都在存在论的根基上实现了对近代哲学的革命;只有通过马克思主义哲学与现代西方哲学的比较研究,才能深入体会马克思主义哲学的当代性。

从事西方哲学的研究者也明确指出,开展马克思主义哲学与现代西方哲学的比较研究,不仅是正确理解马克思主义哲学的需要,同时也

---

① 参见赵修义、童世骏:《马克思恩格斯同时代的西方哲学》,华东师范大学出版社1994年版,第Ⅲ页。
② 参见刘放桐:《当代哲学走向:马克思主义与现代西方哲学的比较研究》,载《天津社会科学》1999年第6期。
③ 参见张双利等:《全国马克思主义哲学与现代西方哲学教学改革研讨会综述》,载《教学与研究》2001年第9期。

是深入理解西方哲学的需要,是中国哲学创新和发展的需要。例如,现象学专家倪梁康先生认为,汉语领域的现象学创新之路就在于同马克思主义哲学的对话。

承认比较研究的重要性是值得肯定的,但究竟如何展开比较研究,则有一系列问题需要考虑。目前的比较研究,或流于表面上的相互印证,或耽于牵强附会的解释,缺乏理论深层的比较分析,缺乏社会历史背景的参照。在进一步的比较研究中,应注意文本解读和现实分析相结合,既重视相关文本的解读,又注意其在现实社会生活中的效应,注意探讨问题的具体语境,避免本本主义和实用主义的误区,以切实做到理论和实践相结合,在二者的互动中推动马克思主义哲学研究的纵深和发展,在把握马克思主义哲学当代性问题上探索一条比较稳妥的思路。

后现代主义与马克思主义哲学的理论关联及相互影响是国内外学术界目前普遍关注的理论议题。苏联解体、东欧剧变后,西方一些后现代主义思想家重新思考马克思主义的理论价值,开始有保留地承认马克思主义的现实意义,并试图借助马克思主义哲学的某些思想和方法进一步发挥后现代主义的解构精神。与此同时,一些马克思主义学者也试图通过对后现代主义的研究,为发挥马克思主义的批判精神提供某种启示。这样,后现代主义和马克思主义哲学开始缓慢地接近和碰撞。90年代中期以来,国内学者开始关注这一问题,也有一些初步的研究成果。研究者们大都既不以马克思主义哲学拒斥后现代主义,也不以后现代主义否定马克思主义哲学,而是从学术的角度、思想的角度出发,谨慎地看待二者间的关系,避免了非此即彼的思维。

这一比较研究的实际意义在于,为当代中国的社会发展提供理论上的指导。马克思主义从根本上说属于一种现代思想,但不可否认的是,它又蕴含着对资本主义现代性的批判;后现代主义则对西方现代思想与社会进程进行了方方面面的反思。二者都没有简单地肯定或否定现代思想与西方的现代化道路。在此意义上,马克思主义哲学和后现代主义的比较研究,当有助于我们正确地看待和处理现代化和"西化"、全球化和民族性等关系,为寻求有中国特色的社会主义建设道路提供切实有力的理论启示。

这一比较研究的理论意义在于,进一步澄清对马克思主义哲学观、物质观、实践观、时空观、历史观、发展观等基本理论观念的认识,凸显马克思主义哲学的当代性,充分发挥马克思主义哲学对当代人文社会科学研究的方法论意义。如果说80年代以来的研究,主要是在传统与现代的框架中申明马克思主义哲学的现代性,那么,马克思主义哲学和后现代主义的比较研究,则当有助于在现代与后现代的视野中澄清马克思主义对现代性的反思;与此同时,也当有助于客观认识现代西方哲学特别是后现代主义对人文社会科学研究的影响,以对当下知识和思想语境有比较明晰的把握。

国内从事马克思主义哲学和现代西方哲学包括后现代主义比较研究的学者,通常重视二者在思想上的对接。这无疑有助于凸显马克思主义理论中被忽视的某些视角、概念和范畴,但仅仅停留在这一层面显然是不够的,而且可能带来诸多偏颇,特别是可能牵强附会地从现代西方哲学的某些视域出发解读马克思的文本,把马克思的思想无限"超前",从而在促使马克思主义哲学"当代化"的同时丧失马克思思想的基本特质。

在我看来,比较可取的方式是,以马克思主义哲学的基本方法为指导,分析批评后现代主义的基本思想;同时又借助于后现代主义对边缘、裂隙和空白的关注,探讨马克思主义文本中曾经被忽视、被误解乃至被遗忘的因素,以完整地把握马克思主义哲学的理论结构。这样,后现代主义和马克思主义哲学的比较研究,主要就是从方法的对接上入手,相互阐释,相互促动,从而不断澄明马克思主义哲学的当代意义,即:现代与后现代、现代性与后现代性、现代主义和后现代主义的矛盾构筑了20世纪中叶以来乃至面向21世纪的思想平台,马克思主义作为20世纪文化的重要主题和最强音,则是面向21世纪的社会发展无法回避的基本议题和理论旨趣;马克思主义哲学的当代性,一方面表现在它对当下知识和思想语境的后现代性的自觉意识,另一方面也表现在它对这种后现代语境的反思、批评和引导。

在比较研究中,应当全面看待后现代主义对马克思主义哲学的批评和影响。在苏联解体、东欧剧变前,后现代主义思想家对马克思主义或者是批评,或者是避而不谈,或者是含糊其辞;苏联解体、东欧剧变后,他们在考察马克思主义的理论误区和历史教训时,开始有限制地承认马克思主义的积极意义。对我们来说,既不因他们赞同马克思的某些思想,就简单地引之为同道,也不因他们对马克思主义的某些批评,就武断地斥之为异端。例如,德里达一再强调"没有马克思就没有未来",但他首先是解构了马克思,然后再继承和发挥其中的某个片断,这样,他所体认的只是"某一个"马克思,或者说关于马克思的某种记忆,马克思主义的完整结构已经不付存在。换言之,德里达所拥抱的是没有马克思的马克思主义。

国内外学术界都已意识到,在后现代主义思想的形成过程中,马克思主义特别是马克思思想的影响是不容否认的,但具体到这种影响的程度、地位和正负效应,目前还缺乏翔实有力的分析,如何在这一方面有所深入,仍然是比较困难的议题。后现代主义思想家都倾向于认为,马克思主义属于基础主义、中心主义和本质主义的思想脉络。我们必须直面后现代主义对现代性宏大叙事的批评,阐明马克思主义哲学作为一种宏大叙事,有其毋庸否认的历史意义,特别是澄清马克思主义哲学对本质、基础和中心的寻求,并不能简单地等同于本质主义、基础主义和中心主义;马克思主义哲学对社会历史发展进程规律的探索,也根本不同于宿命论和机械论,从而对后现代主义在体认马克思主义哲学当代意义方面的积极作用与消极影响,做出明确的回应。

### 3. 马克思主义哲学与社会理论

随着中国现代化进程的展开,社会发展研究成为马克思主义哲学研究中的重要内容之一。社会理论随之兴起。相比较而言,80年代关注"文化",90年代转向"社会";80年代强调"观念",90年代关注"路径"。在此过程中,社会理论研究经历了三个阶段:历史哲学;发展哲学;社会哲学。

社会理论研究最初集中在对马克思关于社会发展规律和世界历史理论的研究方面。论者强调,马克思的世界历史理论不同于社会发展单线论。一般认为,五种社会形态依次更替理论是马克思运用世界历史的方法,从动态的角度说明社会形态在总体上所呈现的演进趋向;马克思在运用世界历史方法研究社会形态演进规律时,并不排斥东方社会发展的具体性以及跳跃性,马克思的世界历史理论本身就包含着一般与特殊的关系原理,决不意味着单线论。但是,仅仅从一般与特殊的关系去解释社会发展中的"跨越"现象,实际上仍然是把"跨越"现象看成是偶然的,并未真正理解世界历史形成之后的"跨越"现象。世界历史形成之后,人类历史与民族历史之间的关系不再仅仅是一般与特殊的关系,而是同时具有整体和部分的关系,各个民族或国家的发展不可避免地受到"整体"的影响和制约。在世界历史的背景下,社会发展中的"跨越"现象不再是一种偶然的、特殊的现象,而成为一种普遍的、常规的现象了①。

需要注意的是,80 年代探讨社会发展的决定性和选择性以及"跨越"现象,是为了论证中国走上社会主义道路的必然性;90 年代强调世界历史理论的非单线性,则是为了论证"中国式"道路的可能性和必要性,强调"中国特色"。由此,发展哲学或者说发展理论研究得以兴起,直接的现实需要是探索"中国式"的发展道路。论者强调,西方的社会发展理论主要是适应西方社会发展的需要产生的,不可能完全适合当今中国现实的情况,也不可能回答发展中国家所面临的社会问题。发展中国家与发达国家现代化有不同的发展逻辑。发展中国家面临自己的特殊矛盾,在困境中寻求现代化的道路。在此过程中,应注意从两个不同层面上用马克思主义观点去研究社会发展问题。一是要从理论即发展的本质层次上利用唯物史观的基本方法和观点去研究社会发展的一些根本性问题,二是要从运行机制上去研究社会发展的调节与控制方法等。特别是要思考发展过程中的增长与限制、跳跃与持续、均衡与不均衡、推进与逆转、内生与外源、速度与秩序、效益与代价、遗产与包

---

① 参见吴兆雪等:《马克思的社会发展理论研究述评》,载《中国社会科学》1996 年第 1 期。

袄、理性与非理性、功利价值与人文价值等①。对社会发展模式、社会发展的评价尺度、发展的代价、效率与公平、社会发展过程中传统文化与现代化的关系等问题开始了深入研究。

与此同时,也开始了对马克思主义社会理论的探讨。马克思主义社会理论的一些基本概念,诸如社会存在、社会生活类型、劳动、社会关系、共同体联系和社会联系等,引起了学术界的广泛重视。论者依据当代西方社会理论的一般范式,围绕行动主体及其行动的诸方面,社会系统、社会结构和社会形态,社会演进和社会类型,阶级和社会冲突理论,权力、国家和官僚制,意识形态的社会——文化分析等方面,对马克思主义社会理论进行了深入探讨②。

当代中国的社会哲学研究是从 80 年代中后期起步的。最初主要探讨社会哲学的含义、研究对象和方法,总的说来比较空洞,很少触及现实的社会问题,致力于"形而上"的框架建构。1992 年后,中国的改革开放进入新的阶段,明确提出建立社会主义市场经济体制的目标。学术界开始关注社会哲学的理论构架,关于社会哲学的含义、研究对象和内容,开始抓住现实生活中的问题,对国外发展理论有所借鉴,实证研究较多。90 年代中后期后,社会哲学研究初步形成了比较系统的学科观念,包括学科性质、学科定位、研究对象和研究方法等,提出了一系列能够较为深入地把握中国社会转型的"大观念"③。

关于社会哲学和历史哲学的关系,比较朴实的处理方法是,把历史唯物主义扩展为社会哲学研究,其内容包括:社会起源论、社会实践论、社会系统论、社会价值论、社会交往论、社会认识论等④。众多学者指出,社会哲学的兴起,与市场经济的兴起直接相关。一种比较详细的阐述是这样的:哲学范围内总体地把握社会生活的基本方式有两种,一是

---

① 参见丰子义:《现代化进程中的矛盾与探求》,北京出版社 1999 年版。
② 参见瞿铁鹏:《马克思主义社会理论》,上海社会科学出版社 1995 年版。
③ 参见孙显蔚:《当代中国社会哲学研究的三个阶段及其主题嬗变》,载《教学与研究》2000 年第 3 期。
④ 《关于社会哲学的对话——访〈社会哲学导论〉课题组负责人王锐生》,载《哲学动态》1999 年第 1 期。

历史哲学,另一是社会哲学。前者是从非现实的历史出发,经过现实,又指向了非现实的历史,后者则是从现实出发,经过历史,又回到了现实;前者将目光主要投注于纯粹的理想态,因而是富于诗意的,后者不甚关注纯粹理想态而专注于现实生活,因而是缺乏诗意或散文式的;前者是一种指向观念的观念,后者则是一种指向实践或行动的观念。由于这些根本性的区别,前者能够与以自然经济为基础的实践方式相适应,后者则与以市场经济为基础的实践方式相匹配。正是市场社会中人的能动性、可选择性的增强和社会本身人为性的显著化,使得社会哲学成为必要的和可能的。社会哲学在中国的兴起过程,亦可视作市场社会与社会哲学内在关联性的一个最为切近的引证[①]。

黑格尔之后,传统经典意义上的哲学已经终结。在此后,当然还可以用哲学这个词,但意义已经和以前不同了。此后,哲学沿着两条道路发展,一是"心灵哲学",二是"社会哲学"或者"社会理论"。毫无疑问,马克思主义属于"社会理论"的路径。人们一般把社会发展研究分为社会哲学研究、理论社会学和实证问题研究三个层面。其实,社会哲学研究和理论社会学很难区分,相对于既有的作为历史哲学的唯物史观而言,社会哲学(理论)属于中层理论,它在历史哲学和实证研究之间上传下达,注重对问题的深入研究,以现实问题为中心,然后再从问题的研究深入到对社会发展的基础理论研究。

在当代中国的社会理论特别是社会发展研究中,比较重要的是三个方面的问题:人的全面发展、可持续发展和全球化问题。应当承认,在这三个方面,西方社会理论都已进行了一定的探讨,值得我们借鉴。因此,在这些领域的研究中,都存在着马克思主义与之相比较的问题。但遗憾的是,一些学者往往局限于从马克思的著作中寻找出片言只语,来论证马克思主义早已在这些方面做出了理论贡献,而没有追问当代马克思主义为什么没有首先提出这些问题。

人的发展是社会发展的主题和核心。在马克思看来,社会发展的

---

[①] 参见王南湜:《社会哲学——现代实践哲学视野中的社会生活》,云南人民出版社2001年版。

实质在于,在物种关系方面把人从其余的生物中提升出来,在社会关系方面把人从其余的动物中提升出来。两次提升的根本目的在于优化人的生存环境,提高人的生存质量,确立人的主体地位,实现人的全面发展。诸多学者探讨了人的全面发展的不同阶段、个人全面发展的基本涵义、类的全面发展等问题,探讨了人的全面发展的实现条件,提出加快建立社会主义市场经济体制,大力发展生产力,建设社会主义精神文明,建立社会主义的民主政治,是人的全面发展的必要条件。

可持续发展观关心环境和资源,其实质是注重人的发展,是一种环绕人并为了人而使社会经济、政治、文化、生态协调互动的社会发展模式,追求人的完整性,是可持续发展观的价值取向和终极目标。论者指出,源于西方的可持续发展观,与唯物史观有许多近似、相通、一致的观点和理论立场;唯物史观作为关于社会发展的科学理论,其基本原则和指导思想对于从理论上深化对可持续发展思想的研究,具有重要指导意义。论者进而指出,可持续发展思想对于唯物史观现代形态的形成和发展,具有重要的理论意义和实践意义,它不仅直接推动唯物史观价值理论的发展,还可以弥补马克思社会发展理论的局限[①]。

全球化趋势的加速,使得社会发展研究不再局限于单一的民族国家内部。全球化的内容之一,是经济活动在世界范围内相互依赖,世界市场和国际劳动分工全面形成,金融资本、物质财富和人力资源超越了民族国家的界限而在全球自由流动。期间既有文化的冲突,也有文化的融合。甚至有西方学者认为,全球化是社会经济、政治、文化在全球范围内的一体化。作为发展中国家,如何看待发达国家在全球化进程中的作用?有西方学者认为,全球化是英美推行新自由主义造成的一种"陷阱",是一种"帝国主义的变种"。作为社会主义国家,我们又应如何看待全球化对政治意识形态或社会体制方面的影响?诸多学者认为,全球化就是全球资本主义化,是晚期资本主义。

在全球化问题研究,出现了一系列新的名词术语,诸如:全球伦理,全球观念,全球思维,全球发展等。如何看待跨文化问题?如何处理文

---

[①] 参见程倩春:《唯物史观与可持续发展思想》,载《马克思主义与现实》1998年第2期。

化的全球化和地方化的关系？如何处理世界劳工问题？经济全球化使落后国家的廉价劳动力越来越多地参与到跨国公司的生产之中,加大了发达国家劳动者的就业压力,从而加剧了各个国家的劳动者之间的矛盾,由此,传统的无产阶级国际主义的前途如何？在回答这些问题的过程中,西方已经产生了种种全球化理论。马克思主义应当在和这些理论的对话中,发展自己的社会发展理论特别是全球化理论。

## 三、学科、学说和介入生活的方式

在今天的中国,存在一种非常反常、奇怪的现象:一方面,马克思主义是国家的主导思想,另一方面,马克思主义及其哲学的研究,却或多或少、或明或暗地受到轻视。在一些人看来,马克思主义哲学无非就是物质第一性,意识第二性;世界是物质的,物质是运动的,运动是有规律的,等等。马克思主义哲学似乎不具有学术的魅力,不具备思想的深度。从学科、学说、介入生活的方式三个方面对马克思主义的发展前景做一些思考,或能有所启发。

### 1. 作为一门学科

马克思主义哲学作为一门学科,首要的任务是确定自己的学科方位,也就是学科定位问题。这也就是明确和西方哲学、中国哲学的关系,在这种关系网络中确定自己的研究对象、内容和特色。

通常认为,马克思主义哲学是国家主流意识形态或者说主导思想的重要组成,乃至是其理论基础,这当然是现实,是事实。但这种理解,在严格的意义上,不是把马克思主义哲学作为一门学科来考虑。或者说,在这种理解中,人们把问题简单化了、政治化了,并没有深入考虑作为一门学科,马克思主义哲学应当怎样"安身立命"。这样,也就不可能认真考虑它的学科定位问题。

从实际上看,中国哲学、西方哲学和马克思主义哲学三门学科都在从事(当代)中国哲学现代化的工作,或者说,都是立足于这一大的学术、文化和理论背景来从事各自的哲学工作的,因此可以互补。

具体地说,在当代中国,西方哲学学科无论意识到与否,无论有没有这一方面的自觉意识,在实质上都是在从事西方哲学的"中国式"解读①。

中国哲学学科,其用意也不在于回到传统,而是致力于中国传统哲学的现代阐释,力图在推进当代中国的哲学现代化过程中,把握民族性的脉络。

马克思主义哲学学科,自马克思主义哲学20世纪传入中国以来,既是作为起源于西方的马克思主义哲学的"中国化"的表现,又是中国传统哲学现代化的重要组成部分。

就学科定位而言,马克思主义哲学、中国哲学、西方哲学的区别在于,理论资源不同、思想内容不同、研究方式不同。在当代中国,三门学科都是哲学现代化的组成部分,都是中国本土思想研究的组成部分。就三门学科都是哲学二级学科而言,也不存在谁比谁重要的问题。保守是不可取的,孤芳自赏也是不可取的。我们承认"三足鼎立",这种局面作为学科建设的表现,将是长期的,相互间应加强沟通,共同发展。

一些学者提出"融会中、西、马",这个观点是非常正确的。② 与此同时,我们也应当承认,马克思主义哲学在中国的一个世纪,本身就是这个融会工程的集大成者。当然,在不同时期,不同的个人那里,具体的侧重点是不同的。

毫无疑问,我们应当在马克思主义的思想指导下,从事中国哲学、西方哲学和马克思主义哲学的研究工作。与此同时,从学科建设而言,也应当反对两种倾向:一是借口马克思主义是国家主流意识形态,把马克思主义哲学学科凌驾于西方哲学学科和中国哲学学科之上;二是借口苏联解体、东欧剧变,国际范围内马克思主义哲学研究在相当程度上萎缩,轻视马克思主义哲学学科的建设。这两种倾向,归根结底,都是把马克思主义哲学视做主流意识形态,没有从学科建设的角度思考问

---

① 这方面的著述可以参见,赵敦华:《西方哲学的中国式解读》,黑龙江人民出版社2002年版。
② 参见王东:《21世纪中国哲学新形态》,载《中国社会科学》2000年第1期。

题。

## 2. 作为一种学说

众所周知,马克思主义哲学一向被视作关于真理特别是社会历史真理的学说。其推理是这样的:社会历史生活是有本质和规律的;马克思主义哲学发现了这种本质和规律,且把它表述出来;马克思主义哲学是关于社会历史生活的本质和规律的学说;马克思主义哲学因此就是真理,甚至是唯一的真理。这种推理过程可以说是无懈可击的。但与此同时,也应当看到,马克思主义哲学作为一种学说,一种叙事方式,在一个多世纪的发展过程中,其表现形态也发生了一系列的变化。换言之,对马克思主义哲学及其实质的理解和阐释,在不断调整和游移。

马克思主义哲学形态大致包括以下几种:辩证唯物主义,实践唯物主义,历史唯物主义,人道唯物主义。此外,在文化研究、现代性研究、生活世界视域研究、生存论研究等方面,也对马克思主义哲学展开了渗透。在马克思主义哲学的种种表现形态中,辩证唯物主义和实践唯物主义具有极其重要的地位,二者间的差异构成了马克思主义哲学研究的分水岭。前者以物质为世界的本原,后者以实践作为存在的方式。然而,从叙事方式的角度来看,二者的区别可能并不是很大,甚至极其接近。伊格尔顿认为:"马克思主义一词的作用似乎是表示一系列的家族相似之处,而不是指某种不变的本质。"[1]

马克思主义哲学在相当长时间中,强调一致性,特别强调"教科书"的重要性。这是作为主流意识形态的需要,作为统一的"哲学原理"的需要。在目前的马克思主义哲学研究中,出现一种值得注意的现象,即:教科书是一套,论著的写作是另一套,包括参与教科书写作的人,他们也在平时的论文写作中,对一些问题持不同的观点。

应当承认,教科书仍然是必要的。但是教科书只是进入马克思主义哲学殿堂的一种途径,一种对马克思主义经典著作的解读方式,或者说,是一种"下限"。教科书可以提供从事马克思主义哲学研究的基础

---

[1] 伊格尔顿:《历史中的政治、哲学、爱欲》,中国社会科学出版社1999年版,第105页。

平台,亦即一套行话,一套基本的学术规范,一种话语共同体。或者说,是一个必要的门槛。教科书主要是为了本科生教学使用的。在研究生的教育中,就应当以原著的学习为主,这种学习可能对教科书学习中获得的东西进行必要的调整。

在这个意义上,教科书可以有不同的写法,但是也不能有太多的版本,因为各种教科书之间的差异不能太大,特别是在对基本理论的阐释上,否则,教科书就没有什么意义了。教科书是需要相对一致的,是基本的东西,因此,也就不会有太大的差异。这也就可以理解,80年代轰轰烈烈的教科书体系反思,并没有产生太多的不同的教科书版本,它的意义主要在于促进了马克思主义哲学研究局面的繁荣。在90年代以后,主要的精力不在教科书体系的重建上,而在于问题的清理上。

在对原著的学习研究中,可能存在不同的解读方式。由于历史情势、个人风格等差异,大家的旨趣不同,侧重点不同,从经典著作中汲取的精华不同,所以会在一些概念、命题乃至基本理论问题上产生不同看法。这是正常的。一种学说如果没有进一步探讨的必要,就不会前进了。而马克思主义哲学是与时俱进的,它在根本意义上不是一套"教规",而是"方法",随着时代的进步,新的问题的出现,时代情势的转化,马克思主义哲学关注的侧重点也在不断游移。

马克思主义哲学作为一种学说,是可以多元的,或者说,在一个共同的问题域中,可能存在种种流派,它们对一些问题有不同意见,相互间的商谈是长时期的,甚至是普遍的、经常化的。不要指望经过几次讨论,就迅速达到一致。特别应当注意的是,不要习惯于从政治视角考虑学术问题,不要把学术问题政治化,不要借政治权力的意志强行把某一种意见"钦定"为绝对真理。因此,也就不能轻易地把对马克思的某一种理解简单地视作反马克思主义或非马克思主义的。

为了和既有的马克思主义哲学框架保持距离,研究者惯于使用马克思哲学这一术语,以表明对原本的、纯正的马克思哲学思想的体认。这一思想努力用意当然是好的。但需要注意,马克思哲学不是现成的摆在那里、伸手可及的东西,对它的体认也是在解释中生成的。历史的教训告诉我们,客观主义和主观主义是一个硬币的两面,无论怎样强调马克思哲学是一种客观的存在,它都是一种解释学意义上的存在,只有在具体的理解和阐释中,我们才能接近马克思。曾经有过的种种马克思主义哲学体系都是对马克思的一种阐释,现在任何一个学者所说的马克思哲学,也只能是他对马克思的一种阐释而已。

问题的关键在于,在对马克思文本的各种各样、多种多样的解释中,有没有准确和不准确、科学和谬误之分?判断的标准何在?毫无疑问,对马克思的阐释和理解肯定有准确和不准确之分,有科学和谬误之分,但与此同时,也应当看到,理论作为一种生存策略,旨在服务和引导人的现实生活,只要它是有趣的,有益于人的生存和发展的,就是值得尊重的。因此,既要反对那些对马克思文本的错误理解,又要注意到,一些不同的阐释是互补的,可以和平共处的。

马克思主义哲学作为一种叙事方式,自然也有其修辞性、隐喻性、虚构性和想象性。在解读马克思的文本时,不能停留于表面的文字,而且要注意空白、缝隙和边缘地带,注意被显形文字所掩盖的深层意义。任何表达都既是一种澄明,又是一种遮蔽。由此,杂糅的必然性脱颖而出。在马克思主义的发展过程中,不要过分强调血统的纯正性。身份认同是面向未来的,而不是转向过去的。我们应当对马克思主义哲学和其他哲学流派的差异保持清醒的态度,既要承认差异的存在,又不能把差异看作凝固不变的东西;既要承认差异带来的阻碍,又不能由此认为彼此之间无法交流;差异的存在并不意味着敌意和对抗,并不意味着拒绝借鉴其他流派中有价值的东西。

作为马克思主义哲学研究者,我们不是在捍卫一种意识形态的绝对权威,而是考虑在对现实生活的阐释方面,如何更为可取并富有力度?如何更为有利于现实的人的生活?理论只是一种思考的角度,一种思考的视角,而不是评判的绝对标准。马克思主义不是,其他理论也不是,对这些理论的任何一种阐释也都不是,只有社会生活实践才是检验真理的唯一标准。由此,在叙事语言、风格、词汇方面,必须有相应的改变,不要动辄以真理的代言人自居。作为马克思主义哲学研究者,我们坚信真理的客观性,并孜孜不倦地探索真理,追求真理,但这并不等于说我们就一定拥有真理。我们要以探讨的口吻,而不是以宣布真理的口吻写作。现在关于马克思主义的发展前景有各种各样的言说,其中有一些显然是过于自信和自恋了。

### 3. 作为一种介入生活的方式

自卢卡奇以来,西方马克思主义一次又一次地回到马克思。其原因不外乎到马克思那里寻求释疑解惑、重思马克思、重释马克思等。苏联解体东欧剧变之后,世界进入了一个新的历史时期,思考问题也需要一种新的框架。在有些人眼里,马克思主义已经被跨越,从前是错误但相关,现在则是正确但多余。因此,马克思主义不是被驳倒,而是信誉受到了损害;是不必谈了,而不是没话说了。在对这种观点的回应中,国内外都有学者强调,回到马克思,马克思仍然是我们的同时代人。

泛泛而谈,马克思主义哲学的发展有三种理路:一是从其理论中心地带生发出来,二是从其边界地带生发出来,三是在其实践过程中生发出来。过去我们注意第一点,即所谓坚持之中有发展;忽视、排斥第二点,不注意和其他学说的交流对话,对西方马克思主义的排斥就属于这种情况;对第三个方面,提得比较多,但缺乏实质性的成果,还是惯于在既有的理论框架中揭示实践中生发出来的新的思想点,由此导致理论的落伍、相对于实践的滞后。重要的工作在于提出问题,创造概念,帮助人们介入生活,指导实践。

**首先是提出问题的能力。**在二十余年来的研究中,经常有这样一种情况出现,即:每当有一位思想家特别是西方思想家提出某个问题,或者社会生活中某个问题凸显出来,就会有人说:这个问题马克思早就说过了,甚至认为马克思早就解决了这个问题,并从马克思的文本中找出片言只语作为依据,然后就以为这个问题得到了解决。

当然,我们并不一般地否认马克思文本的超越性,目前谈论的许多话题,在马克思文本中都能找到,诸如世界历史、全球化,等等,我们随时可以从中找出自己需要的注释。问题在于,在一些研究者眼里,从马克思那里找到依据,似乎等于马克思主义的理论传统拥有了发明权、专利权,从而自己也就拥有了这一领域的裁决权。这未免太简单化了。而且,马克思对一些问题的论述,有其特定的语境,例如,马克思批评欧洲中心论,和现在解构欧洲中心论还是有一些微妙区别的。更何况有些学者提出,马克思早就探讨过社会主义市场经济的问题,并头头是道地做出论证。这显然是一种可疑的学术研究。

在其他理论学说提出某个问题之后,急急忙忙地从马克思的著作中寻找出相关论述,然后在这些问题的探讨中打上马克思主义的标签,从表面上看,是在致力于马克思主义的"当代性",实际上,则可能使马克思主义研究亦步亦趋,而不是独立地提出问题。例如,随着新自由主义的兴起,一些研究者从马克思的文本中挖掘其和自由主义的亲缘关系;随着存在论的兴盛,一些学者努力建构马克思主义生存论。这些虽然也不乏意义,但严格地说,缺乏必要的原创性,不可能从根本上推进马克思主义的当代发展。

对马克思主义研究者来说,应区分开两个不同的问题:一是马克思在自己所处时代思考的问题;二是当代生活中凸显的问题。虽然二者间有必然的、偶然的关联,马克思对相关问题的论述也只能是提供一种参照。马克思的伟大不能成为后来的马克思主义研究者的法宝,其实,正是马克思的伟大印证了当代的马克思主义研究者的贫乏。我们应当自问的是:为什么不是我们自己首先提出了全球化、可持续发展等问题。

马克思提出了问题,不等于今天的马克思主义研究者提出了问题。马克思提供的思路,也不能算做今天的马克思主义研究者的思路。事实上,当代思想都在汲取马克思的思想资源,与此同时,也在汲取其他的思想资源,但这些都只是提供一种资源,而非完全彻底地解决问题。对今天的马克思主义研究者来说,重要的是自己提出问题的能力,亦即关注我们目前所置身的生活世界,直面当下的生存困境,具备特立独行的问题意识,对当代社会的现状做出自己的体认。

**其次是创造概念的能力。**在国内马克思主义哲学研究领域,不乏具有聪明才智的人,不乏充满灵气的人,但缺乏大家,或者说大师,这当然有各种各样的原因。究其原因,主要在于没有提出自己独特的概念框架。大家惯于认为,马克思已经为我们提供了一套行之有效的概念框架,我们只需运用它,就可以了。而隐藏在这种思路背后的,当然还是这样一种看法,即尽管当代社会发生了一系列变化,但究其实质,并没有发生根本性的变化,因此,马克思在百余年前所做的分析依然是完美无缺的,无需新的补充了。由此我们看到,对目前出现的全球化,大家惯于用马克思的世界历史理论来阐释,而没有新的思维框架。

面对社会生活的发展,如果没有自己的概念框架,就不可能具有新的问题意识,而只能是一种意见,一种想法而已。马克思的伟大之处,就在于他创造了一些观念,重新诠释了一些概念,从而促使人们更深刻地认识资本主义社会。在当代社会发展中,也不断出现新的现象,对这些新的现象,既有的理论概念和框架的阐释效应是有限的。因此,必须始终不断地提出新的概念框架,以及时有力地阐释现实生活。

要具备创造概念的能力,尚需要一套行之有效的方法,使得前行者的工作得以积累,为后来者做出示范,避免后来者一而再、再而三地从头开始。在马克思主义哲学研究中,学者们主要是依靠自身的悟性和灵气,而没有一套可以实证的方法,一种必要的技术手段。由此,需要一门叙事学,以提升马克思主义哲学研究创造概念的能力。①

**再次是帮助人们体认生活的能力。**在马克思主义研究领域,研究者都一再强调,马克思主义必须贴近生活;马克思主义必须提供一种思维方式;马克思主义必须为人们提供一种思想的、观念上的美好视界,诸如此类,等等。这无疑都是极为重要的。一种哲学,一种思想,其意义就在于帮助人们体认生活。在整个 20 世纪,马克思主义对人们现实生活的意义是毋庸置疑的,今天一些人对马克思主义没有兴趣,就是觉

---

① 德勒兹在《关于一千个平台的谈话》中说,什么是哲学?哲学研究概念。一个系统便是一整套概念。当概念与状况而非本质相关联时,便是开放系统。但是,概念不是现成的,不是预先存在的,需要发明,需要创造。哲学有着与艺术或科学同样多的发明或创造。创造必要的概念一直是哲学的任务。这是一方面。而另一方面,概念也并不是应时的泛泛而谈。没有概念也可以思想,但是一旦有了概念,便确实有了哲学。概念充满了批判的、政治的和自由的力量。概念有时要用新词来表示,有时要用赋予特殊含义的普通词来表示。在《关于哲学》中,德勒兹说,哲学不具有感染力,也不更富于凝思性或反省性:哲学在本质上是创造的,甚而是革命的,因为哲学不断地创造新的概念。唯一的条件是,新的概念要具有必要性,也要具有奇特性。在新的概念回答了真正的问题时,它便具有这两个特性。概念就是这样一种东西:它阻止思想成为一种单纯的观点,一种见解,一种议论,一种闲话。参见德勒兹:《哲学与权力的谈判》,商务印书馆 2000 年版,第 37、155 页。

得马克思主义对他们没有任何意义。为什么会出现这种情况呢？

在相当长的时间中，马克思主义哲学研究侧重于历史发展的本质和规律，强调历史发展的客观性和必然性，忽视了现实的人的地位和作用。事实上，马克思是通过对社会历史进程的分析，来表达对人的生存命运和发展前景的关怀的。80年代以来，诸多学者业已指出，马克思的关注点不是一般世界，不是非人世界或整个世界，而是人的世界，是人的解放。一些学者热衷于建构马克思主义人学，甚至认为哲学的当代形态就是人学，马克思主义哲学就是人学。问题是，如果马克思所关注的是一般的人或人的一般，就很难看出马克思主义和人道主义、自由主义等有什么根本性的区别。

在我看来，马克思主义作为一种现代思想，它和自由主义等的区别就在于，它关注弱势阶层，关注边缘话语，关注细节问题。马克思从来就不敌视自由民主，他只是认为资本主义标榜的自由民主远远不够，还没有在无产阶级身上得到真正的体现。因此，马克思不是一般地关心人的自由，而是首先关注无产阶级的解放。

在马克思生活的时代，无产阶级是整体性的弱势群体。依据现在的情势，整体性的无产阶级分化为不同的弱势群体和弱势阶层，马克思主义如何体现自己对它们的关怀？显然，既不在于急急忙忙把马克思主义和人道主义嫁接起来，也不在于把马克思主义和自由主义急急忙忙拼凑在一起。

在阐释马克思主义哲学当代性的过程中，比较研究比较盛行，特别是立足现代西方哲学的视域来阐释马克思：首先，传统的马克思主义哲学框架中的某个概念是怎样的；其次，现代西方哲学对这个概念是如何解说的；最后，借助于现代西方哲学的解说，对马克思的概念做出新的阐释。这样，马克思就成为存在主义的马克思，或者后现代主义的马克思。尽管这种阐释旨在阐明马克思的超前性和前瞻性，但从另一个角度看，马克思变成了这些后来者的学生。因为似乎是由于他们，马克思的真实形象才得以展现。因此，尽管这样的比较研究很有启发性，但也容易出现一些问题，特别是容易忽略马克思思想的特质。例如，从海德格尔的视角来看马克思，虽然可以凸显马克思学说的当代性，但也很可能使马克思成为"海德格尔式"的马克思。

综上所述,在当代中国,马克思主义哲学作为一门学科,和中国哲学、西方哲学一样,都是中国哲学现代化的组成部分,都是中国本土思想研究的组成部分;作为一种学说,马克思主义哲学应当加强和其他诸种学说的交流和沟通,其内部出现不同理路也是正常的,唯有。这样,才能保持开放性;作为一种介入现实生活的方式,马克思主义哲学应当充分关注社会的弱势群体和弱势阶层,表达自己的特殊关怀。

## 四、学术性与现实性的游离与耦合

2000年后一些学人的文章表明,在马克思主义哲学研究中,学术性与现实性的关系成为亟待思考的问题。一种观点认为,应当走向意识形态取向和学术取向的相对分离,前者完全以改革开放和社会发展的政治需要为转移,后者则一心求解这个领域中长期积淀的学理问题,二者间可以形成一种互补结构。其中,学术取向的研究应走向与其他学术领域的深度关联,走向与国际论坛的积极互动,走向观点独立的反思性探讨,走向学理资源的创造性转化。当然,讲学术取向与意识形态取向的相对分离,并无主张学术取向的马克思主义研究无须关注现实问题的意思,而只是强调这种取向的任何研究,包括对现实问题的研究,都要以弄清学理为本分。论者还认为,"两种取向相对分离"的看法,在很大程度上是对一种共识的阐述,相当一部分学者在自觉地坚持这种分离[①]。应当说,的确,在很大程度上,马克思主义哲学在努力走向"专业化",其意义似乎也是不言而喻的,但与此同时,也有一些学者心存疑虑,那就是,当我们把马克思哲学有意地从意识形态中区分出来并作为一种学术研究对象时,是否忽视了马克思哲学与意识形态应有的历史性关联,而这一关联本身就应该是我们从事马克思哲学学术研究时无法割弃的思想前提,换言之,当我们撇开马克思哲学与意识形态

---

[①] 参见徐长福:《中国的马克思主义哲学研究向何处去》,载《求是学刊》2003年第4期。

的应有关联时,很可能同时也抽掉了马克思哲学与时代的内在关联①。

两种不同的观点,也就是两个不同的故事。细心的读者可以发现,两种观点借用的素材有诸多雷同,但由于讲述者的身份和位置不同,素材出场顺序的不同,以及节奏的差别等等,最后讲述出来的故事就相去甚远,乃至大相径庭②。两种观点孰是孰非,无法轻易判定。围绕学术性和现实性这个议题,可以形成三个密切相关却又不尽相通的叙事,为这个议题的思考提供更多的空间。

**叙事一** 马克思主义哲学原理教科书通常是这样表述的:马克思主义哲学是整个马克思主义学说的重要组成部分和理论基础,是无产阶级及其政党观察问题、变革现实的世界观和方法论;以实践为核心和基础的马克思主义哲学,它的真理性、科学性以及旺盛的生命力,就在于它同实际的紧密联系③。在这种阐述中,当然承认马克思主义哲学是学问,是科学,但更为强调的是它的意识形态性,它对于其他哲学学科乃至整个人文社会科学的指导性。作为社会主义国家的指导思想,马克思主义哲学始终是"现实的",它就是"现实的"。换言之,作为至高无上的科学,它的学术性无需考虑;作为主导意识形态,它自然是"现实的"。20世纪70年代末以来,马克思主义哲学逐渐回复其作为一门学科的基本位置。就其作为一门学科而言,它和其他哲学学科没有什么区别,这个时候,它有必要考虑基本的学术规范,考虑自己在哲学史中的定位。马克思是现代哲学家、马克思哲学的现代性之类提法,中国哲学、西方哲学和马克思主义哲学的比较研究等等,都是在这个意义上提出的。在这个努力过程中,大家注意把学术研究和意识形态宣传区分开来,各司其职。

**叙事二** 马克思主义哲学在1978年至1992年的表现是众所周知的,它积极地参与和领导了改革开放新时期的思想启蒙,但值得注意的

---

① 参见邹诗鹏:《马克思哲学与意识形态问题》,载《天津社会科学》2003年第2期。
② 关于叙事理论,参见米克·巴尔:《叙述学:叙事理论导论》,中国社会科学出版社2003年版。
③ 参见李秀林等主编:《辩证唯物主义和历史唯物主义原理》(第4版),中国人民大学出版社1995年版。

是,这种作用是在把它从机械论的教条式理解转换为人道主义、主体、实践等基本的现代概念后才发挥出来的。1992年后,中国的市场经济进入了实质性阶段,就国家来说,坚持马克思主义的指导思想和发展社会主义市场经济是并行不悖的,但学术界则不能不意识到,马克思对现代思想和社会始终是充满反思态度的。尽管也有学者论证马克思那里就有社会主义市场经济的萌芽,但无论如何,马克思对市场经济的态度是微妙复杂的。就此而言,所谓学术性和现实性的背离或者说脱节,某种程度上指涉的是作为学术的马克思主义和作为主导意识形态的马克思主义间的关系,这是今天中国的马克思主义研究者在特定的历史阶段所不可避免要遭遇到的。这也就要求我们正确处理"坚持"与"发展"的关系问题。

**叙事三** 随着后现代思潮的影响,整个现代思想包括马克思主义都处于反思和重构之中。特别是现代思想作为宏大叙事,在思考和处理当下生活世界问题时,往往显得大而无当。如果说20世纪70年代末以来,学术思想界在现代思想的平台上重新阐释马克思,那么,今天的任务是,直面后现代的挑战,对马克思的基本概念和理论做出新的阐释,肯定其不可忽略的价值和意义。在这个过程中,身份认同的问题凸现出来。我们究竟在什么意义上是一个马克思主义者?或者至少,有没有一种从事马克思主义哲学研究的基本的规范和方式?所谓学术性和现实性孰先孰后、孰轻孰重的争论,实际上就是考虑诸如此类的问题:马克思主义哲学是不是一种纯粹的哲学?其重心是"解释世界"还是"改造世界"?马克思主义哲学研究的方式是否应当和其他哲学门类的研究方式有所不同?

虽然对于这个问题可以有各种不同的叙事方式,但上述的三种叙事,都自觉不自觉地把马克思主义哲学视作一门学科,并以此为出发点,来思考它的研究过程中面临的困境。这个出发点无疑是应当肯定的。

叙事一从表面上看强调马克思主义哲学加强学术性的必要性,实际上它同样强调加强现实性的必要。这似乎有些矛盾,其实不然。以往我们把马克思主义哲学看作指导性的原则,现在则要求在同样的学术平台上看待它和中国哲学、西方哲学。而一旦把三者置于同样的学术平台上,马克思主义哲学的位置就显得有些尴尬:中国哲学代表本土思想,延续的是传统文化的命脉;西方哲学代表世界视野,表征的是经典哲学和理论前沿,而马克思主义哲学处于夹缝之中,既需要本土化,又需要世界化。20世纪90年代以来关于"马克思主义哲学中国化"的呼吁和研究,实际上是希望马克思主义哲学研究重视特定的现实要求。曾经的"现实"发生了变化,马克思主义哲学及其研究曾经指向的现实性,现在也就不复存在了。就时代的背景来说,随着冷战的结束,全球化的进程愈益加速,人文社会科学理论需要立足本土,面向世界。马克思主义哲学研究亦不例外。

毫无疑问,就其缘起而言,马克思主义哲学是现代思想的重要组成部分,但在20世纪以来不同国家和地区的运用和发挥中,马克思主义哲学实际上具有多重面相。而人们往往惯于把自己所体认的马克思主义哲学视作唯一的、纯真的、原初的"自在之物",从而导致了教条主义的独断理解。"马克思主义哲学当代性"议题的提出,就是希望把马克思主义哲学从曾经的固定视域中解救出来,赋予它栩栩如生的开放的形象。所谓"回到马克思",就是把马克思置于他所处的西方哲学历程来理解;所谓"马克思仍然是我们的同时代人",则是尽可能地在当代的理论图景中体认马克思。这些努力都具有相当重要的意义,但其中往往过多地带有历史主义、人道主义的激情,所谓的面向现实也更多的是一种姿态。

叙事二认识到学术性和现实性之间的游离。泛泛而谈,90年代以来,马克思主义哲学研究有几种不同的运作方式:一是适应主导意识形态的需要,不断与时俱进,为党和国家的政策提供哲学的根基。二是马克思主义哲学基本原理的研究。三是文化哲学、社会哲学、经济哲学等"中层理论"的研究。四是马克思主义哲学史研究,现在一些人致力于文本研究,实际上就是使得马克思主义成为一种书斋中的东西。五是面向现实的具体问题研究。应当说,这几种研究都不否认学术取向的重要性,但对于学术取向是不是最高的或者说最终的追求,认识就不尽相同了。这几种研究也都不否认关注现实的必要,但对于什么是现实,什么是现实性,如何面向现实之类的问题,可能需要进一步的深入思考。

作为马克思主义哲学的从业者,我们来阅读这些研究文本的时候,常常感觉到隔膜,和生活的隔膜。为什么会感觉隔膜?在什么地方出现了隔膜?答案可能有很多,但有一个是难以忽略的,那就是缺乏有力的概念框架,因而对现实没有穿透力。理论和现实的关系,在某种程度上就是理论穿透现实,理论做不到这一点,就是多余的、无能的。第二国际理论家的问题就是,他们把理论看作是对现实的正确认识,然后坐等现实的自动发展。而列宁就不同了。我们今天的理论思考要穿透什么?马克思的理论如何应用到今天?职能的转变是不可或缺的。马克思主义的历史,也就是其理论职能不断转变的历史。卢卡奇曾经写过《历史唯物主义职能的转变》一文。这也就要求不断锤炼、锻造既有的概念范畴,用以把握现实。如果以为既有的概念框架可以自然而然地来阐释现实,甚至是断章取义地运用既有的概念框架,结果只能是,在解释现实的过程中,现实愈益显得隔膜;在运用理论的过程中,理论愈益显得疏离。在90年代以来的思想纷争中,面对自由主义、新左派和民族主义,马克思主义研究者能够说些什么?从总体上说,似乎是处于失语状态。这并不是因为马克思主义本身过时了,而只是研究者在对马克思主义基本理论的运用上出现了问题,从而表现得虚弱无力。在这个意义上,问题不单单在于学术性和现实性的关系,而且在于研究者自身的缺席。

叙事三自觉地意识到马克思主义哲学研究者的身份认同问题。在马克思主义哲学的身份认同中,体系、方法和精神之争一直延续到今天。马克思、恩格斯、列宁等都反对用教条主义态度对待理论,强调唯物史观是历史研究的指南,不能作为套语。卢卡奇在1919年3月写作了《什么是正统马克思主义》一文。那时,在学术界,对任何信仰正统马克思主义的表白报以冷嘲热讽已逐渐成为一种时髦。卢卡奇提出:我们姑且断定新的研究完全驳倒了马克思的每一个个别的论点,即使这点得到证明,每个严肃的"正统"马克思主义者仍然可以毫无保留地接受所有这些新结论,放弃马克思的所有全部论点,而无须片刻放弃他的马克思主义正统。所以,正统马克思主义并不意味着无批判地接受马克思研究的结果。它不是对这个或那个论点的"信仰",也不是对某本

"圣经"的注解。恰恰相反,马克思主义问题中的正统仅仅是指方法。它是这样一种科学的信念,即辩证的马克思主义是正确的研究方法,这种方法只能按其创始人奠定的方向发展、扩大和深化。

要做一个真正的马克思主义者,泛泛而谈,当然是要坚持马克思主义的本真精神或方法,但必须注意,这种本真精神或方法是需要不断重新阐释和体认的。在这个方面,列宁和毛泽东都为我们做出了很好的榜样。身份认同是面向未来的,而不是转向过去的。我们应当对马克思主义哲学和其他思想流派的差异保持清醒的态度,像上一节中所提到过的,既要承认差异的存在,又不能把差异看作凝固不变的东西;既要承认差异带来的阻碍,又不能由此认为彼此之间无法交流;差异的存在并不意味着敌意和对抗,并不意味着拒绝借鉴其他流派中有价值的东西。这个基本态度没有什么问题,但在具体的操作中,可能还是会遇到很多困难。我们作为这个学科的从业者,要非常自觉地寻求和遵守一种马克思主义的研究方式,但一种研究究竟是不是马克思主义的,可能需要若干年后回顾与反思的时候才能看得明白,因此,在研究过程中,应当求同存异,而不能对自己的研究方式过于自信。借鉴安德森《想象的共同体》中的观点,我们可以把马克思主义哲学研究领域看作一个"想象的共同体",一个既有相对界限又是不断开放的共同体。

要把握相对的界限,就需要对马克思主义哲学的概念、范畴和理论的谱系比较了解。马克思主义作为一门学科,有自己特定的知识积累。应当清理人道、主体、历史、实践之类概念的谱系,看看这些语汇在现代思想的各个环节中是怎么回事,在马克思那里是怎么用的,我们的很多概念都是转道日本过来的,也应清楚在日语中是怎么回事,然后传入中国,又是怎么用这个概念的。也就是说,要注意萨义德所说的"理论旅行"[①]。在理论的旅行中,权力、利益、民族等因素错综复杂,而不是单纯的翻译、介绍和引入。由此,谱系的考察也就需要批判的态度。我们知道,马克思本人无意于纯粹的学术研究,他所从事的是批判的思想,

---

① 这方面的著述可以参见李博:《汉语中的马克思主义术语的起源与作用》,中国社会科学出版社 2003 年版。

致力于对现实的批判和未来的规划。在《关于费尔巴哈的提纲》中,马克思明确指出,问题的关键在于改变世界。事实上,纯粹的学术可能从来就不曾存在过,学术总是时代性的东西。沃勒斯坦在《开放社会科学》里强调,现代人文社会学科的兴起,就是与现代社会的发展同步的。萨义德在《东方学》中强调,作为学术门类的东方学,也是一种处理东方的机制,它通过做出与东方有关的陈述,对有关东方的事务进行裁断,并以此为理论的、政策的依据,对东方进行殖民统治。在对马克思主义的概念谱系的清理中,我们可以发现,在过去的历史中,马克思主义哲学是如何达成现实性的。

80年代属于宏大叙事的年代,当时的学人希望重构马克思主义哲学,具体地说,就是"体系哲学"的努力,希望一劳永逸地解决问题。90年代以来,随着市场经济的建设,随着社会分层,希望指涉整个世界的理论往往显得空泛。80年代的学人们在康德以降的主体性话语框架中阐释马克思,90年代的学人们则在海德格尔的后主体性框架中理解马克思,这样的阐释和理解当然不乏新异和启示,但引出的问题和疑虑可能更多。后现代理论认为,现实是建构出来的,我们当然不完全认可这样的观点,但的确要注意到,现实需要体认,需要阐释。马克思主义哲学今天遇到的困难在于,自由主义、保守主义等其他理论都在建构中国和世界的现实,而且它们做出的建构具有很大的影响。我们的困惑在相当程度上是由于我们惯于在它们的问题域中思考问题。在这个方面,阿尔都塞在60年代的思考值得我们考虑:马克思主义哲学存在着,却又从未被当作"哲学"来生产。这意味着什么呢?从柏拉图到胡塞尔、维特根斯坦和海德格尔,都是被当作"哲学"来生产的,而且本身就运用理性的理论体系给自己的哲学存在提供证明;这些体系产生了话语、论文和其他体系性写作,而后者又可以在文化史上被当作"哲学"加以分离和确认。但是马克思主义哲学的奇特的悖论摆在我们面前。马克思主义哲学存在着,但它并没有被当作前面分析过的意义上的哲学来生产。或者更为确切地说,马克思主义所需要的哲学绝不是被当作

"哲学"来生产的哲学,而是一种新的哲学实践①。把握了这种新的哲学实践方式,或可有助于恰当地看待和处理我们今天遭遇到的学术性和现实性的关系问题。

也许,最终可能形成这样一种看法,马克思主义哲学研究中的学术性和现实性关系问题,在某种意义上是"伪问题",那些试图把二者先是分离而后综合的努力,实际上是陷入了一种不自觉的"假相"。学术性总是在对现实问题的处理中展现的,而现实性总是需要某种学术化的处理才成为现实性的。或者,借用麦金太尔《谁之正义?何种合理性》一书的提问,我们需要关注的问题是:谁之学术性?何种现实性?

## 五、身体在实践话语中的位置

90年代以来,随着市场经济的不断推进,消费文化逐渐形成,传媒中充斥着各种大写的身体形象。"身体写作"② 开始拥有越来越多的市场,与身体有关的术语诸如身体语言、性别文化、身份政治等也流行开来。在社会学领域,对于社会性别、性征和身体的研究已经非常细化,例如,周华山的研究表明,公厕对女性和男性的意义截然不同,个中的差异不单显示出男尊女卑的身体政治,更重要的是主流社会的公厕大多以男性的独特需要为归依,根本漠视女性的独特处境与需要③。在历史学、政治学领域,从柏拉图到亚里士多德,保罗和奥古斯丁,特别是近代以来笛卡儿的心身二元论,斯宾诺莎的心身并行论,以及霍布斯《利维坦》在身体与政治间建立的正面联系,都或多或少有人探讨。中国古代"国君一体"的思想,儒家修身齐家治国平天下的思想,特别是

---

① 参见陈越编:《哲学与政治——阿尔都塞读本》,吉林人民出版社2004年版,第222—249页。

② 参见南帆:《身体的叙事》,载《天涯》2000年第6期;王朔:《评"用身体写作"的棉棉和〈糖〉》,载《三联周刊》2000年6月7日;白烨:《解读"身体写作"》,载《北京日报》2002年3月27日;陈令山:《关于身体书写的一则思考》,载《读书》2004年第2期。

③ 周华山:《女性如厕与身体政治》,载《社会学家茶座》2003年第1期。

20世纪以来中国现代性与身体的国家化之间的关系,也成为先锋议题①。在经济学领域,潘锦棠的《性别人力资本理论》探讨了人力环境与男女人力投资价值之间的关系,提出了"性别租金"等概念。在哲学领域,刘小枫在《现代性社会理论绪论》一书中探讨了哲学的专业化和肉身化以及现代感觉与身体的优先性,强调身体的在体论位置的转移并不单指哲学性的转变,亦有社会实在性的基础,换言之,这一转移与社会形态的结构转变相关。另外,张祥龙和陈家琪就"性别"在中西哲学中的地位及其思想后果发生争辩②。

身体的凸显,从理论上讲,和后现代话语直接相关,正是后现代主义解构了现代思想的各种二元对立,包括心身二元论,为身体的浮动奠定了基础。身体作为一个政治问题和对现代性的反思勾连在一起,身体、身体政治与现代性的关系,是后现代问题域中的一个重要议题。

### 1. 理论资源

在身体问题的思考中,学术界的理论资源主要来自福柯。福柯认为,权力制造知识;权力和知识是直接相互连带的;不相应地建构一种知识领域就不可能有权力关系,不同时预设和建构权力关系就不会有任何知识;对"权力—知识"关系的分析不应建立在"认识主体相对于权力关系是否自由"这一问题的基础上,相反,认识主体、认识对象和认识模态应该被视为权力—知识的这些基本连带关系及其历史变化的效应③。通过对理性统治、临床医学、监狱体系和性问题的研究,福柯强调科学知识使得身体成为一个政治领域,并产生了用以控制身体的政治技术。针对生命的权力有两种基本形式,一种是对人类身体的解剖

---

① 参见应星:《身体政治与现代性问题》,载杨念群等主编:《新史学——多学科对话的图景》,中国人民大学出版社2003年版;黄俊杰:《中国古代思想史中的"身体政治学"》,载《国际汉学》(4),大象出版社1999年版,第206—207页。

② 张祥龙:《"性别"在中西哲学里的地位及其后果》,载《江苏社会科学》2002年第6期;陈家琪:《驳〈"性别"在中西哲学里的地位及其后果〉》,载《浙江学刊》2003年第4期;张祥龙:《中国古人的性别意识是哲学的、涉及男女之爱的和干预历史的吗》,载《浙江学刊》2003年第4期。

③ 参见福柯:《规训与惩罚》,三联书店1999年版,第27—30页。

政治,包括优化它的能力,增加它的用途以及顺从,从而对身体加以规训;另一种是人口的生命政治,包括调节生育率、道德、健康水平等。规训的要素充斥整个社会,涉及社会的细微环节。规训社会的发展与其他历史变迁,诸如人口的猛增,学校、医院、军队人数的增加,资本主义经济的发展是相一致的。身体基本上是作为一种生产力而受到权力和支配关系的干预,但也只有在被某种征服体制所控制时,它才可能成为一种生产力。

在某种意义上说,罗兰·巴特属于那种"身体力行"的作家。如果说在最初的《写作的零度》中考察了文本的生产,区分了"作家"和"写家",在《S/Z》和《萨德、傅立叶、罗耀拉》中研究了文本的接受和评价,区分了"读者式文本"和"作者式文本",那么,在《文本的愉悦》中,他开始关注文本与快感、享乐、欲望之间的关系。对他来说,作者、文本和读者之间存在着欲望的流变关系,书写和阅读作为一种身体行为,与真理和利益都没有关联,而只意味着漂浮、漫无边际的生产,意味着不被俘获的随意。身体是不可缩减的区别性,同时又是任何结构活动的原理。"俗套,是对话语的安排,在这种话语中,没有了躯体,在这种话语中,人们确信躯体不存在。"① 身体是脱离意识形态的,是自然而非文化的产物,因而成为抵抗文化控制的据点,身体的快感也就成为意识形态的对立物。这样,在巴特那里,身体担当了去神秘化、去中心化的任务。这无疑受到了尼采的影响,也是以德勒兹和加塔里《反俄狄浦斯》为标识的"欲望哲学"思潮的组成部分。

虽说借用的不多,学术界也都注意到梅洛-庞蒂在《知觉现象学》中关于身体的论述。在该书第一部分"身体"中,他论述了作为物体的身体和机械生理学、身体的体验和传统心理学、身体本身的空间性和运动机能、身体的统一性和艺术作品的统一性、作为有性别的身体,以及作为表达和言语的身体。在他那里,身体的理论已经是一种知觉的理论,通过对知觉作为一种呈现的经验做现象学的批判,他为身体的真正非二元论的本体论提供了一个哲学的基础。感知的心灵是一种"肉身化

---

① 罗兰·巴特:《罗兰·巴特自述》,百花文艺出版社2003年版,第60页。

的身体",身体的肉身和世界的肉身交织在一起,通过强调我们在世的相互肉身性特性和肉体基础,互为主体性的问题也得到了很好的解决。笛卡儿的"我思"被梅洛-庞蒂的知觉的身体—主体所替代,生存是在身体中实现的,意义存在于身体中,而身体存在于世界中,这样,笛卡儿的二元论就被颠覆了。

也许是因为梅洛-庞蒂的工作主要植根于哲学的框架,所以对具体的社会行为与控制问题的研究帮助不是很大。相比之下,鲍德里亚直接关注的就是消费过程。在他看来,当我们在消费物品时,也就是在消费符号。"在消费的全套装备中,有一种比其他一切都更美丽、更珍贵、更光彩夺目的物品——它比负载了全部内涵的汽车还要负载了更沉重的内涵。这便是身体。"[1]身体的地位是一种文化事实,身体关系的组织模式反映了事物关系及社会关系的组织模式。鲍德里亚特别探讨了作为资本的身体的实践和作为偶像的身体的实践,指出身体和物品构成了一个同质的符号网络,在抽象化的基础上交换含义并相互赋值。假若说身体的价值曾经在于其颠覆性价值,那么在当代社会,身体崇拜不再与灵魂崇拜相矛盾,它继承了后者的意识形态功能,成为消费伦理的指导性神话。被消费的身体,也就是被编码、控制和区分的身体。在这个意义上,鲍德里亚和福柯有不乏异曲同工之处。

谈到身体或者更直接地说肉体,巴赫金的《拉伯雷和他的世界》是不能遗忘的。该书除了探讨社会与文学是如何相互作用的,还研究肉体的语义学,肉体的各肢体、孔眼和功能的不同意义。作为一种活动和概念,狂欢节在现代已经式微,但在文艺复兴时期,它在各个阶级的生活中却起着核心作用。狂欢节是社会组织中的一道裂缝。巴赫金将狂欢节和他体系中的两个关键因素联系起来,即时间和身体。一种特定的狂欢节的时间和肉体联系在一起,这种肉体的名称是怪诞。巴赫金对拉伯雷赞美肉体的激赏,是对社会主义现实主义原则和实践的挑战。狂欢节精神与所有认识论中的等级制、教条针锋相对,它的根本特点是

---

[1] 鲍德里亚:《消费社会》,南京大学出版社2000年版,第139页。

未完成性、变易和多义性。① 在一个极权主义、教条主义的时代,巴赫金把大众写成了热情奔放、多样化和粗犷无礼的形象。

泛泛地说,福柯的主题是规训,鲍德里亚的主题是消费,巴特的主题是愉悦,梅洛-庞蒂的主题是知觉,巴赫金的主题是狂欢。如果这样的概括没有什么问题的话,那就不难理解,为什么是福柯、鲍德里亚和巴特对中国理论批评的影响会远远大于梅洛-庞蒂。而且,相比较而言,鲍德里亚和巴特的适用性可能更强一些。对于福柯的思想,批评界运用得最多,然而,在消费主义文化浪潮刚刚兴起的中国,人们对于"规训"的感觉还相当模糊。相比之下,常人更多地感觉到愉悦,即使是充满讽喻性的愉悦。这时,巴赫金的狂欢可以发挥更大的影响。

在探讨身体在思想史上的位置时,在探讨现代哲学的专业化和肉身化时,人们习惯于追溯从尼采到福柯的肉身化哲学诉求的推进,也就是罗蒂所谓对本质化哲学的后现代冲击,而遗忘了费尔巴哈的哲学提案。② 所谓后现代哲学命题的动力因素,或许已经包含在费尔巴哈的《未来哲学原理》中。旧哲学的出发点是这样一个命题:"我是一个抽象的实体,一个仅仅思维的实体,肉体是不属于我的本质的",新哲学则以另一个命题为出发点:"我是一个实在的感觉的本质,肉体总体就是我们的'自我',我的实体本身"。③ 旧哲学为了防止感性观念沾染抽象概念,是在与感觉处于不断矛盾、敌对状态中进行思想的;新哲学则正相反,是在与感觉和睦、协调的状态中进行思想的。新哲学是光明正大的感性哲学。

依据马克思的观点,费尔巴哈和"纯粹的"唯物主义者相比,有一个很大的优点,就是承认人也是"感性对象"。问题是,他只把人看做是"感性对象",而不是"感性活动",他从来没有把感性世界理解为构成这一世界的个人的全部活生生的感性活动。马克思进而批评说,费尔巴

---

① 参见克拉克等:《米哈伊尔·巴赫金》,中国人民大学出版社1992年版,第358—389页。
② 参见刘小枫:《现代性社会理论绪论》,上海三联书店1998年版,第158—159页。
③ 费尔巴哈:《未来哲学原理》,载《费尔巴哈哲学著作选集》上,商务印书馆1984年版,第169页。

哈只是希望确立对存在的事实的正确理解,然而一个真正的共产主义者的任务却在于推翻这种存在的东西①。马克思的这一批评显然是从自己的理论追求出发的。无论如何,马克思和费尔巴哈分享了共同的理论前提:是人在思想,而不是自我在思想,不是理性在思想。马克思通过对旧哲学的革命批判,实现了由精神主体向现实的感性活动主体的转变。马克思著作中涉及身体的论述也不难寻找。例如,在《黑格尔法哲学批判》中,马克思指出:"贵族的秘密就在于动物学。"在《1844年经济学—哲学手稿》中,马克思写到:"不仅五官感觉,而且所谓精神感觉、实践感觉(意志、爱等等),一句话,人的感觉、感觉的人性,都只是由于它的对象的存在,由于人化的自然界,才产生出来的。五官感觉的形成是以往全部世界历史的产物。"在《神圣家族》中,马克思指出:在霍布斯那里,"唯物主义变得敌视人了。为了在自己的领域内克服敌视人的、毫无血肉的精神,唯物主义只好抑制自己的情欲,当一个禁欲主义者"。

　　强调身体的重要性,并不违背唯物主义的基本原则,相反,是对唯物主义的一种坚持。唯物主义强调自然的先在性,也不否认身体的先在性。也许在马克思的广义"物质"概念中,身体就是必要的组成部分。在《德意志意识形态》中,马克思探讨了四种活动方式,首先就是肉体的再生产。"全部人类历史的第一个前提无疑是有生命的个人的存在。因此,第一个需要确认的事实就是这些个人的肉体组织以及由此产生的个人对其他自然的关系。"②恩格斯在《家庭、私有制和国家的起源》中也把"性文化关系"和"生产关系"区别开来,提出历史的决定因素最终是直接生活的生产和再生产。这一点具有双重特征:一方面是生存手段、食物、衣服和住所的生产,以及为此所需的工具的生产;另一方面是人类自身的生产,即人类的繁殖。虽然在马克思、恩格斯那里,"物质生活的第二个方面"总是趋向于消失在幕后,或者被合并在"物质生活"的概念里,但是毕竟,他们认识到一个共同体必须从事的不只是为自己

---

① 《马克思恩格斯选集》第1卷,人民出版社1995年版,第75—78页。
② 同上书,第67页。

的温饱而改变自然界的活动,注意到财产与阶级、性别之间的关系,提示了社会性别制度领域的存在及其重要性;身体、性别制度是与经济政治制度密切相关的、有自身运作机制的一种人类社会制度。当然,马克思、恩格斯主要关注的不是身体,他们的"存在"概念在某种程度上等同于"社会"、"历史"。梅洛-庞蒂说:"确实,正如马克思所说,历史不运行在头脑中,同样,历史也不用脚来思考。更确切地说我们不必关心历史的'头脑'和'脚',但要关心历史的身体。"①

### 2. 身体与生产实践

在80年代以来的实践话语中,所谓实践,首先是人以自身的活动来引起、调整和控制人与自然之间物质变换的过程;在这个过程中,人和人之间必然要结成一定的关系并互换其活动;实践结束时得到的结果,在这个过程开始时就已经在实践者头脑中作为目的以观念的形式存在着,这个目的是实践者所知道的,是作为规律决定着他的活动的方式和方法的②。这里的人,主要是作为自然力的人,人身上的自然力——臂和腿、头和手都清晰可见,身体则是不在场的。依据鲍德里亚的观点,马克思过于关注生产性活动,忽视了浪费、游戏和纯粹的象征性交换等事物。这个观点值得商榷。马克思从生产性活动出发,探讨了资本的历史运动,从而和生产的启蒙叙事拉开了距离。换言之,马克思的《资本论》仍然是一种宏大叙事,但它是一种具有巨大的历史感的宏大叙事。鲍德里亚的批评,似乎更适用于80年代以来的实践话语。在这种话语中,实践首先是物质生产活动,这种活动的特点是改造、开发、利用和支配,一方面是整体的人,一方面是整体的自然,人和自然之间就是主体和客体、能动和被动的关系,人的形象被束缚、限制、缩减在"主体"、"能动"这些工业文明时代的词汇里面。

实践是人的存在方式和本质活动,把现存世界当作实践去理解,实际上就是从主体方面去理解,实践原则与主体性原则具有内在的一致

---

① 梅洛-庞蒂:《知觉现象学》,商务印书馆2003年版,第16页。
② 参见肖前等主编:《实践唯物主义研究》,中国人民大学出版社1996年版,第36页。

性,二者都强调从人的内在尺度出发去把握物的尺度,对自然界、社会和人自身进行实践改造,强调从符合人类本性的条件来协调人与自然的关系,总之,人掌握世界的主动性、能动性、选择性、创造性、普遍性,都表现了人在处理自己同外部世界关系的对象性活动中所具有的主体地位和主体性。这种主体性话语力求和西方哲学发展中出现过的各种主体性原则划清界限,包括从"我思"出发的抽象精神能动性原则、从私人利益出发的个人主义原则、以非理性为内核的个人存在原则、以理解为特殊途径的人的意义世界的原则。划清界限当然是必要的。如果说马克思的主体性思想是关于群众的历史作用和无产阶级历史使命理论的哲学根据,那么,80年代的主体性话语则试图为中国改革开放的现代化建设提供哲学根基。它们着重思考的是人在世界中的地位,人对世界的把握方式,以及人和世界相互关系的发展方向,所以尽管也注意到主体的不同层次,强调具体问题具体分析,但事实上更多考虑的是人和世界的宏大叙事。这种叙事划清了人与动物的区别,强调人在改造自身的同时也改造了世界,赋予世界以意义。自然的实在性得到充分肯定,人的实在性似乎阐释得远远不够。也就是说,主体没有作为一种身体的存在呈现出来,而是仍然被包裹在宽大的制服下面:有意志有目的,却没有需求、情绪和欲望;不乏豪情,但没有哀痛。这是一种理想化的主体,同质化的主体,是适应时代需要而虚构、想象和召唤的主体。

当然,应该注意到,主体性话语经历了一系列的变迁,它也不是一个同质性的东西。例如,1977年至1979年间出现的"伤痕文学"描述了人民群众的辛酸和血泪、愤懑和悲痛,但更强调识破欺骗后的觉醒和斗争。其后的"寻根文学"中,也有原始、自然、野性的身体的晃动,但在关于人生意义的讨论中,"什么是科学的革命的人生观"和"怎样认识和对待我们的现实社会"成为首要议题,重心落实在如何处理个人发展与社会进步和人类解放的关系上。人道主义和异化问题的讨论涉及人性与人的本质,人的尊严、权利和自由,人的价值,人的全面而自由的发展等问题,之后的认识论和历史观研究认识到主体包括个体、群体和类三个层次,注意到主体结构中的直觉、潜意识、情感、灵感、本能等成分,强调个体的主体性也就是个性解放、个体自由,注意到主体活动的选择性与非选择性,并立足科学技术的发展,经济、政治民主和伦理观念的建设来推动主体性的发挥①。但当时更强调"社会化了的人类"、"历史行动中的人"、"处于社会关系中的人本身",主体总是消隐在理性、能动性、历史、社会的背后;强调的是身体如何生产,身体却又总是消失在幕后。90年代以来,关于市场经济和道德建设的讨论,关于人文精神的讨论,关于人类中心主义的反思,其核心就是人,对人的关切,包括对普通人、平民、小人物的命运与心灵的关切,对人的发展和完善、人性的优美和丰富的关切,但这些关切又都似乎和身体无关。即使是探讨人类命运与归宿、痛苦与解脱、幸福与完善,似乎也只是精神和灵魂的问题。热热闹闹的"人学热"集中思考的是人学的内涵和实质,人学与哲学的关系,人学的研究对象、人学研究应有的视角等原则性的问题,落实到人的现代化建设上,都是宏大而宽泛的叙事:鲜明的个性意识,开拓进取的人生态度,庄严的道德感、使命感和社会责任感,开放的文化视野,等等。

80年代以来的劳动实践话语中身体的位置,实际上也是由当时的生产实践和社会实践决定的,有其特定的时代背景。同时又不能不承认,这种实践话语缺乏马克思的批判向度。的确,马克思坚持对理性的信仰,相信理性是人类特有的能力和认识力量,自然界和社会领域存在着理性能够发现的秩序和法则,因而理性可以再现和控制世界。但马克思没有停留于此,而是深入考察了生产方式,特别是资本主义的生产方式,认识到在资本主义社会里,商品生产构成了社会生活,利润的最大化是社会的唯一目的,由此产生了一系列的颠倒和扭曲,包括主客体关系的颠倒和客体对主体的支配,交换价值对使用价值的颠倒,物的社会关系对人的社会关系的颠倒,等等。马克思对资本主义"生产的逻辑"的剖析,对分析当前"消费的逻辑"有直接的启示,因为无论是大写的生产还是大写的消费,都面临着物的膨胀——作为符号的物的膨胀对人的挤压问题,由此欲望不再是人的潜在力量的表现,甚至不再是人的欲望,"工业的宦官投合消费者的卑鄙下流的意念,激起他的病态欲

---

① 参见邢贲思主编:《中国哲学五十年》,辽海出版社1999年版,第707—709页。

望,窥伺他的每一个弱点,以便然后为这种亲切的服务要求报酬"①。马克思的这种描述完全适用于消费时代的广告。贝斯特和科尔纳据此认为:"马克思预见到消费社会的产生以及我们目前没什么能够逃脱对商品的偶像崇拜之世界。"②

### 3. 身体与消费实践

身体在消费实践中的位置,不同于在生产实践中的位置。90 年代以来,中国经济增长迅速,国人的消费方式和消费观念也发生了巨变。尽管对于中国是否已经进入消费主义时代,西方消费主义文化分析的符号学解读是否适合中国的现状,仍然有待商讨,但不能忽视的是,一个优越、富裕,有足够消费能力的社会群体正在形成,他们既是消费主义文化的所指,又是消费主义文化的能指,国人消费过程中所表现出的符号化特征更多是由这个群体来实践和体现③。在一个由消费所主导的社会里,自我观念、身体形象和消费偶像之间存在紧密的联系,自我的规划在相当程度上等同于身体的规划。"身体就是自我,在根本上就是自我。我们都体现在身体上。"④自我的感觉与个人对符号和物品的无拘无束的消费的观念密切相关,法尔克认为,如果说笛卡儿强调"我思故我在",那么现在可以说是"我消费故我在"。⑤打开电视,一个又一个频道的广告节目表明,身体和幸福直接联系在一起,越来越多的人通过整容手术、器官移植和变性手术重塑自我,运动科学和营养科学也都致力于塑身运动。通过身体的美来追求自我实现已成为一种大众的意识形态。

假若说在 80 年代对人的尊严、价值和创造力的呼吁中,身体只是作为思想的躯壳而存在,那么 90 年代以来,身体则成为思想必不可少

---

① 马克思:《1844 年经济学—哲学手稿》,人民出版社 1979 年版,第 86 页。
② 斯蒂芬·贝斯特等:《后现代转折》,南京大学出版社 2002 年版,第 64 页。
③ 参见杨魁:《消费主义文化的符号化特征与大众传播》,载《兰州大学学报》2003 年第 1 期。
④ A. Synnott: *The Body Social: Symbolism, Sex and Society*. London: Routledge, 1993, p.1.
⑤ P. Falk: *The Consuming Body*. London: Saga, 1994.

的包装。也许身体从未受到忽视,只不过在80年代,身体是以缺席的、遮蔽的、沉默的方式在场的,到90年代,身体则粉墨登场了,开始广泛地言说和表达。在欢欣鼓舞的同时,我们也需要思考,在消费的时尚中,身体感受到的是更多愉悦还是更多规训?更多自由还是更多的限制?甚至所谓的愉悦也不过是缺乏反省的规训中的愉悦,所谓自由不过是另一种限制?问题是微妙而复杂的。马克思在《政治经济学批判》中指出:自然发生的"人的依赖关系"是最初的社会形态,以物的依赖性为基础的人的独立性是第二大形态,在这种形态下,才形成普遍的社会物质变换,全面的关系,多方面的需求以及全面的能力的体系。"建立在个人全面发展和他们共同的社会生产能力成为他们的社会财富这一基础上的自由个性,是第三个阶段。第二个阶段为第三个阶段创造条件。"① 在这个意义上,对于身体在消费时代的处境,我们应该辩证地看待,而不必像福柯那样悲观。举例来说,"当我们穿着流行的时装时,我们既是在努力地顺从时尚,但同时也是在努力地展示自身的个性。"②

应当肯定,身体的凸显意味着对生命本身的关切。从前,我们惯于"代价论",生命更多地成为一种手段,为了灵魂的高贵而舍弃身体成为一种绝对的美德;今天,我们更为关心的是,如何在追求崇高目标的同时,维护和保存身体的完整性。对身体的关切,就是对人的关切,所有的身体形象都关乎人格。据报道,海口监狱2004年1月开始实施一项人性化的管理措施,不再强行规定罪犯必须理光头,一位已经留起板寸头的服刑人员告诉记者:"这是监狱尊重我们人格的具体表现。"③ 同年5月1日起实施的司法部《监狱服刑人员行为规范》,删除了禁同性恋及女犯染发等规定,中国监狱学会理事王荣康指出,新规范更多地彰显了人性化色彩,更注重对人权的保护。④ 当然,对身体和人格的尊重

---

① 《马克思恩格斯全集》第46卷上,人民出版社1979年版,第104页。
② 威尔逊:《时尚和后现代身体》,载罗钢等主编:《消费文化读本》,中国社会科学出版社2003年版,第289页。
③ 《海口不再强制囚犯剃光头》,载《新京报》2004年2月24日(A21)。
④ 《新服刑规范删除禁染发规定》,载《新京报》2004年4月10日(A14)。

还有很长的路要走。现实生活中,对身体的过度关注与关注不足同时并存。一方面,我们看到影视传媒中夸张的身体形象,公务员招聘中对肝炎患者的歧视以及导致的后果,招聘中对外貌的过度要求以及一些毕业生为求职着力修饰,另一方面,在传媒中某些阶层和群体的身体是缺席的,即使他们在人们眼前走过,人们也往往视而不见。在这个意义上,身体作为差异的物理表现,和身份作为差异的文化表现相辅相成,共同构成了社会的景观。

马克思向来反对把社会与个人对立起来,他一再指出:"首先应当避免重新把'社会'当作抽象的东西同个人对立起来。"① 个人总是一种身体的存在,因此,正如提出一种马克思主义的消费理论是必要的一样,也应该发展出一种马克思主义的身体理论,以一种彻底的历史感来认识身体及其文化形态,把握身体的历史和历史的身体,思考诸如此类的问题:身体的符号意蕴和社会隐喻;身体在社会生活组织过程中所起的作用;围绕生理性别和社会性别范畴产生的身体体现的分化;技术与身体的关系;有关身体的健康、病患、幸福,以及锻炼、休闲、时尚的议题;身体体现如何融入行动、互动、交换和交互性;就日常世界以及身体体现在日常生活互动情景中的位置,发展一种基础性的现象学;试管婴儿、电子人和机器人的身体意象,等等。对这些问题的思考,有助于我们细致地把握社会的构成和运作。

在身体问题研究中应当注意,身体本体论是沿着基础主义和反基础主义而分化的,二者的分歧在于,身体的基本特征到底是由社会过程产生的,还是身体就是一个有机现实而独立于它的社会表征之外?同样,身体认识论可以依据社会建构主义和反建构主义来划分,二者的分歧在于,身体是知识的产品呢,还是与社会建构无关的一种存在?② 在身体意象面前,要注意细碎的东西、感观的日常生活的东西,与此同时,又不能丧失批判、质询现实的力量,而应注意身体意象在我们时代的特

---

① 《马克思恩格斯全集》第 42 卷,人民出版社 1979 年版,第 122 页。
② 参见布莱恩·特纳:《身体问题:社会理论的新近发展》,载汪民安等编:《后身体:文化、权力和生命政治学》,吉林人民出版社 2004 年版,第 33—34 页。

殊意义。要关心身体的残疾、磨损,不简单地以内在美的名义忽视外在美,同时又要追问,优美的标准从何而来。要看到身体对于时尚的顺从,也要看到身体的抵抗,认识到身体不是一个消极被动的场所,任由各种社会信息铭刻其上。要尊重和接受身体间的差异,包括与生俱来的差异和历史建构中形成的差异,同时又不能把差异凝固化,而应走向自由流动的未来。

## 六、性别在唯物史观中的位置

20世纪90年代以来,国内学术界对马克思主义经典作家的妇女思想、马克思主义和西方女性主义的关系、西方马克思主义女性主义的主要观点等议题都有很多探讨[①]。遗憾的是,这些工作主要是在女性主义和性别理论的旗帜下展开的,马克思主义哲学研究领域对此的探讨非常有限,遑论深度思考了[②]。在目前的历史唯物主义和马克思主义哲学原理教科书中,性别是完全不在场的。例如,高等教育出版社2001年出版的《唯物史观通论》在谈到人类自身的生产与社会发展的关系时,注意到人口因素在社会发展中的因素,强调人的自然生物属性和社会属性密切联系、不可分割,人口因素是自然属性和社会属性的结合体,但纵观全书,性别一词无影无踪,性别意识和观念竟告阙如。

性别在唯物史观中的缺席,或者更确切地说,在目前的唯物史观话语中的缺席,原因何在?泛泛而言,目前的唯物史观话语属于宏大叙事,其间活跃的是大写的"人"、"主体"。叙述者一再强调社会关系中的

---

① 例如,王谨:《新女权主义马克思主义》,载《教学与研究》1995年第4期;继红:《新马克思主义的女权主义》,载《马克思主义与现实》1996年第2期;杜洁:《西方马克思主义女性主义》,载《妇女研究论丛》1997年第4期;孟馨、贺晓光:《马克思主义对当代女权主义的影响》,载《高校理论战线》2001年第8期;刘莉、王宏维:《重释恩格斯〈家庭、私有制和国家的起源〉——回应麦金侬'对马克思和恩格斯的女权主义批评'》,载《妇女研究论丛》2003年第1期;荣维毅:《马克思主义妇女理论与社会性别理论关系探讨》,载《妇女研究论丛》2003年第7期。

② 文章标题中涉及唯物史观的微乎其微,例如,戴雪红:《唯物史观与妇女解放运动的思考》,载《求实》1997年第3期;黄继锋:《评后现代女权主义及其对历史唯物主义的责难》,载《理论前沿》1998年第22期。

人,然而,忽略了性别、种族等具体的角色和身份,唯独强调人的阶级性或对阶级性都含糊其辞,所谓的社会关系也就难免沦为空洞的虚饰。宏大叙事本身是一种男性的叙事。当我们说启蒙以来的宏大叙事具有本质主义、基础主义、理性主义的特点时,这里的本质、基础、理性都显然具有某种"男性气质"。在这个意义上,当我们说唯物史观的叙述需要引入性别视角时,实际上是说,应对唯物史观话语中既有的男性视角保持自觉,充分意识到这样一种视角所带来的偏差、问题和缺憾,诸如,不动声色、冷静沉稳的叙述方式,线形的思维方式,对于必然性的坚定信念,等等。

社会性别概念是 20 世纪 60 年代伴随西方女权运动而发展起来,意在揭示两性社会关系,80 年代以来成为联合国和一些国家、地区的分析范畴和研究领域,用以分析联合国和各国政策对男女不同的影响,并寻求相应的解决方法。90 年代以来,面对来自各种角度和立场的批评,社会性别概念变得越来越丰富、复杂、不确定,但从总体上看,都强调这样一些观点:性别是生物性的,社会性别则是文化性的;性别是与生俱来的、自然的东西,社会性别则是后天的社会环境和文化背景塑造出来的;社会性别是一个人际关系的体系,而不是个人的属性,它跨越种族、阶级、年龄和体制的界限,蕴藏在社会结构中,存在于社会生活的各个方面①。从马克思主义理论出发,这种社会性别概念是不难认同的。进一步说,马克思主义理论中,社会存在决定社会意识的原理是理解妇女工作的本质以及她在家庭和工作场所中角色的重要依据,阶级分析方法是理解妇女受压迫的必要的理论工具,异化思想对现代社会中妇女的他者地位做了很好的诠释,实践思想可以促使妇女提高觉悟、重建劳动,人性概念为女性和男性通过生产劳动共同创造人类社会提供了重要的理论依据。所以,无可置疑,马克思主义为妇女解放提供了一个唯物主义的分析基础。西方马克思主义女性主义最初也就是在这样的基础上展开的。

---

① 参见周颜玲:《有关妇女、性和社会性别的话语》,载王政、杜芳琴主编:《社会性别研究选译》,三联书店 1998 年版。

在《1844年经济学—哲学手稿》中,马克思提出:人和人之间的直接的、自然的、必然的关系是男女之间的关系,从这种关系的性质就可以看出,人在何种程度上成为并把自己理解为类存在物。对妇女受压迫的根源、妇女解放的途径和条件等,从马克思、恩格斯到列宁都有所论述。在《德意志意识形态》中,马克思、恩格斯论证家庭内的劳动分工带来了最早的所有制,丈夫对妻子和儿女的奴役是最早的私有制。在《家庭、私有制和国家的起源》中,恩格斯提出,妇女受压迫的基础在于物质条件的改变影响到人们的家庭关系结构;在私有制条件下,男女之间的对立表现为阶级对立;妇女争取解放的途径是,全部女性重新进入社会劳动大军之中,从而摆脱私人性的家务劳动的束缚,而家务劳动也将社会化。显然,马克思主义具有妇女解放的思想。但马克思主义女性主义并非简单引经据典地研究马克思或恩格斯关于妇女解放的思想,而是在从马克思主义理论中汲取养分的同时,质疑并批评了马克思主义的某些观点,主要探索了四个问题:家庭在资本主义社会中的作用,大量的分析围绕家务劳动及其对资本主义的作用展开;妇女作为依靠工资为生者与生产方式的直接关系;妇女和阶级;家庭在意识形态社会化过程中的作用。①

在这个过程中,唯物史观的阶级概念获得新的阐释。马克思在论述社会历史发展时,不仅探讨了阶级的形成及其作用,也涉及种族和性别等因素,但也只是附带的说明而已。马克思主义认为妇女受压迫是人类社会发展到一定历史阶段的产物,是阶级压迫的特殊形式,根源在于资本主义制度,这样的认识是基础性的,是必要的,但似乎忽略了妇女受压迫是多种因素共同造成的,存在着把妇女压迫还原为阶级压迫的嫌疑;仅仅用阶级的字眼分析社会,把性别关系要素排除在社会行为之外,忽视了不同性属的特殊社会体验。随着现代社会的发展,性别问题不能完全归结为阶级问题或种族问题。性别分化了阶级,性别对于阶级的唯一性乃至作为社会解释的主导性因素构成种种挑战。女性主

---

① 参见约瑟芬·多诺万:《女权主义的知识分子传统》,江苏人民出版社2003年版,第107页。

义关于家务劳动计酬的讨论挑战了劳动价值论的关键问题,开拓了劳动分工和性别分工领域,探讨了社会结构的意义,以及维系性别和阶级的社会秩序的内在动力,使得妇女的解放成为阶级斗争的关键;父权制概念的提出,可以很好地解释为什么是妇女被统治,以及怎样被统治。当然,对于父权制究竟是什么,它为什么能够存在,又怎样和资本主义联系在一起,还需要进一步的探讨。

是否可以对妇女进行阶级分析?是否可以把妇女看作工人阶级?马克思主义对于资产阶级和无产阶级的划分显然不适用于妇女,但是类似问题的提出,宽泛地说,仍然是在马克思主义的问题域中展开的,只是要求对阶级做出新的定义。例如,安提出,马克思主义对阶级差异的讨论有五个尺度,即剥削关系、政治关系、历史凝聚力、统治关系和自主,而可以同时定义一个人的阶级身份的是四种不同的、历史发展着的阶级关系,即种族阶级、性别阶级、家庭阶级和个人经济阶级。这样,妇女不仅能通过家庭阶级关系辨别自己的性别阶级,而且可以通过在家庭和社会劳动中的性别分工看到自身位置的优势,意识到自己是有着历史凝聚力、有着共同的文化和利益的群体,特别是随着工业社会向后工业社会的过渡,妇女在社会上的主体身份更多地源自性别阶级关系,她们和工人阶级、少数族裔一样是潜在的革命阶级[①]。

从马克思主义的问题域中推导出性别的分析,最终要求重新看待马克思的实践概念。生产实践是马克思主义的一个重要概念。在《德意志意识形态》中,马克思、恩格斯谈到生命的生产包括自己生命的生产(通过劳动)和他人生命的生产(通过生育)表现为双重关系,一方面是自然关系,另一方面是社会关系,他们重视的生产是存在于"工业和交换的历史"中的交往方式。尽管马克思偶尔会把生育行为看做是生产关系变化的历史作用,但他忽视了生育行为的社会性和历史性,而把其看做是自然的、非历史的行为,因而也就排除了对生育等社会必要行为的历史冲

---

[①] Ann Ferguson, Sex and Work: *Women as a New Revolutionary Class in the United States*, Edited by Roger S. Gottlieb, *An Anthology of Western Marxism-From Lucacs and Gramsci to Socialist Feminist*, pp.348-372, Oxford University Press, 1989.

突的考虑,也没有考虑把此类行为在规范亲属关系制度等社会组织中的变化作为历史变化的构成要素。这样,马克思的实践概念着眼于实践的男性定义,忽略了人类社会活动的多样性和差异性。我们今天在探讨生产力、生产关系和生产方式,人的本质和人性,历史的必然性和自由,人的需要、价值和人的解放等唯物史观的基本问题时,如果要融入性别、性属的历史意识,就需要对实践和经济范畴做出更具有包容性的阐释,并在一定程度上走向对唯物史观既有的问题域的重构。

当然,这并不是要用女性主义来填补马克思主义中的某个空白,更不是用女性主义或社会性别理论取代马克思主义,而是强调把社会性别作为一种认识和分析的工具,促使唯物史观的基本概念构架具有社会性别的视角,弥补以往叙述中的性别盲点。对社会性别的考察必须放在具体的阶级、种族、文化和历史中,社会性别的意义变化是在同这些范畴的相互作用中发生的。恰当的做法,是在从事阶级分析的同时,补充性别和种族分析;在从事性别或种族分析的同时,又补充阶级分析。这样,分析可以是三维的,也可以是中心—边缘式的,其结果是促成每一种分析视角都保持敞开,而不会变成封闭的、压制的中介,或者成为某种托词。社会性别与民族、阶级、国家和经济制度具有互动的关系,是一个开放性的概念。一种务真求实的唯物史观话语,如果要切实对特定的历史和语境做出回应,就必须对阶级、种族、性别等因素造成的变数和差异保持敏感。

社会性别视角的引入,有助于唯物史观叙述方式的转换,特别是摒弃大写的、线性的、普适性的书写;有助于深入思考同一性和差异性、本质主义和反本质主义等一系列重要的哲学问题。具体到性别问题上,同一性和差异性的论题是:女性和男性在本质上是相同的还是不同的?本质主义和反本质主义的论题是:男性和女性的本性是可塑的还是恒定的?社会性别视角的引入,也有助于我们深化对社会历史主体的思考。女性特殊的生活、工作经验和生命体验,女性在现代社会中不同于男性的社会境遇,有助于促成一种富有创造力的表达。西克苏指出,关于历史的新故事的合适的主体,是那种能够使所有多元场地显现出来的主体,而在历史由作为其主体的有代表性的男人来书写的时候,这些场地就被取消了；作为历史主体的女人将不仅变动而且彻底改变力量关系[①]。鉴于女性和自然的特殊关系，性别视角的引入，也牵涉对人和自然关系以及生态问题的深入思考。

强调性别在唯物史观中的位置，重要的是揭示性属关系并将其问题化。性属关系涉及人类经验的很多方面，从内在自我和家庭生活的形成，一直到所谓的国家、经济乃至知识生产的公共世界。性属不是一成不变的，相反，它是变幻不定的，是历史偶然的一套人类实践。在考察性属问题时，不是把男性作为对立面，而是指向性别文化、性别制度和性别结构及其历史变迁。因此，简单地强调性别的政治、经济和社会平等也是成问题的。把男女平等作为奋斗目标，蕴涵着这样一个前提：不同的性属各自构成一个整体，分享同质的习性和话语。实际上，男性身份和女性身份一样，并不是一个抽象的身份概念，而是隶属于某个阶级、民族、种族或文化，其话语受到这些因素及职业、家庭、地域的影响。过分强调性别对立和歧视也是不妥的，因为这会导致寻找一种妇女受压迫的普遍根源，从而也就将妇女本质化为受害者。必须看到，妇女并没有同样地遭受压迫，也没有以同样的方式遭受性别歧视。不是所有的妇女生活都遵循相同的方式，或是必须采取相同的方式；即使表面上妇女以相同的方式生活，她们对于这种生活方式的体验也可能是不同的。认同的政治和差异的政治相辅相成，只有认识到那些塑造了我们之主体性的各种话语和主体立场，才有可能发现那些禁锢我们思想和行为的多重束缚，阐明权力与统治的多重轴线，进而阐明用以对抗权力与统治的多种多样的斗争模式。

在这个意义上，社会性别视角的引入，有助于唯物史观研究充分地注意社会历史发展中的差异、偶然和他性。具体地说，就是注重人的多重角色、多重身份，倾听女性、少数族裔等边缘和弱势群体的声音，重视人类实践的差异性、多元性和开放性。这样，唯物史观所追求的自由、平等不再是抽象的理性人的自由和平等，而是具体的男性和女性自由

---

[①] 参见加亚特里·斯皮瓦克：《重温法国女权主义：伦理与政治》，载王逢振主编：《性别政治》，天津社会科学出版社 2001 年版。

地在公共世界中承担角色和责任。我们在学术研究包括马克思主义基础理论研究中,也应当注意性别差异所促成的不同的语汇和叙述方式,重视女性研究者所做的工作,包括对马克思主义经典著作的解读,对唯物史观的阐释和发挥,等等。差异、偶然和他性并不等同于劣势、劣等和缺憾,而是意味着另一种存在方式、思想方式和言说方式。

我们对于经典作家的著作比较熟悉,对于当代西方理论前沿也有相当的把握,但缺乏经验的、实证的研究经验的积累。一种面向21世纪的、本土化的唯物史观叙事必须建立在有价值的实证研究上,在这方面,国内的社会性别研究者在田野调查的基础上,开展了关于性别与就业、家庭暴力、性别与大众传媒等一系列调查分析,考察了社会性别与民族、国家和阶级之间的互动关系,努力将性别意识纳入决策主流,这些对我们从事身体的文化政治学探讨,深入研究知识、权力和行动之间的关系,会有很多帮助和启示。

## 七、SARS 话语的符号学分析

SARS 是一种疾病,一种流行病,一种由新冠状病毒引起的严重急性呼吸气管综合征。然而,SARS 的意义远不是一种 2003 年春季才出现的传染性流行病所能涵盖的。即使在不太长久的某个时段,SARS 得到彻底控制,其意义也不可能停滞。相反,随着时间的流逝,其意义会不断地延伸、游移、变换和扩展。到 21 世纪中后期,人们在回顾 21 世纪的开端时,可能会这样写道:21 世纪是从 SARS——或者更确切地说,是从 SARS 话语开始的。

事实上,SARS 话语已经成为一种神话。所谓神话,不只是指古典或人类学意义上的叙事,也可以是一种程序,一种功能,是由社会构造出来以维持和证实自身存在的话语系统。之所以说 SARS 话语已经成为一种神话,主要是因为,通过电视、广播、报刊、网络传播的 SARS 话语不只是指向一种疾病,相反,它涵盖和负载了太多的东西;SARS 话语不只是针对 SARS 的理性言说,相反,它播撒的声音和情绪远远超越了 SRAS 本身:阵痛与亢奋,反思与期望,积极与消极……这些声音和情绪愈来愈指向抽象的存在。借助于罗兰·巴特的符号学，或可厘清意义，分析 SARS 话语是如何一步步构建和积累起来的，在此过程中，逐渐追加了哪些东西，削减了哪些东西，掩盖了哪些东西。这样，我们就比较容易理解，在 SARS 话语的意义流转中，终点距离起点何以如此遥远，继而也就比较容易理解，特殊时期激发出来的特殊情感，何以会在后特殊时期迅速消解。

任何符号学的分析都必须假定能指和所指间的关系，即二者间不是"相等"的而是"对等"的关系。我们在这种关系中所把握的，不是一个要素导致另一个要素的前后相继的序列，而是使它们联合起来的相互关系。换言之，在符号学系统中，我们面对的不是两个，而是三个不同的名词：能指、所指和符号；前两个名词是一个联合的整体。特别值得注意的是，任何能指都不是必然要和其所指联系在一起。能指作为总括，由一条多层的链接（隐喻链）组成，它与所指处于一种游离的关系中，只在某些锚定点"遇合"。正是这种不断漂移和偏离的所指，使得 SARS 一词具有越来越庞大的、无所不在的意义：冠状病毒、临床医学、流行病学、小汤山医院、GDP、白衣卫士、公共卫生、公共安全保障、知情权、世界卫生组织、钟南山……SARS 一词所意指的东西，绝大部分在 SARS 之前就存在，但由于 SARS，它们才凸现出来，变得重要和醒目。另外，SARS 一词所意指的东西，都经过了诸多的传承和转换过程。

所谓 SARS 话语，不只是以语言学意义上的词语形式展开的言说、交流和传播。在人类社会中，语言是普遍的交流手段，除此之外，人类也借助非词语手段进行交流。换言之，任何言语行为都包含了通过手势、姿势、服饰、社会背景等来完成信息传达，物品、图像、动作可以表达意义，但是，这种表达从来都不是以自主的方式进行的，所有的符号系统都与语言纠缠不清。感知某物所要表达的意义，不可避免地要借助于语言的分解。这样，我们就不难理解，同样的电视画面，借助于不同的解说，表达出相去甚远乃至截然相反的意义。在经验的层面上，无法使 SARS 和它所传达的信息分隔，但在分析的层面上，不能混淆作为能指的 SARS 和作为符号的 SARS：作为能指，SARS 是空洞的；作为符号，SARS 是完满的。能指之所以成为符号，就是因为所指的固定化。

SARS 话语之所以成为神话，是因为它是第二秩序的符号学系统。第一系统中的符号，在第二个系统中变成了纯粹的能指。神话之所以发生作用，就在于它借助先前确立的符号并一直消耗它，直到它成为空洞的能指。巴特认为："神话事实上有一个双重功能：它指出某事并予以告知，它令我们了解某事，并且强加在我们身上。"① 人们不关心神话是真是假，而是关心它有用无用。巴特用质量两个维度来衡量神话的理想类型，就质来说，神话能指贫乏而所指丰富；就量来说，神话有大量繁复的能指，其所指则总是被典型化，种类稀少。SARS 话语发挥到极端，我们就发现，它和其他的灾难话语惊人地相似，适应于特定类型的消费。

神话和意识形态、修辞学联系在一起。在第一秩序亦即语言学的意指行为中，能指对所指的关系生成符号，而在第二秩序亦即神话的意指行为中，形式对概念的关系生成意指行为。涉及 SARS 的语言、图片、电视画面、物体，无论起初有多大的差异，只要它们一受制于神话，就都被简化为一种纯粹的意指功能，人们在它们身上只看到同样的东西。道理很简单，注入到概念中的并非现实，而是对形式的某个认知；概念又密切地配合功能。在巴特看来，内涵代表外延的"换档加速"，就像神话是普通意指行为的"换档加速"一样。这样，当那个从第一秩序中生成的符号成为第二秩序中的能指时，内涵便产生了。意识形态是内涵所指的形式，而修辞学是内涵指符的形式。

例如，我们都看到过诸如此类的句子："我们大可诅咒非典，也必然会攻克非典，然而，我们还必须感激非典。非典的到来，使我们有机会进行了一场从未有过的人生经历，使我们得以抛开仇恨与邪恶，以最纯真与善良的心灵善待别人，使我们领悟了过去看似平淡的生活中蕴含的宝贵，在今后的人生旅途中，多了一份坚定与执著。"② 在这样的叙述中，意义被转化为形式，SARS 本身变得无足轻重，或者说它受到有效

---

① 罗兰·巴特：《神话——大众文化分析》，上海人民出版社 1999 年版，第 176 页。
② 参见《共青苑》第 37 期"生命·伦理网络文化节专刊"，北京大学哲学系团委主办，2003 年 6 月印行，第 57 页。

的操控。

诸如"再度表明了什么,显示了什么"之类的言词,都属于修辞。在某些时候,修辞是必要的。然而,修辞毕竟是修辞,符号上可以悬挂一些缀饰,但且不可把它们视作自然而然的东西,视作从事物的"本质"中演化而成的东西。修辞总是一种虚饰。洪灾、矿难、地震……惊惧、恐怖、逃离……从盘古开天起,或者是人类引发了灾难,或者是灾难一直追逐着人类的繁衍,总之,人类的生存一直是遭遇灾难、克服灾难的过程。或许是为了自我安慰,在对于灾难史的叙述过程中,我们太多了代价意识,而且往往把这些代价视作不可避免的,从而把历史转化为自然。代价论这种过度正当化的言说,使得人们很容易接受代价,而对代价中蕴含的丧失缺乏必要的痛楚和怜惜。

SARS 是社会之痛,也是思想之痛。类似的痛,中国人自 19 世纪中期之后,一再或隐或显地感受着,亢奋、激动、耿耿于怀。这些,都有官方和民间的文字记载。记载了又如何？记载是记忆的方式,也是忘却的缘由。不妨说,记载也是一种对象化的途径,通过记载,事件和事件之痛被对象化了,思想和灵魂的重负也就转到了思想和灵魂之外。书写可能意味着放纵、放松、推卸和遗弃。当然,这不是否认书写的必要性,而是强调思应当是始终在场的,书写不能成为搁置的理由。

SARS 话语可能成为神话,SARS 本身则是千真万确的事实。SARS 可能已经过去,但是对 SARS 的研究才刚刚开始。SARS 病毒从何而来,是如何感染人类的？是否会再次出现？我们知道,SARS 的经验是,在一个局部地区爆发,用不了多长时间,即使不在全球范围蔓延,也会迅速传播到其他国家,而追踪动物宿主的感染途径可能需要若干年时间。SARS 可能通过若干方式复发,病毒可能仍然在没有任何症状的人群中小规模传播,虽然目前还没有发现这样的病例,但一些专家认为,SARS 也将成为季节性疾病。

# 结束语

随着20世纪60年代之后出生的学人浮出水面,一种比较纯粹的学院派的马克思主义哲学研究范式开始形成。这样说,当然无意否认此前研究的学术性,特别是无意否认前辈学者为马克思主义哲学研究的学术化付出的艰辛努力,而是力图指认,和前辈学者开始走上学术研究的殿堂相比,年青一代学人的研究是在一种非常特别的语境中展开的。如果说此前的语境可以定义为无产阶级革命或社会主义建设的时代,那么现在,比较可取的称号则是全球化和消费时代。中国依然在从事社会主义建设,但这种建设是在全球化的框架中展开的,它得益于这种框架,同时也受制于这种框架。中国的国内市场开始成为统一的世界市场的组成部分,中国的学术研究也势必进一步深化和拓展与世界各国的交流与对话。正如市场经济需要统一的市场规则一样,学术思想的交流也需要大致接近的学术规范。在这样的情势下,提高学术化水准成为马克思主义哲学研究的首要任务。

众所周知,1949年后中国马克思主义哲学研究逐步展开,是自上而下的行政力量和自下而上的学者自觉相互促动的过程。作为学术研究的对象,马克思主义哲学也是指导整个社会的基本理论。马克思主义哲学的双重身份,使得马克思主义哲学研究表现出特有的活力和生机,同时也不可避免地几乎是从一开始,就存在着简单、片面、狭隘,缺乏必要的自我反思,往往为现实的具体政策作注脚的缺陷;发展到"文革"时期,正常的学术研究几乎不再有任何空间。自70年代末以来的思想解放运动中,马克思主义哲学研究展现出新的风采:实践、人道主义、异化、主体性、价值、实践唯物主义等概念和范畴,欣欣然而不无笨拙地登上了社会思想的前台,获得了广泛的社会效应。前辈学者可以自豪地说,80年代是哲学的年代,而且首先是、主要是马克思主义哲学的年代:一方面,马克思主义哲学研究在社会变革中发挥着广泛的影响;另一方面,马克思主义哲学的表现形态也在不断进行变革。

自80年代后期以来,马克思主义哲学的地位逐渐发生了微妙的变化。随着思想的开放和多元化,从革命领袖不再是真理的代言人,到马克思主义不再是真理的化身,或者说,不复是唯一的真理,马克思主义哲学逐渐回复其作为一门学科的位置。在当代中国,作为一门学科的马克思主义哲学和作为政治意识形态的马克思主义很难划清界限,或者说,原本就不需要划清界限,不存在划清界限的问题。与此同时,我们也不能不承认,如果说这种含混曾经给马克思主义哲学学科带来了过多的荣耀,那么现在,则似乎造成了过多的重负。在一些学者的眼中,马克思主义哲学不是学问,只是一种"政治",一种"意识形态",它缺乏必要的理论深度和学术含量,无法为人文社会科学提供必要的概念、范畴和理路,更不用说提供基本的理论平台了。

90年代后,后现代主义思潮传入中国并引起了相当的反响,甚至可以说,它构成了知识、思想和文化的基本境遇。人们最初认为,后现代主义所质疑的是现代理论及其实践,而且是西方社会的现代理论及其实践。由此,后现代主义的译介开始是和回归本土文化的吁求联系在一起,附和了当时的文化民族主义思潮。在后现代主义及紧随其后的后殖民主义之后,全球化理论流行开来,并逐渐得到了中国社会的广泛认同。在此过程中,马克思主义及其哲学的理论和实践作为现代社会进程的重要组成部分,无疑也遭遇重新审视。特别是马克思主义哲学关于社会历史发展本质和规律的学说,被视作线性进步论、历史目的论、宏大叙事而备受指责和冷落。

随着全球化和本土化的双重夹击,马克思主义哲学的地位非常尴尬。西方哲学似乎表征着"世界潮流",中国哲学似乎表征着"民族传统",那么,马克思主义哲学表征什么呢?在高校哲学学科设置中,以前是马克思主义哲学原理、中国哲学史、西方哲学史,现在则是马克思主义哲学、中国哲学、西方哲学。也就是说,在以往,"中国哲学"和"西方哲学"仅仅作为一种哲学的历史形态而存在,唯有马克思主义哲学才是基本的哲学原理,现在则情况不同了,哲学的世界似乎一分为三,三足鼎立了。

20世纪60年代之后出生的学人,就是在这样的情势中走上马克思主义哲学研究道路的。他们经历了70年代的社会生活,在思想激荡的80年代渡过大学时光;他们目睹了社会生活和理论思潮的巨大游移和变迁。他们走上马克思主义哲学研究的舞台伊始,就直面这样一些根本性的问题:在现时代,马克思主义具有怎样的价值?一种研究在什么意义上才可以被称作马克思主义的研究?马克思主义的身份认同何以可能?这些在前辈学者那里处于"无意识"地带的问题,成为年轻学人从事马克思主义哲学研究的首要议题。

对年轻的学人来说,信仰固然重要,寻求信仰的理论支持更是根本。他们研究马克思主义哲学,首先是从学术的角度切入的。和前辈学者相比,他们拥有更多的学术旨趣。在某种程度上说,这是一种退守的姿态,是一种在当下的社会语境中的自觉选择。把马克思的著作称作文本,把马克思的文本视作解读的对象,表明年轻的学人充分意识到学术研究的主体性。在他们看来,马克思不是全能全知的神;马克思的文本不是回答一切问题的"百科全书";马克思的思想不是静止地停留在那里,只需读者被动地照单全收的东西。研究就是对话,就是联系一百多年的历史变迁,和马克思对话。年轻的学人们清楚苏联模式的马克思主义哲学教科书的失误,承认马克思主义及其哲学在过去年月中的局限,甚至承认马克思也有其思想的局限,但无论如何,他们无意放弃马克思主义,而是坚持马克思主义哲学作为一门学科的重要性,坚持马克思主义作为一种社会理论的重要性。

熟悉当代西方哲学的年轻学人当然清楚,宏大叙事难免虚妄,后现代思想家已经对宏大叙事进行了种种批评。然而,对年轻的学人来说,宏大叙事则具有另一种意义,那就是确定当代思想的基本平台,然后在此基础上展开学术研究。关于生存论转向,关于生活世界观,关于存在论,关于现代性,关于后现代境遇,等等,诸如此类的思考,与其说年轻学人拥有更大的理论抱负,不如说他们肩负着更为艰难的思想任务,即:走出传统的马克思主义研究唯我独尊的理论视域,直面当代西方思想的种种发展,重新认识理论和现实的关系,马克思主义和现实的关系。① 泛泛而谈,理论话语和时代之间是相辅相成的关系,一方面,理论话语规划时代,不同的理论话语规划出不同的时代景观;另一方面,理论话语本身也是自己所处时代的组成部分,承担着它的困惑和疑难。在此意义上,马克思主义哲学学科在新世纪的前景,在相当程度上就取决于年轻学人及其操持的理论话语如何规划这个时代,并在此规划中重新开拓自身的理论空间。

在寻求整体性指认的同时,学院派更多地关注细节,生活中的细节和文本中的细节,平心静气地研究,在琐碎的细节中发现意义,发现乐趣。他们意识到,单纯依据马克思某一文本中的只言片语便对其思想进行概括、提炼和阐发,是一件相当冒险的事情,对于那些著述甚丰而又经常进行自我省思的思想家,基础性的研究应当是将其不同时期的文本还原为特定的历史语境,并加以仔细梳理。② 学院派的研究关心具体事务和个别现象,不再寻找某一基础性的框架,不再急急忙忙地追逐所谓的本质和规律,不再企望一劳永逸地解决问题。在学术和思想的道路上,年轻的学人们更多一些谦恭,多一些拘谨。他们探讨阅读马克思的方法问题,学习"复调式"解读,消除单一逻辑,甚至惯于自我的讥讽与消解。③

学院派的马克思主义哲学研究,既包括对马克思主义理论进行哲

---

① 参见贺来:《现实生活世界——乌托邦精神的真实根基》,吉林教育出版社 1997 年版;邹诗鹏:《人学的生存论基础——问题清理与论阈开辟》,华中科技大学出版社 2001 年版;李文阁:《回归现实生活世界——哲学视野的根本置换》,中国社会科学出版社 2002 年版;胡大平:《后革命氛围与全球资本主义》,南京大学出版社 2002 年版;杨学功:《传统本体论哲学的终结和马克思哲学变革的实质》,载《现代哲学》2002 年第 1 期。

② 参见徐长福:《本文与解释——论马克思哲学解释的学术规范》,载《哲学研究》1997 年第 11 期;聂锦芳:《马克思文本研究史的初步清理与方法论省思》,载《哲学研究》2002 年第 6 期。

③ 参见仰海峰:《从"独白"式研究到"复调"式解读——马克思哲学研究的一个方法论思考》,载《求索》1997 年第 6 期;张立波:《阅读马克思的三种方式》,载《现代哲学》2002 年第 3 期。

学的研究,也包括对马克思主义哲学进行研究。就前者而言,需要在哲学层面上澄清一些问题,诸如:马克思是否摆脱了欧洲中心主义和男性中心论? 马克思是如何处理客观主义和相对主义的关系的? 马克思理论的历史性是如何避免价值虚无主义的? 就后者而言,需要把马克思放在西方哲学发展的流程中来把握,思考诸如此类的问题:马克思是如何超越黑格尔的? 马克思提出了哪些新的哲学概念? 重新阐释了那些观念? 马克思对哲学的当代发展提供了哪些资源? 重要的不是急急忙忙地排名次,而是澄清马克思的一些基本范畴、概念和理论,诸如物质、实践、意识形态、主体、历史,等等。① 年轻的学人们意识到,在西方哲学的流程中把握马克思,实际上也就是用西方哲学的规范来测度马克思,这样的测度,可以展现马克思文本中长期以来被抑制的一些声音和形象,但与此同时,也可能促成了一些新的盲点和变形。无论如何,这样的测度毕竟首先是一种能量的释放。

学院派的马克思主义哲学研究,并不意味着把马克思主义哲学研究局限于学院的狭小范围。马克思的学说和现实政治的关系是非常紧密的,离开他的现实关怀和政治理想,我们甚至很难理解他的学术工作。马克思主义哲学研究当然要从事对概念、范畴、基本理论的研究,但这种研究,不是纯粹思辨的研究,不是像黑格尔那样,建构一套包罗万象的体系。年轻学人致力于的,是把理论本身作为背景性的东西,对具体的日常生活——既包括国家的种种政策,现实生活中涌现的新的现象,也包括影视和小说文本——做出解释。一言以蔽之,就是研究日常生活的意识形态,思考诸如此类的问题:如果《还珠格格》得到广泛的喜爱,可以归结为商业化时代的消费主义,那么《激情燃烧的年代》广为传播,又意味着什么? 文化关注的是意义、快感和身份认同。在消费至上的年代,如何把握哲学和现实的关系? 就哲学的品性而言,它无疑应当和现实保持距离,经典的马克思主义很容易采取这个立场,西方马克

---

① 参见刘怀玉:《从隐喻的"物的世界"的元科学到解喻的"人的世界"的实践哲学》,载《求是学刊》1995年第6期;唐正东:《马克思哲学与当代性对接的三种模式》,载《南京大学学报》2001年第2期;田海平:《破形而上学的"怪影"——论马克思哲学的当代价值》,载《人文杂志》2001年第5期;刘森林:《实践的逻辑与哲学终结论的困境》,载《现代哲学》2002年第3期。

思主义也提示了社会批判的路径。问题是,经典的马克思主义批判资本和市场,法兰克福学派批判文化和消费,现在我们却很难确定批判的对象。随着统一的全球市场的形成,我们要批判什么?消费、市场还是资本?法兰克福学派把大众文化和庸俗文化等同起来,和文化工业等同起来,和文化专制等同起来,也许有它的理由,但最终导致的是悲观主义。年轻的学人们意识到,没有内在统一的主体,没有一劳永逸的理论立场。他们以及他们的研究工作,都处于全球市场的逻辑之中,而绝不可能在这种逻辑之外,确立一种纯粹的批判立场。他们所能做的,是在这种逻辑之中,从事一种具有弹性和灵性的解构工作。

如果说年轻学人面临诸多的困难,那么,他们也拥有广阔的空间。相对而言,西方哲学学科的基本领域是确定的,就是自古希腊到当今的历史变迁;中国哲学学科自 20 世纪初奠定面貌之后,它的领域也是确定的。而马克思主义哲学,它的历史也就是一百多年,马克思主义哲学的特点,就是立足现实生活,随着现实生活的推进,它的研究视域也在不断扩展和游移。甚至可以说,马克思主义哲学作为一门学科,其研究对象和研究方法始终处于"现在进行时"之中,始终有待于研究者的具体工作。年轻的学人们清楚自己的研究工作是一种思想实验,清楚自己是在从事理论的探索,而非展示某种绝对的真理。

身份认同是面向未来的,而非返回过去的。经典马克思主义是年轻学人的思想家园,然而,对家园的珍爱,不等同于固守在家园的院墙之内;对家园的珍爱,也不妨碍对家园之外其他事物的喜爱。毕竟,世界很大,美好的东西很多,值得欣赏、学习和借鉴的东西很多。年轻的学人们意识到,所谓的理论,其实也就是一些断断续续的故事而已,有开场,有过程,有种种可能的结局。年轻学人开始学习讲故事,考虑怎样把故事讲得好听、好玩,吸引人,打动人。特别是在很难讲出新的故事的情况下,怎样重新讲述既有的故事,是一个大大的难题。年轻学人讲述的故事中,马克思当然是不可或缺的,与此同时,马克思同时代和之后的许多哲学家,也渐次登场了:孔德、尼采、海德格尔、罗蒂、福柯、德里达、哈贝马斯……他们不再是丑角,不再是可有可无的陪衬。在这样的故事中,马克思真正成为历史性的马克思,他和其他的哲学家们围着圆桌座谈,而不再是历史之外的超级英雄。① 年轻的学人借用乃至挪用其他学科的话语,努力选择一些新的语汇,在情节的演绎上下一番工夫,从而,使故事的线索多一些,情节扑朔迷离一些。年轻学人的故事常常透过经典马克思主义的文本,抵达当前所处的时代,焦虑和从容,无奈和欣然,自信和讥讽……这些,都将作为思想的痕迹,带给人们一些诗意和想象。

---

① 这种观点可以参见郑召利:《哈贝马斯的交往理论——兼论与马克思学说的相互关联》,复旦大学出版社2002年版;王金林:《世界历史意义的本质道说——从海德格尔的解读看马克思哲学的当代性》,上海教育出版社2002年版。

# 主要参考文献

《费尔巴哈哲学著作选集》,商务印书馆 1984 年版。
《马克思恩格斯全集》第 1 卷,人民出版社 1995 年版。
《马克思恩格斯全集》第 27 卷,人民出版社 1972 年版。
《马克思恩格斯全集》第 40 卷,人民出版社 1982 年版。
梅林:《德国社会民主党史》第 4 卷,三联书店 1963 年版。
普列汉诺夫:《在祖国的一年(1917—1918 年言论全集)》,三联书店 1980 年版。
柯尔施:《马克思主义和哲学》,重庆出版社 1990 年版。
葛兰西:《实践哲学》,重庆出版社 1990 年版。
阿多诺:《否定的辩证法》,重庆出版社 1993 年版。
马丁·杰:《阿多诺》,中国社会科学出版社 1992 年版。
维尔默:《论现代和后现代的辩证法——遵循阿多诺的理性批判》,商务印书馆 2003 年版。
阿格尔:《西方马克思主义概论》,中国人民大学出版社 1991 年版。
马丁·杰:《法兰克福学派史》,广东人民出版社 1996 年版。
阿尔都塞等:《读〈资本论〉》,中央编译出版社 2001 年版。
阿尔都塞:《列宁和哲学》,台北远流公司 1990 年版。
陈越编:《哲学与政治——阿尔都塞读本》,吉林人民出版社 2004 年版。
瑙曼等:《作品、文学史与读者》,文化艺术出版社 1997 年版。
巴特:《写作的零度》,时报文化出版公司 1993 年版。
巴特:《批评与真实》,上海人民出版社 1999 年版。

巴特:《神话——大众文化诠释》,上海人民出版社1999年版。

铃村和成:《巴特——文本的愉悦》,河北教育出版社2001年版。

托多洛夫:《批评的批评》,三联书店2002年版。

列维:《萨特的世纪》,商务印书馆2005年版。

斯特罗克:《结构主义以来》,辽宁教育出版社1998年版。

德里达:《马克思的幽灵》,中国人民大学出版社1999年版。

德里达:《书写与差异》,三联书店2001年版。

福柯:《规训与惩罚》,三联书店1999年版。

霍克斯:《结构主义和符号学》,上海译文出版社1997年版。

伊格尔顿:《美学意识形态》,广西师范大学出版社1997年版。

伊格尔顿:《沃尔特·本雅明或走向革命批评》,译林出版社2005年版。

伊格尔顿:《历史中的政治、哲学、爱欲》,中国社会科学出版社1999年版。

凯尔纳、贝斯特:《后现代理论——批判性的质疑》,中央编译出版社1999年版。

瑞泽尔:《后现代社会理论》,华夏出版社2003年版。

鲍曼:《立法者与阐释者——论现代性、后现代性与知识分子》,上海人民出版社2000年版。

德勒兹:《哲学与权力的谈判》,商务印书馆2000年版。

雷蒙·阿隆:《论治史》,三联书店2003年版。

哈贝马斯:《重建历史唯物主义》,社会科学文献出版社2000年版。

沃尔什:《历史哲学—导论》,社会科学文献出版社1991年版。

沃勒斯坦:《历史资本主义》,社会科学文献出版社1999年版。

布劳特:《殖民者的世界模式》,社会科学文献出版社2002年版。

阿普尔比等:《历史的真相》,中央编译出版社1999年版。

伯克:《历史学与社会理论》,上海人民出版社2001年版。

吉登斯:《超越左与右——激进政治的未来》,社会科学文献出版社2000年版。

西姆:《德里达与历史的终结》,北京大学出版社2005年版。

福山:《历史的终结及最后之人》,中国社会科学出版社2003年版。

莱斯诺夫:《二十世纪的政治哲学家》,商务印书馆 2002 年版。
里拉:《当知识分子遇到政治》,新星出版社 2005 年版。
奥斯本:《时间的政治——现代性与先锋》,商务印书馆 2004 年版。
霍奈特:《为承认而斗争》,上海人民出版社 2005 年版。
齐泽克、戴里:《与齐泽克对话》,江苏人民出版社 2005 年版。
齐泽克:《有人说过集权主义吗?》江苏人民出版社 2005 年版。
罗蒂:《偶然、反讽与团结》,商务印书馆 2003 年版。
凯尔纳编:《鲍德里亚:批判性的读本》,江苏人民出版社 2005 年版。
利奥塔:《非人——时间漫谈》,商务印书馆 2000 年版。
巴特·穆尔-吉尔伯特等:《后殖民批评》,北京大学出版社 2001 年版。
萨义德:《东方学》,三联书店 1999 年版。
萨义德:《文化与帝国主义》,三联书店 2003 年版。
罗钢等主编:《后殖民主义文化理论》,中国社会科学出版社 1999 年版。
汪民安等编:《福柯的面孔》,文化艺术出版社 2001 年版。
马尔赫恩编:《当代马克思主义文学批评》,北京大学出版社 2002 年版。
史笛文·邦尼卡斯尔:《寻找权威》,吉林大学出版社 2003 年版。
阿莫西、皮埃罗:《俗套与套语》,天津人民出版社 2003 年版。
诺曼·费尔克拉夫:《话语与社会变迁》,华夏出版社 2003 年版。
布鲁厄:《马克思主义的帝国主义理论》,重庆出版社 2003 年版。
奇尔科特主编:《批判的范式:帝国主义政治经济学》,社会科学文献出版社 2001 年版。
许宝强等编:《解殖与殖民主义》,中央编译出版社 2004 年版。
索柏:《人道主义与反人道主义》,华夏出版社 1999 年版。
詹姆逊:《政治无意识》,中国社会科学出版社 1999 年版。
詹姆逊:《晚期资本主义的文化逻辑》,三联书店 1997 年版。
马克·波斯特:《第二媒介时代》,南京大学出版社 2000 年版。
马克·波斯特:《信息方式》,商务印书馆 2000 年版。
默克罗比:《后现代主义与大众文化》,中央编译出版社 2001 年版。
马克·柯里:《后现代叙事理论》,北京大学出版社 2003 年版。
博格斯:《知识分子和现代性的危机》,江苏人民出版社 2002 年版。

拉·雅各比：《最后的知识分子》，江苏人民出版社2002年版。
沃林：《文化批评的观念》，商务印书馆2000年版。
吉布森-格雷汉姆：《资本主义的终结》，社会科学文献出版社2002年版。
罗杰·西尔弗斯通：《电视与日常生活》，江苏人民出版社2004年版。
费斯克：《理解大众文化》，中央编译出版社2001年版。
鲍德里亚：《消费社会》，南京大学出版社2000年版。
克拉克等：《米哈伊尔·巴赫金》，中国人民大学出版社1992年版。
布莱恩·特纳：《后身体：文化、权力和生命政治学》，吉林人民出版社2004年版。
王政、杜芳琴主编：《社会性别研究选译》，三联书店1998年版。
约瑟芬·多诺万：《女权主义的知识分子传统》，江苏人民出版社2003年版。
王逢振主编：《性别政治》，天津社会科学出版社2001年版。
谢少波等编：《文化研究访谈录》，中国社会科学出版社2003年版。
迈尔：《社会民主主义导论》，中央编译出版社1996年版。
窦宗仪：《儒学与马克思主义》，兰州大学出版社1993年版。
李博：《汉语中的马克思主义术语的起源与作用》，中国社会科学出版社2003年版。
罗岗主编：《帝国、都市与现代性》，江苏人民出版社2006年版。
艾思奇主编：《辩证唯物主义历史唯物主义》，人民出版社1962年版。
肖前等主编：《实践唯物主义研究》，中国人民大学出版社1996年版。
陈先达文集(1—6卷)，中国人民大学出版社2006年版。
邢贲思主编：《中国哲学五十年》，辽海出版社1999年版。
赵家祥：《历史哲学》，中共中央党校出版社2003年版。
杨耕：《为马克思辩护》，北京师范大学出版社2004年版。
丰子义：《现代化进程中的矛盾与探求》，北京出版社1999年版。
赵敦华：《西方哲学的中国式解读》，黑龙江人民出版社2002年版。
刘小枫：《现代性社会理论绪论》，上海三联书店1998年版
杨念群等主编：《新史学——多学科对话的图景》，中国人民大学出版社

2003年版。

Dominick Lacapra. *Rethinking Intellectual History*. Ithaca: Cornell University, 1983.

Terrell Carver. *The Postmodern Marx*. Manchester: Manchester University Press, 1998.

Daniel Brudney. *Marx's Attempt to Leave Philosophy*. Cambridge: Harvard University Press, 1998.

Paul de Man. *The Resistance to Theory*. Minneapolis: University of Minnesota Press, 1986.

Buck-Morss, Susan. *The Origin of Negative Dialectics: Theodor W. Adorno, Walter Benjamin and the Frankfurt Institute*. New York: Free Press, 1977.

# 后　记

本书是赵家祥老师主持的教育部人文社会科学研究博士点基金项目"马克思主义哲学与后现代主义比较研究"（项目批准号：01JA720019）的最终成果。本书从选题、构思、资料收集到最后定稿的各个环节，都得到了赵老师的指点和支持。本书的写作和出版，还获得了北京大学"十五""211工程"建设项目的基金资助。

本书的主体部分写作于2002—2004年间。写作该书的过程中，我从承泽园迁居到中关园。承泽园位于北大的西门外，而从中关园的北门出去左行百米左右，则是北大东门，从东门口西望，就是巍然屹立的北大图书馆。书稿送交出版社之际，又要迁居到西二旗的智学苑去住了。尽管都只是近距离的游移，却依然带给我诸多的动荡和漂浮之感。事实上，我也很习惯这种游移。

游移在思想和生活的道路上，始终有太多的感谢，太多的惶恐。

谨以此书特别题献给我的父母。

2006年2月21日